冰鉴

第2版

全鉴

（清）曾国藩◎著

东篱子◎解译

中国纺织出版社

内 容 提 要

《冰鉴》是晚清重臣曾国藩所著的一部识人鉴人的专著。曾国藩采用由外而内、动静结合的方法，全面阐述了自己在识人用人方面的心得，极具实用价值。尽管时过境迁，但其中仍不乏精华，很多见解仍然值得现代人借鉴。

图书在版编目（CIP）数据

冰鉴全鉴 ／（清）曾国藩著；东篱子解译. —2 版.
—北京：中国纺织出版社，2014.1（2023.1重印）
 ISBN 978 - 7 - 5180 - 0149 - 1

 I. ①冰… Ⅱ. ①曾… ②东… Ⅲ. ①人才学—中国—清代②《冰鉴》—译文 Ⅳ. ①C96

中国版本图书馆 CIP 数据核字（2013）第 267495 号

策划编辑：关 礼　　特约编辑：文 浩　　责任印制：储志伟

中国纺织出版社出版发行
地址：北京市朝阳区百子湾东里 A407 号楼　邮政编码：100124
邮购电话：010—87155894　传真：010—87155801
http：//www. c-textilep. com
E-mail：faxing@ c-textilep. com
北京华联印刷有限公司印刷　各地新华书店经销
2010 年 1 月第 1 版　2014 年 1 月第 2 版
2023 年 1 月第 27 次印刷
开本：710×1000　1/16　印张：20
字数：222 千字　定价：38.00 元

　　面部是一个人精神状态、内心心理变化的晴雨表，他的见识广博与否、精神面貌，甚至社会地位、智商高低大都可以在表情与气质上表现出来。晚清名臣曾国藩就写了这样一本识人鉴人的书，名曰《冰鉴》。

　　曾国藩是晚清重臣，他除了众所周知的军事才能外，还在文学、思想、处世艺术等方面有很深的造诣，一生著述颇多。曾国藩是中国近代史上备受人们关注的风云人物。一个普通的农家子弟，以并不超绝的资质，"文能应试，武能杀人"，缔造出一支强悍无比的湘军，挽狂澜于既倒，扶大厦于将倾，被誉为"中兴第一名臣"，成为大清之柱石，并因其精于治国、治兵、治学、治家，而备受后人推崇。

　　毛泽东年轻时，潜心研究曾氏文集，得出了"愚于近人，独服曾文正"的结论。现藏韶山纪念馆的光绪年间版《曾国藩家书》中，数卷扉页上都有毛泽东手书的"咏芝珍藏"。梁启超对曾氏倾心推崇，称"吾谓曾文正集，不可不日三复也"。梁在《曾文正公嘉言钞》序内指曾国藩"岂惟近代，盖有史以来不一二睹之大人也已；岂惟我国，抑全世界不一二睹之大人也已"。这些评论从侧面给我们证明了曾国藩的文化、思想的高度。

然而，世人较少知道的就是他还写过一本看相识人的《冰鉴》。南怀瑾先生《论语别裁》里有这样一段话："有人说，清代中兴名臣曾国藩有十三套学问，流传下来的只有一套——《曾国藩家书》。其实传下来的有两套，另一套是曾国藩看相的学问——《冰鉴》。"

　　许多历史事实也证明，曾国藩所用之人各得其所，几无偏差。曾国藩何以有如此高超的识人技能？原来，曾国藩一辈子致力于经世致用之学，识人用人之术就是其中一项。他将中国古代传统识人术与自身独特的识人经验相结合，以半生实践深入探索，形成一套可资借鉴的识人理论，后人将其汇为《冰鉴》一书。

　　在这个激烈竞争的社会，用人者希望物色到最优秀的人才，而无数人又迫切渴望着成功。《冰鉴》恰好为双方提供了可资借鉴的信息。因此，现今社会，研读《冰鉴》仍不失其重要意义和特别价值。让我们带着对曾国藩的敬佩之情，来细细品读这本包含曾国藩一生智慧的书吧！

解译者

2013 年 10 月

目录

神骨第一

《冰鉴》所言"神"、"骨"并非普通意义上的精神和骨骼,它们的内涵更广泛、更抽象。在曾国藩看来,"神"和"骨"就像两扇大门,一个人的命运信息就像深藏于内的各种宝藏物品,把这两扇门打开,人命运的轮廓就清晰可见。所以本篇中曾国藩强调,了解一个人的"神"和"骨"是观人的第一要诀,是入门章法。

刚柔第二

曾国藩认为"神"和"骨"为识人之本，而"刚"与"柔"同样很重要，"辨刚柔"，方可入道。曾国藩认为，刚柔相济，长短互补，文武合璧，众力相辅，各方面的优化组合才能形成一个完整的人才，这是从事物"总体性联系"考虑的优化，是为完成某项复杂任务而需要多种人才、多方面协调配合的整体性优化。特别是《冰鉴》中"内刚柔"之说对"外刚柔"的偏差所做的必要补正，强调要通过人的言行举止、思想品行来观察人物、品鉴人物，并重点分析了人物的几种品性。由此可见，本篇的确是整部《冰鉴》中比较有分量的一篇。

容貌第三

《冰鉴》认为，人的容貌举止是人的美丑善恶本性的外化体现，并且其中也有天命人事的因素隐藏其中。凡是观人形貌，观姿容以七尺躯体为限度，看面貌则以两只眼睛来评断。人的胸腹手足，都和五行——金、木、水、火、土相互关联，都有它们的某种属性和特征；人的耳目口鼻，都和四气——春、夏、秋、冬四时之气相互贯通，也具有它们的某种属性和特征。人体的各个部位，如果相互照应、匹配，彼此协调，那么就会给人带来福分，而如果相互背离或彼此拥挤，使相貌显得乱七八糟、支离破碎，其运数也大都乏善可陈。本篇是可供参考的一篇，在实践中不可局限于此，很多事实证明，单单以貌取人是不可取的。

情态第四

精神是本质,情态是现象,要知人本质,须从神入手,而情态是精神的流韵,常常能够弥补精神的不足。因此,《冰鉴》建议在考察人物时,要从初观情态、深察精神两个层次和步骤展开。

情态的表现百种千样,却在瞬间即可看到其变化。精神的本质则不易知,故曾国藩强调:久久注目,要着重看人的精神,乍一放眼,则要首先看人的情态;凡属大家,如高官显宦、硕儒高僧的举止动作,即使是羞涩之态,也不失为一种佳相;凡属小儿举动,如市井小民的哭哭笑笑、又跳又叫,越是矫揉造作,反而越是显得幼稚粗俗。看人的情态,对于大处当然也要分辨清浊,而对细处则不但要分辨清浊,还要分辨主次,方可作出取舍。

须眉第五

人们常说"须眉男子",这就是将须眉作为男子的代名词。须眉辨人是容貌辨人的衍生。《冰鉴》认为,察看人之须眉,可以知道对方的健康、气质、品性等很多信息,从而辨别他是不是可用的贤士。

声音第六

人的声音各有不同,有的洪亮,有的沙哑,有的尖细,有的粗重,有的薄如金属之音,有的厚重如皮鼓之声,有的清脆如玉珠落盘,字正腔圆,有的人身材矮小,声音却非常洪亮,即日常所说的"声若洪钟",有的人生得高大魁梧,说起话来却细声细气,有气无力。《冰鉴》认为人之声音由心而起,是人内心活动的晴雨表。听声知人,便由此而来。

气色第七

气与命相对,色与运相配。气色这一概念在中国的传统文化中一直占有很重要的地位。据此,曾国藩在《冰鉴》里认为,人以气为主,气在内为精神,在外为气色,气与色是表里性的一组概念。曾国藩还强调,气色的存在形式和类型角度从某种程度上来说是变化不定的,所以在通过气色观人识人时应持变化的观念,而不能做机械式的判断。

神骨第一

《冰鉴》所言"神"、"骨"并非普通意义上的精神和骨骼，它们的内涵更广泛、更抽象。在曾国藩看来，"神"和"骨"就像两扇大门，一个人的命运信息就像深藏于内的各种宝藏物品，把这两扇门打开，人命运的轮廓就清晰可见。所以本篇中曾国藩强调，了解一个人的"神"和"骨"是观人的第一要诀，是入门章法。

人之神犹如稻谷的精华

【原典】

语云："脱谷为糠，其髓斯存"，神之谓也。

【译释】

古语说：把稻谷的外壳脱去，而稻谷的精华——米粒却仍然存在，其本质并未改变。这个精华，犹如人的神，即人内在的精神品性。不论人的外表如何变化，其内在的精神气质是不会改变的。

神骨为《冰鉴》之开篇，总领全书，当为全书总纲；同时也表明曾国藩本人品鉴人物以神为主，形神并重。

首先，这里的"神"并非日常所言的"精神"一词，它有比"精神"内涵广阔得多的内容，它是由人的意志、学识、个性、修养、气质、体能、才干、地位、社会阅历等多种因素构成的综合物，是人的内在精神状态。俗话说，人逢喜事精神爽，而这里所论的"神"，不会因人一时的喜怒哀乐而发生大的变化，貌有美丑，肤色有黑白，但这些都不会影响"神"的外观，"神"有一种穿透力，能越过外貌的干扰而表现出来。比如人们常说"某某有艺术家的气质"，这种气质，不会因他的发型、衣着等外貌的改变而消失。气质，是"神"的构成之一。从这里也可看出，"神"与日常所言的"精神"并不一样。

"神"并不能脱离具体的物质而独立存在，它肯定有所依附，也就是说"神"为"形"之表，"形"为"神"之依，"神"是蕴含在"形"之中的。

"形"是"神"存在的基础，与"神"的外在表现紧密相关，如果"神"是光，"形"就是太阳和月亮，日月之光放射出来普照万物，但光又是深藏在日月之中的东西，它放射出来就是光。这就说明："神"藏于"形"之中，放射出来能为人所见，如光一样；"形"是"神"的藏身之处，"神"必须通过"形"来表现。日常观人时，既要由"神"观"形"，又要由"形"观"神"。

解 读

稻谷的精华是米，米蕴藏在壳内，碾壳成糠，皮去掉了，精华犹在。米未随糠去，因而"神"也不会因"形"（相貌等）的改变消失。"神"与"形"，犹如"米"与"糠"。所以说"脱谷为糠，其髓斯存"。

曾国藩开篇就引用了一个形象的比喻，其用意很明显，就是告诉大家识人不能只看表面，要形神结合、观表察里。因为看人的表面，便对其人做出全部评价，难于得出正确的结论。如此轻易评价人，将会知错人，用错人。识人须观表察里，这里的"表"就是指人的外部表面形象；"里"就是指人的内心世界。

成大事须靠众人，尤须靠能人。靠能人须识能人，这就需要成大事者有一双识人的慧眼，能够看人所长，察人之能。

曾国藩识人的基本原则是一个"拙"字，即朴实、少心窍、不浮滑，具有踏实苦干的作风。它的内在标准是德才兼备、以德为重，外在标准要求有"美相"、无"恶相"两层含义。在这个基础上，曾国藩不拘一格选拔人才。

曾国藩识人的基本方法有：观相、询事、考言，通过三者并举来考察人，识出"千里马"，比古时之人多了"观相"这一环节。

曾国藩曾以源与波、根与叶比喻德与才之间的关系："德与才不可偏重，譬之于水，德在润下，才即其载物溉田之用；譬之于木，德在曲直，才即其舟楫栋梁之用。德若水之源，才即其波澜；德若木之根，才即其枝叶。"德才

兼备是其理想的人才。不过，当德才难以兼备时，曾国藩强调首先必须有"德"，宁要有德无才，也不要有才无德的人。曾国藩心目中的"德"含义很广，忠诚、勤俭、朴实、耿介、不怕死等都是。具体而言，就是政治上忠于自己的信仰与事业，能心甘情愿地为之尽心尽力；作风上质朴实在，能吃苦耐劳；精神上坚韧不拔、顽强不屈等，他把具备这些品德的人称为"血性男子"，推崇备至。

曾国藩是一位宣扬理学的卫道士，经常强调一个"诚"字。常以"忠"、"勤"、"不爱钱、不怕死、不恋官"等信条相标榜，死心塌地为清王朝卖命。他认为，真正的人才必须德才兼备，而才高德薄之人则绝对不可用。他又认为德的最高境界是"忠"、"诚"，对于他的部下来说，具体标准就是对其忠贞不二。他对于因遭训斥而改换门庭的人恨之入骨，而对虽遭训斥仍忠心耿耿的人，往往会加倍重用。

在曾国藩所信任、提拔的众多人才之中，李鸿章被视为第一高足，曾国藩对其特别重用提拔，爱护有加。其主要原因，就在于李在对他的忠诚上有那么一股韧劲。李鸿章曾因为李元度丢失徽州一事说情惹恼了曾国藩，负气离开祁门老营将近一年。这期间，显要人物袁甲三、胜保、德兴阿等人，都曾多次相邀，许以重保，但李鸿章不为所动，宁在江西赋闲。等待曾国藩回心转意，终于以其耿耿忠心和卓越才干重入曾幕。掌握四省军政大权的曾国藩，对李"特加青睐，于政治军务悉心训诺，曲尽其熏陶之能事"，使李鸿章最终竟能青出于蓝而胜于蓝。

塔齐布是与罗泽南齐名的湘军将领，姓托尔佳尔，满洲镶黄旗人。1853年曾国藩在长沙开始练湘军时，塔齐布还只是一个绿营守备，旋升用游击署参将，率兵与湘军一起操练。曾国藩每次见他早早到场，"执旗指挥，虽甚雨，矗立无惰容"。曾国藩用戚继光法训练士卒，每当检阅步卒，塔齐布都穿着短衣，腿插短刀侍立一旁。曾国藩注意到这位身材高大、面身赤红的满族军官，与之相谈，大为赞赏。及到他辖下的军中检查，见其训练精严，且能团结士卒。曾国藩退而叹息：绿营兵中这样的带兵之人已是凤毛麟角。因此更加敬佩塔齐布。但副将清德却嫉恨塔齐布的才勇，常在提督鲍起豹的面前讲塔齐布的坏话，提督也不分青红皂白，多次羞辱他。曾国藩于是上疏弹劾副将，举荐塔齐布忠勇可大用，并说：若塔齐布以后"有临阵退缩之事，即将微臣一并治罪"。塔齐布后来在湘潭之战、岳州之战、小池口之战和武昌之战等湘军前期几次大的恶战中，都表现了出众的勇敢，尤其在被称为"湘军初兴第一奇捷"的湘潭之战中立了大功而被提升为提督。而湘潭之战在很大程度上是关系到湘军能否崛起的一次关键战役。

塔齐布平时有愚憨、无能之态，及到战场，摩拳切齿、口流唾沫，一副好似要生吞对方的架势。尤好单骑逼近敌垒侦察虚实，几次进入危境，都转危为安。

曾国藩在识人方面值得称道的是他对新鲜事物的接受和理解。清末国外势力在中国耀武扬威，当时的中国对此不是奴颜婢膝就是盲目排斥，而曾国藩在这个问题上则显得十分清醒，他特别看重在通洋、经商方面颇有心计的容闳。

曾国藩历来被誉为颇具知人之明，而这种知人之明除了主要表现在他慧眼识才，还具体反映在他与左宗棠的关系上。

左宗棠在曾国藩死后，曾写了这么一副挽联，别出心裁地把自己写了进去：

知人之明，谋国之忠，自愧不如元辅；

同心若金，攻错若石，相期无负平生。

有了这么多的事例，再结合曾国藩关于人才的言论看，我们认为他对人才的把握还是比较准确的。他认为要真正做到量才器使，首先在于如何去认识人。他指出："窃疑古人论将，神明变幻，不可方物，几于百长并集，一短难容，恐亦史册追崇之辞，初非当日预定之品。"把有一定能力或有一定成就的人誉为"百长并集，一短难容"，甚至神化，无疑是认识人才上的一种片面性。因此，"要以衡才不拘格，论事不求敬细，无因寸朽而弃达抱，无施数罟以失巨鳞"。"三年之艾，不以未病而不蓄；九畹之兰，不以无人而不芳。"金无足赤，人无完人，不可苛求全才，"不可因微瑕而弃有用之才"。他写信给弟弟说："好人实难多得，弟为留心采访。凡有一长一技者，兄断不肯轻视。"有材不用，固是浪费；大材小用，也有损于事业；小材大用，则危害事业。

为了识才，必须对人才时加考察。曾国藩说："所谓考察之法，何也？古者询事、考言，二者并重。"就是说，要对下属由内而外、神形兼顾同时进行考察，而曾国藩尤其注重属下的建言。曾国藩说："若使人人建言，参互质证，岂不更为核实乎？"通过建言，上司可以收集思广益之效，也可以借此观察下属的才识程度，确实是个一箭双雕的好办法。曾国藩于道光三十年（1850）所上的广开言路的奏折中，提出了对人才的甄别，他把它归之于培养之方中。其实，甄别，就是考察。甄别的目的是"去其稂莠"。不加考察或甄别，而对那些不投在上者之所好的人才，不加培养，不加使用，固然是对人才的浪费；而单凭在上者的爱好或印象保举和超擢，把那些口蜜腹剑、两面三刀的阴谋家和野心家当作人才来培养和使用，必会造成恶劣的政治后果。这种事例，在历史上是屡见不鲜的。正如曾国藩说："榛棘不除，则兰蕙减色；害马不去，则骐骥短气。"

曾国藩本人很注意考察人才，对于僚属的贤否，事理的原委，无不博访周咨，默识于心。据《清史稿》记载，曾国藩"第对客，注视移时不语，见者悚然，退而记其优劣，无或爽者"。而且，他阅世越深，观察越微，从相貌、言语、举止到为事、待人等方面，都在他的视线之内。

曾国藩一生能够左右逢源或绝处逢生，与他知人、识人，能在身边广纳有真才实学的朋友有很大的关系。

人之骨犹如支撑山体的岩石

【原典】

"山骞不崩，唯石为镇"，骨之谓也。

【译释】

高山上的泥土经常脱落流失，而山却不倒塌，是因为山有坚硬的岩石在支撑着它。这里支撑山的岩石就相当于支撑人的形体的骨。

《冰鉴》中所言的"骨"，并不是现代人体解剖学意义上的骨骼，而是专指与"神"相配，能够传"神"的人体的整体形态。"骨"与"神"的关系也可以从"形"与"神"的关系上来理解，但"骨"与"神"之间，带有让人难以捉摸、难以领会的神秘色彩，往往难以把握，只有在实践中多加体会。

"骨"外面有皮有肉，如高山之上有土有沙。骨是人体框架的根本支柱。骨之于人体，犹山石之于泥土。泥土脱落流失，但山石岿然屹立，仍足以见其雄壮；人体相貌即使有什么损伤缺陷，但骨之丰俊神韵不会变化，仍足以判断人的显达。所以说"山骞不崩，唯石为镇"。

解读

《冰鉴》关于骨相的说法直接承自中国古代的骨相术、身相术等，这些相人的方术实际上都是从全息现象的角度，依据"天人感应"（或称之为"人体微观宇宙说")这一基本理论，从局部看整体，对人的命运际会进行预断。从文化人类学方面来看，"微观宇宙说"或"天人感应"的理论有其文化上的意义，是我们了解古代中国人思维方式和心理世界的重要坐标，反映在各种相术上，其中也确实包括了不少古人认识自然、社会、人生的经验总结，具有某些合理的成分。

在现实的日常生活中，人们有时会自觉或不自觉地通过骨相识人。例如，您初次和陌生人打交道，或者是结交一个朋友，在见了一面之后，心里多少会通过其外在的体型相貌特征去衡量他内在的品质：一看这人就知道很忠实，很实在；这个人看起来很内向，很大方；或者是这人很能干，很开朗，等等。这些都是身相的一些萌芽形式。

英国的行为学学者雷咨蒙度·摩利斯说："人并不比其他动物特别高级或特别低级。"人也属于动物的一种。动物有不同的体型，人也有不同的体型，如肥胖型、枯瘦型、筋肉型。这样的体型出现在人类的身上，受多种因素影响，但多少可以表示一个人的性格。不论你在商场或日常生活中，想要一切顺利的话，就需要保持良好的人际关系。要达到这个目的，首要条件就是探知对方的性格，进而才能透视对方心理。

根据德国学者雷琪玛的性格判别方法，大致可依据以下体型来分析人的性格：

1. 筋骨强壮而结实的形态——坚忍质

筋骨强壮而体格结实通常是坚忍质形态的人。这种人筋肉和骨骼发达、

肩膀宽大、脖子粗，从事举重、摔跤和土木工程方面的工作，容易出人头地。然而，在公司、银行当经理的人，也会有这种形态的。这种人做事认真、忠实，当公司或银行的经理是最恰到好处的，这是坚忍质人的第一特征。

你的某些同事，经常把抽屉整理得很干净，或应当发出去的信绝对不会疏忽，字也写得端端正正，这就是人们常说的具有坚忍质的人。

坚忍质的另一特征是情趣少，反应慢，经常有犯傻的地方，不知所措。此特征在言谈间会表露无遗，特别是谈到电影情节时，往往会发表一大堆谬论。

按照上面所说的各点，这种人虽很可靠，唯独缺乏情趣，固执，任何事情都很呆板地去想。

你交际的对象或同事中如果有这种人，与他们打交道时必须知其性格，那就是经常要与之杂谈或招待他们借以引导。

2. 肥胖型或脂肪型——躁郁质

肥胖型和脂肪型体型之特征，往往是胸部、腹部和臀部十分宽厚。因腹部附着脂肪，所以从整体看来像是有很多肉。一般说来，中年是最容易肥胖的阶段。

同这种体型的人接触，你往往可以感受到对方开放而浓郁的人情味。这种人日常十分活跃，一旦被人奉承时，任何事情均愿代劳，虽然本人口头上说"很忙"、"很累"，事实上终日感受着忙碌的乐趣。这种人偶尔也会忙里偷闲，是有情趣的可爱的人。

这类人一般会兼有开朗、积极、善良、单纯的多重性格，且活泼、幽默；另外，这种人兼有稳重却焦躁的正反两面的性格，特别表现在欢乐和苦闷的时候。而这些，正是躁郁质特征的外在表现。

这类人通常适于从事政治、实验工作或临床医师，容易出类拔萃，且因具有天赋敏锐的理解力，凡事有迎刃而解的处理能力，但他们对事情的思虑缺乏一贯性，言谈间极易因轻率而失言，并且自恃高大，喜欢干涉对方。

这类人是开放的社交人士，因此，如果你和这类人或这种上司交往的话，在你们初次会面的一刹那，即能一见如故、相谈甚欢。但这类人喜欢照顾别人，这份关怀天长日久容易演变成压迫似的形态。

3. 瘦瘦细条的形态——神经质

一提到神经质型，人们都会自然地想到脸色发青、细长的身体线条，具有知识分子的风范。其实，不仅神经质的人有这种特征，从另一个角度看，具有男子气概、豪放磊落而胖墩墩的人，也有神经质的倾向。

这类人最大的特征是任何事情都归咎到自己身上。带有强迫性格，喜欢自寻烦恼，以至于自己想要诉说的苦衷难于表述，结果被人把责任强加到自己的头上。

这种类型人最大的特征是心情不安定，情绪容易失去平衡，且容易心乱，不开心。其实这种性格是一种难能可贵的性格，这种人是生活态度非常慎重的人。他们如果从事艺术性的工作，大多可以取得别人做不到的成就。

4. 略带纤瘦但体态结实的形态——偏执型

这类人略显纤瘦，但体态结实，自我意识特别强烈，且很固执，对任何事情都喜欢挑战。有强烈的信念，充满信心，不论遇到怎样的苦境，都秉持成功的目标去努力。

强烈的信心加上判断灵敏，做事果断，在商业方面实在是前途无量。相反，当这种人误入歧途时，就会变得强制、专制、高傲、猜忌、蛮横，且表露无遗。一旦一个念头缠在脑子里，想要更改非常困难。

具有如此体型的人，他们在事业和做人方面都缺乏应有的性格魅力，但他们是有能力且可能具有相当权力潜质的人。由于性格上的弱点，即使是别人跟随他们、迎合他们，他们同样还是会和别人保持心理上的距离，他们在家庭生活中也可能是个孤家寡人。

与这类人交往时，绝不可与他们形成对立，这种人具有抗争性和攻击性，

他们的偏执，会让他们一直把自己的观点强加给别人，直到被别人认可为止。

5. 纤瘦型有影子的形态——分裂质

纤瘦型体态者，虽然外表似乎瘦弱的样子，实质上是很难应付的人。若为女性，性格刚烈，一旦发怒，后果将不堪设想。

与这类人交往时，应该了解他们神经纤细并且本性善良，是对生活采取慎之又慎态度的人，但他们性格上的犹豫不决和意志薄弱，容易产生气馁心理。

这类人对无关紧要的事固执己见、怪癖、不变通、倔强，并且表情呆板，在没下决心之前用行动来决定，这就是纤瘦人的缺点。这种人的优点是对文学、美术、艺术等兴致盎然，且对流行有敏锐的感觉。纵使拿出自己的财产，也要尽力为大众服务。

以上几种关于以体型窥探内心的途径，虽具有一定的科学性，但不能一概而论，它因人而异，学会正确地使用它，在观察人物时才不至于陷入误区。

透过双眼可以看到整个人的精神状态

【原典】

一身精神，具乎两目。

【译释】

一个人的精神状态，几乎都集中表现在两只眼睛上。

人们常用"双目炯炯有神"来描述一个人精力旺盛、机敏干练。"目"与"神"之间有千丝万缕的联系。按中医理论，眼睛与肝和肾是相通相连的。一个人肝有病变，从眼睛就可以看到一些征兆。如果一个人双目有神，精光暴露，熠熠生辉，表明肾气旺盛，身体状况良好，是健康的标志；反之，则表明精神状态不佳，缺乏活力，难以集中精神工作。

曾国藩认为，眼睛与人的感情、内心活动等都有联系。血气运行为精，透过眼睛可以准确把握人的精神世界。人的喜、怒、哀、乐、爱、恶、欲、痛等各种感受，都会从眼睛中流露出来。甚至人的智愚忠奸，都能通过眼睛看出一点名堂来。

因此，眼睛是观察一个人各种能力、品质的窗口。"一身精神，具乎两目"，就是《冰鉴》对上述思想的一种纲领性的总结。

解 读

关于人的眼睛，先哲孟子也曾说过一段话，大意是这样的："观察一个人的善恶，再没有比观察他的眼睛更好的了。因为眼睛不能掩盖一个人的丑恶。心正，眼睛就明亮；不正则昏暗。听一个人说话时，注意观察他的眼睛。这个人的善恶能往哪里隐藏呢？"

还有人说：人在与外界事物接触的时候，他的神情集中表现在眼睛上。心正，注意力集中，眼睛就明亮；心不正，注意力分散，眼睛就昏暗。由此看，一个人的心邪与心正是隐藏不住的。说话可以欺骗，但眼睛是不能够弄虚作假的。

观眼神识人，就是通过观察人的眼神来认识人的内心。诗人公木在《眼睛》中这样写道："婴儿的眼睛是清澈的，青年人的眼睛是热烈的，中年人的眼睛是严峻的，老年人的眼睛是睿智的。""眼睛是心灵的窗户，不会隐瞒更不会说谎。愤怒飞溅火花，哀伤倾泻泪雨，它给笑声镀一层明亮的闪光。"目光是意志的体现，眼睛是心境的流露。在人际沟通中，敏锐的目光能捕捉对方的神态表情变化，洞察对方的内心世界。

如果你静下心来，用自己的眼睛去细心地观察另外一双眼睛，你一定不难发现这双眼睛中透露出的正是对方内心的思想和情感。人们常常将眼睛比喻为心灵之窗，这种比喻不仅具有很高的艺术性，同时也具有很强的科学性。

两个人如果是第一次见面，不用说，双方都要先将对方打量一番。打量的目光，第一个捕捉的对象就是脸，而在脸上第一个捕捉的对象，就是双方那双亮闪闪的眼睛。眼睛中的神采如何，眼光是否坦直、端正等，都可以反映出对方的心地、人品、德行、情感。

在生活中，你会遇到各种各样的眼睛，而从眼睛中闪烁出来的光芒，也会带着不同的寓意，流入你的眼中。实际上每一双眼睛，都在无声地叙述着心声。

躲闪对方目光的人，缺乏足够的自信心，怀有自卑感，性情懦弱。

如果是一对恋人，那么躲闪的目光则有另一种含义，表明他（她）由于倾心于对方而感到紧张或羞怯。

我国著名作家巴金在他的《旅途随笔·一个车夫》中写道："我借着灯光看小孩的脸，出乎我意料之外，那完全是一张平凡的脸，圆圆的，没有一点特征。但是当我的眼光无意地触到他的眼光时，我就禁不住大吃一惊了。这世界里存在着的一切在他的眼里都是不存在的。在那一对眼睛里我找不出一点承认任何权威的表示。我从没有见过这么骄傲，这么倔强，这么坚定的眼光。"巴金以作家特有的观察力，在无意中躲开了对方的目光，但是又在无意中触到了对方的眼光，这个事例说明，躲闪的目光实际上是躲而不闪，躲中有闪，闪中有情，闪中更有新意。

注视的目光，依不同的文化，不同的年龄，不同的种族与民族，是不尽相同的。比如，在我国，不大熟悉的人之间交谈，目光下垂，回避接触，是一种礼貌的表示。而在西方则恰恰相反，被认为是一种轻视、傲慢、不尊重的表现。

目光斜视，有两种情况：一种是中国古人所云，眸子不正则心术歪也；另一种是指并不相识，或不大熟悉的人之间的一种情况。

在中国古典文学名著"三言"、"二拍"的《醒世恒言·两县令竞义婚孤女》一文中，有这样一句话："眼孔浅时无在量，心田偏处有奸谋。"心田之偏，藏于脏腑，何以知之呢？在古人看来，两眼歪斜，心术不正。

在作家的笔下，对眼睛的描绘就更为生动了。美国著名作家杰克·伦敦在作品《一块牛排》中出色地描述过这样的一个人："他简直像个野兽，而最像野兽的部分就是他那双眼睛。这双眼睛看上去昏昏欲睡，跟狮子的一样——那是一双准备战斗的眼睛。"俄国作家屠格涅夫在《春潮》中也描述过一双强者的眼睛："那双亮得几乎变白的大眼睛现出冷酷的迟钝和胜利的满足的神色。只有鹞鹰用爪撕裂一只落在它爪子中的鸟儿时，才会有这样的眼神。"

我国当代著名画家范曾在他的中国古代人物作品中，润绘出一双双高傲、狂放、深沉、凝重的眼睛，观之给人一种可敬可畏之感。这支大笔画出了中华民族精英的风采：威严、神圣、不可侵犯。欣赏之余，的确可以感受到一种激情，一种勃发冲击、怒吼狂奔的激情。

开门见山观文人神骨

【原典】

他家兼论形骸，文人先观神骨。开门见山，此为第一。

【译释】

要看清一个普通人，须先看其形骸，而观"文人之相"就必须先观察他的"神骨"。所以本书"开门见山"，把"神骨"问题作为第一篇。

曾国藩对读书人极度推崇，特意将"文人"与其他人员区别开来，明确提出"他家兼论形骸，文人先观神骨"。

文化人，这里指儒士，有丰富的内心世界，勤学习，爱思考，比他人智邃、细腻、敏锐，也更复杂、神秘、诡奇，这样就有寒酸、邋遢、文弱等多种变化不定的复杂表象，思想行为上也深受儒、道、佛等多种文化的深刻影响。对于他们，"神"就显得特别重要。

至于文化人的"骨"与常人有多大区别，是一个只可意会而不可言传的概念，因此，"骨"与"神"相比，就有莫测高深的神秘感。"骨"的神俊丰逸与"神"有分割不开的关系。古代文化人轻视体力劳动、远离体力劳动，锻炼的机会不多，与其他人相比，文人的"骨"可能多多少少有一点儿区别。

18

解 读

　　曾国藩曾在其日记中说，人的气质是先天生成的，本身难以改变，只有读书才可以改变一个人的气质。古时那些精通相术的人说，读书可以改变一个人的骨相。

　　读书是否可以改变一个人的骨相？至今还没有人证明，但有一点是可以肯定的：读书可以改变一个人。

　　有人自卑，因读书而自信；有人浮躁，因读书而宁静；有人轻佻，因读书而深沉。刘向就说："书犹药也，善读之，可医愚也。"说的就是有人愚鲁，因读书而明达。

　　曾国藩说过一句极为精辟的话："书味深者，面自粹润。"意思是说，读书体味得深的人，面容自然纯粹、滋润。这句话不是一般人能说出来的，必须观察很多人，理解很多事，尤其是对事与事之间的关系有种透彻的领悟力，才说得出来。

　　读书体味得深的人，一定是心志高度集中的人。他的心地单纯、洁净，一切人世间的杂事、琐事和烦心事都被他抛到九霄云外。唯一吸引他注意力的是书中所体现出来的那种境界，这境界构成了对外物的排拒力，于是他才能够守候着自己的内心世界，修炼、陶冶或者燃烧；由于他构筑了自己的"精神家园"，因此出现在人们面前时，

安静而且祥和。

由于心志高度集中，读书人的精神和肉体得到不断的积聚，精气没有一丝一毫的涣散，一天比一天充实、丰沛和完善，久而久之，在他心中便养成了一股浩然之气，这浩然之气又作用于他的身体，使他的生活有序。所以，读书体味深的人，一定是身体健康的人。

读书体味深的人，一定是淡于功名的人。要使一个读书人淡于功名，不是件容易的事情。有多少人是为了读书而读书呢？人们读书总有一个世俗的目的，甘于读书的人实在太少了。人一旦有了功名心，就难以超脱，总是有这种或那种烦恼与忧愁。而这种情绪对一个人身体的损害比人们想象的还要大，他又如何能"面自粹润"呢？当然这并不是说人不能有一点功名心，问题是要"淡"于功名，要放得开，看得远，以不影响人的心为度。

"面自粹润"，对读书人而言，是不可伪装的，必须火候已到，才能有这种体验，故意追求或操之过急只会适得其反。读书人若想达到"面自粹润"这种境界，就必须有读书的硬功夫，要在读书中有真心得和大体会。

曾国藩还说："我并不希望我家世世都得富贵，但希望代代都有秀才。"所谓秀才，就是读书的种子、世家的招牌、礼义的旗帜。由此也可得知，对于读书人，曾国藩首先看重的是学问。有了学问的成功，才会有事业及道德修养的成功。

人之邪正最为难辨

【原典】

文人论神，有清浊之辨。清浊易辨，邪正难辨。

【译释】

文人在研究、观察人的"神"时，一般都把神分为清明和愚浊两种类型。"神"的清纯与昏浊是比较容易区别的，但因为清纯又有奸邪与忠直之分，这奸邪与忠直则不容易分辨。

水有清浊之分，人有智愚贤不肖之别。古人就用"清"与"浊"来区分人的智愚贤不肖，《冰鉴》自然也会很重视"清浊"。中国古代哲学观有天人合一，人与自然整合的思想，相学的"清浊"就相当于从"人合于自然"的观点来评判人的行为举止，测知人的命运。

清，如水的清澈明澄，用在人身上，就是清纯、清朗、澄明、无杂质的状态，与人的端庄、豁达、开明风度相配，常与"秀"搭配，称为"清秀"。

浊，如水的浊重昏暗，用在人身上就是昏沉、糊涂、驳杂不纯的状态，与粗鲁、愚笨、庸俗、猥琐、鄙陋相配，常与"昏"连用，称为"昏浊"。

从这儿可以看出，清与浊是相对应的一组概念，说明人是聪明还是愚笨，智慧还是鲁钝，在评判人的命运时，清者贵，浊者贱。

邪，指奸邪；正，指忠直。一个时代有一个时代的道德标准，因而邪正观念有明显的时代特征。

另有介于正邪之间的一类人，对于这类人，应在具体的环境下去区分其是奸邪还是正直，不能一概而论。

从上可知，由于"正"和"邪"蕴藏在"清"和"浊"之中，但并不都以单纯的"清"和"浊"的面目出现，要准确地分辨它们，是一个比较困难、需要技巧的问题。

解 读

曾国藩善于洞悉部下心理，精于驭人之术。不过，凡事都有例外，他在识才用人问题上，也有一时眼拙、大栽跟头的时候。所以他才有了"邪正难辨"这样的感慨。

有一次，曾国藩与几个幕僚煮酒论英雄，他问道："我与李鸿章、彭玉麟相比，孰高孰低？"

幕僚中当然不乏"九段"拍马高手，其中一位抓住机遇，抢答道："自然是曾公才德最高！"

不料，此时曾国藩觉得还是谦虚点对自己进步有好处，摆摆手说道："过誉了，过誉了。李鸿章和彭玉麟都是当今的英才，我自知不及二位。我生平稍值得赞许的，就是不爱听拍马奉承，还有那么一点儿自知之明。"

幕僚们听罢，坚决不信，继续猛拍狂拍。又有一位开腔："曾公不必客气，依我看你们三位各有所长，各有千秋，彭公威猛，人不敢欺；李公精明，人不能欺；曾公……"

这位老兄是信口开河，不料说到此突然卡壳，想不出恰当的比喻了。

曾国藩正听到兴头上，追问道："我怎么样呢？"

其他幕僚们见状，立即脑筋急转弯，想来个一语惊人，大讨曾国藩的欢心，无奈，脑袋忽然"停电"，就是想不出。

坐在门边的一位年轻人插嘴道："曾公仁德，人不忍欺！"

幕僚们一听：好棒！猛拍巴掌。

曾国藩嘴上坚持谦虚："不敢当，不敢当！"心里早已是一片灿烂。他打量了一番那个年轻人，咦，自己怎么不认识他？于是，悄悄问身边的幕僚，此人是谁？幕僚告诉他，这个年轻人是个秀才，刚刚招来担任文书的，办事还算勤快。

曾国藩一听，频频点头，此人有才华，可重用。果然，没多久，他就破格提拔这个年轻人出任扬州盐运使。

这次，曾国藩可是大跌眼镜。这个年轻人得到如此肥缺，顿时经受不住考验，抵挡不住诱惑，花天酒地挥霍不说，还一口气娶了四个姨太太，大演"妻妾成群"。朝廷派员到各地检查廉政情况，他自知纸里包不住火，干脆携公款潜逃。

显然，曾国藩负有不可推卸的责任。他听说这件事后，眉头紧锁，一脸想不开。有一位幕僚不忍心，好言劝慰："这种事情是经常发生的，不必往心里去。"

曾国藩长叹道："唉，我一向慧眼识才，没想到这回栽在一个毛头小子手上。他说人不忍欺我，他不是就忍心欺我了吗？"

那幕僚倒也直爽："您不是自夸不爱听拍马奉承吗？那小子是拍您的马屁，您都没听出来呀！"

这可真应了那句老话"事之至难，莫如知人"。

　　"事之至难，莫如知人。"这是宋朝诗人陆九渊的一句名言，他揭示了识人的基本情况。说明了世上的事情，再没有比识别人更难的了。

　　事之至难，莫如知人。原因之一在于"凡事之所以难知者，以其窜端匿迹，立私于公，倚邪正，而以胜惑人之心者也"。这就是说，识人这样的事情不易了解的原因，是由于它隐藏迹象，把私心掩盖起来而显出为公的样子，把邪恶装饰成正直的样子。人的奸恶之所以难以辨识，是由于有正直、忠诚、善良的外表做掩护。

　　事之至难，莫如知人。原因之二在于"人心难测"。人心险于山川，难于知天。这就是说人的内心比险峻的高山和深邃的江河还危险，比天还难以捉摸。

　　事之至难，莫如知人。原因之三在于"人之难知，不在于贤不肖，而在于枉直"。识别人的难处，不在于识别贤和不肖，而在于识别虚伪和诚实。人有坏人与好人之分，英雄有真英雄与假英雄之分，君子有真君子与伪君子之分。人还可以分为虚伪与诚实。有表面诚实而心藏杀机；有"大智若愚"，表面看上去是愚笨的样子，而内在里却是聪明之人；有"自作聪明"而实际是愚人；有当面是"人"，背后是"鬼"的两面派。

　　事之至难，莫如知人。原因之四在于"才与不才之间，似是而非也"。即指贤才与非贤才之间，似是而非，难以分辨。可以说，任贤非难，知贤为难；使能非难，知能为难。即任用贤德的人并不难，识别有贤德的人才真正困难；使用有才能的人并不难，发现有才能的人才真正困难。

　　知人难，推举贤才也难。因为有贤才的人，在他未成才时，不为人所知，或知之者甚少，知者如无名无权也推荐不了。如果已锋芒毕露，才华超人，可能会被嫉贤妒才者所忌，不仅不肯推荐，甚至加以诽谤，诚恐其超过自己，或代己之位。而有的虽知贤也不愿推荐，这种人认为多一事不如少一事，怕推荐的人如果出事累及自己。故世上虽有奇才，愿推荐者少。

　　因此，荐贤者不仅要有知人之明，还要有荐贤之量，不嫉贤妒才，有为国家荐贤的至公之心。所以说，能荐贤才的人，其本人就是贤才。历史事实说明：正因有推荐贤才的贤才，才能出现不少闻名于世的大才，这些大才也与推荐他们的贤才的大名共同垂誉于史册。

《宋史·程元凤传》记载：宋度宗时，程元凤任少保、观文殿大学士，他荐举人才不徇私情。有世交之子来求升官，元凤谢绝，其人累次来请求，言及先世之情，元凤说："先公畴昔相荐者，以某粗知恬退故也。今子所求躐次，岂先大夫意哉？矧以国家官爵报私恩，某所不敢。"可是，有人尝被元凤弹劾，后见他改过，而其才可用，便推荐之，元凤说："前日之弹劾，成其才也；今日擢用，尽其力也。"

元凤选拔人才坚持原则，不应提升的，即使是有恩于己之人的儿子也不提升，正如他所说不能"以国家官爵报私恩"。细品元凤言行，值得借鉴的有三：一，推荐和使用官吏，元凤都是出于为国的公心，不存在任何私人的成见。二，弹劾人是为保护人才，是不使其人走上邪道，使其回到正路，促其成才。三，辩证地看人。对官吏有错误则弹劾，不使其有害于国家；改正了错误，其才可用，则擢升，使为国尽其才能。元凤如此为国保护、推荐人才，只有大公无私的人才能做到。

能否辨伪，与能否知人大有关系，崔群向唐宪宗提出要辨伪必须"纠之以法"，这是很有见地的主张。事见《旧唐书·宪宗本纪》：

唐宪宗对宰臣说："听受之间，大是难事。推诚选任，所谓委寄，必合尽心；乃至所行，临事不无偏党，朕临御已来，岁月斯久，虽不明不敏，然渐见物情，每于行为，务欲评审，比令学士，集前代昧政之事，为《辨谤略》，每欲披阅，以为鉴诫耳。"崔群说："无情曲直，辨之至易；稍有欺诈，审之实难。故孔子有众好众恶之论，侵润肤受之说，盖以暧昧难辨故也。若择贤而任之，待之以诚，纠之以法，则人自归公，孰敢行伪？陛下详观载籍，以广聪明，实天下幸甚！"

唐宪宗对下属进言，认真评审其是非，但有时要辨别进言者说的善恶真伪，感到是大难事。因此，他令学士总结前代关于这方面的经验教训，写成《辨谤略》，作为鉴诫。崔群说唐宪宗以史为鉴，是可增广聪明的，但事属暧昧，一时是难于辨别的，故孔子有众好众恶以分善恶之论。而崔群提出的意见，比之孔子所说更能解决问题，即"择贤而任之，待之以诚，纠之以法，

则人自归公，孰敢行伪"。这就是以诚待贤，如果行伪作恶，则以法处理，这样做，官必奉公守法，不敢作伪为非了。

唐武宗时，左仆射王起频主持贡举工作，每次贡院考试完毕，都将录取名单呈给宰相最后定夺。由于录取的人不多，宰相廷英说："主司试艺，不合取宰相与夺。比来贡举艰难，放人绝少，恐非弘访之道。"唐武宗说："贡院不会我意。不放子弟，即太过，无论子弟、寒门，但取'实艺'耳。"

由于职权和取才原则没有明确规定，所以主持取才工作的王起频心中无数，恐取士有失，故呈宰相最后决定。对此，宰相廷英提出两点意见：一是录取的士人不必呈给宰相决定；二是录取的人太少了，不利于广招人才。对此，唐武宗确定了取士的原则：取士要取有"实艺"的，即有真才实学的人，不论他是贵族子弟还是出身寒门。

唐武宗确定取才的原则，负责取才者就可有所遵循。但有了原则还不能保证所取的是有"实艺"的，还要有具体的办法，不然，原则难以贯彻执行，有可能落于空谈。

俗语说："人心难测。"人心何以难测？心是指人的思想，思想是无形的，看不见，摸不着，它隐藏在人的脑海里；且思想又非固定，随着客观世界的变化而变化，所以，要摸透人的思想是不易的，故称人心难测。

照理说，思想指导人们的言行，人的思想必然在他的言行中表现出来，也就是说人的思想和他的言行应该是一致的。可是，各人表现不同，有一致的，有不一致的。其人所想与其言行一致的，这种人易知；如果其人所想的与他的言行不一致，或者他说的是一套，做的又是另一套，这种人就难知。

人们常说，"知人知面不知心"，这恐怕也道出了"人心难测"的道理。有人说不要轻易相信他人的知心话，这不是没有道理的。有的人特别是在情浓之际和说话投机的时候，总是轻信他人的知心话。对方向我吐露了真言，我又为何向人家讲假话？所以把心里的话全掏出来讲给人家听。然而，你可知道，他"真诚"地在你面前说别人的坏话，在别人面前也会"真诚"地说你的坏话。人总是在变化的，今天你是他的朋友，明天你可能又成了他的对手。是对手，他就可能利用你的知心话，特别是隐秘的话来攻击你。

所以，所谓的"心里话"往往是不可靠的。对此，最好不要轻易相信它。如果失去了这方面的警惕性，轻信了别人，就有可能上当受骗。

人们常说，知人难，知人心更难，因为在现实生活中，有的人说的和心里想的不一样，嘴里说的不是心里想的。就以《冰鉴》所说人之"正邪难辨"而言，难辨是难辨，但并非不可辨，尽管那些奸邪小人都善于伪装，但总有些破绽可以让我们看清其嘴脸。

《三国演义》里的魏延杀了长沙太守投奔刘备，诸葛亮不仅不觉得是一件什么好事，反而下令把他拉出去斩首。诸葛亮之所以如此不近情义，原因就在于他看透了魏延有反骨：现在反叛太守，有朝一日也必要反叛蜀汉。果然不出所料，诸葛亮一死，魏延就出了问题。

知人看交结，识人看处事。识别一个人只要看他现在的为人处世，就知道他会对你怎样了。

总是在你面前说别人闲话、记别人小账的人，在背后必然会说你的闲话，记你的小账。整天算计别人、和别人过不去的人，与你关系再好，有朝一日你很可能要被他算计。对那种别人帮了他的忙不仅不感恩，反而恩将仇报的人，无论如何对他不可发善心，否则倒霉的只能是自己。

这些都是具有规律性的常识，我们不可不牢记在心里。

辨别贤佞是个大难题，不是三言两语可以说清的，但从理论上讲，要辨别肯定是可以的。关键在于用人的人，如能以公心来对待其下属的言行，并用实践效果来检验其是否正确，贤佞自必分明。王充在他所著的《论衡·答佞篇》里，比较详细地探讨了这个问题。他以问答形式进行论证，有人问佞人和谗人有否异同之处？他答道："两者都是卑鄙的人，但表现不同，谗人是以口害人，而直言不讳；佞人以阴谋诡计害人，而隐瞒其动机。因此，谗人害人易知，佞人害人则难知。"有人质问："这么说，佞人则不能知了？"他答道："佞可知，人君不能知，庸庸之君，不能知贤；不能知贤，不能知佞。唯圣贤之人，以九德检其行，以其效考其言，行不合于九德，言不验于事效，人非贤则佞矣。夫知佞以知贤，知贤以知佞；知佞则贤智自觉，知贤则奸佞自行得。贤佞异行，考之一验；情心不同，观之一实。"他认为能知贤则能知佞，知佞则能知贤，因贤佞是对立的，否定了此方则可肯定彼方。而辨别的标准是"九德"，看其言行是否符合，并用实践效果来检验其言行，贤佞则可辨别。对此，王充在《论衡·定贤》里进一步作了阐述：

子贡问曰："乡人皆好之，何如？"孔子曰："未可也。""乡人皆恶之，何如？"曰："未可也。不若乡人之善者好之，其不善者恶之。"夫如是，称誉多而大小皆言善者，非贤也。善人称之，恶人毁之，毁誉者半，乃可有贤。以善人所称，恶人所毁，可以智贤乎？夫如是，孔子之言可以知贤，不知誉此人者贤也？毁此人者恶也？或时称者恶而毁者善也！人眩惑无别也。

王充是反对所谓"圣人之言皆无非"的学者，他有很多"非礼"的言论。孔子答弟子子贡关于识别贤佞的问题时，认为全乡的人都夸奖或憎恶并不能肯定其人的好坏，只有乡里的好人称赞、坏人毁谤才能辨别。王充对此提出质疑：孔子又怎能知道称赞的人是好人，毁谤的人是坏人呢？也许是称赞的人是坏人，毁谤的人是好人。显然，如果是这样，按照孔子的逻辑，辨别贤愚则适得其反，把好人视为坏人，坏人视为好人了。所以，王充认为孔子所说的话仍使人迷惑，不能辨别好人、坏人。

那么，王充辨别贤佞的办法是什么？即他前面所说的以实践效果来检验其言行。

从总体而言，小人、奸人就是那些做人、做事不走正道，采取邪恶的手段来达到自己目的的人。因此，他们的言行有一定的特点。

造谣生事者，他们的造谣生事都别有目的，并不是以此为乐。

挑拨离间，为达到自己的某种目的，他们可以用离间去挑拨同事之间的感情，制造他们之间的矛盾，好从中取利。

阿谀奉承，这种人虽不一定是小人，但这种人很容易得上司所宠，而在上司面前说别人的坏话则很有杀伤力。

阳奉阴违，这种行为代表他们这种人的办事风格，因此他们对你也可能表里不一。

趋炎附势，谁得势就依附谁，谁失势就抛弃谁。

踩着别人的鲜血前进，利用你为其开路，而你的牺牲他们是不在乎的。

落井下石，你如果不小心掉进井里，他们会往井里扔几块石头。

推卸责任，明明自己有错却死不承认，硬要找个人来背罪。

事实上，小人的特点并不止这些，总而言之，凡是不讲法、不讲情、不讲义、不讲道德的人都带有小人的性格。

和"小人"相处要讲究以下几个原则：

保持距离。千万不要和小人过度亲近，保持淡淡的同事关系就好了，但也不要太过于疏远，好像不把他们放在眼里似的，否则他们会这样想："你有什么了不起的？"接着你就该倒霉了。

不得罪。一般而言，小人比"君子"更敏感，也比较自卑，因此，千万不要在言语上刺激他们，也不要在利益上得罪他们，那只会害了你自己！

小心说话。说些"今天天气不错"的话就可以了，假如谈了别人的隐私，谈了他人的不是，或是发了某些牢骚不平，这些话绝对会变成他们兴风作浪和有必要时整你的资料。

吃些小亏。小人有时也会因无心之过而伤害到你，假如是小亏就算了，因为你找他们不但讨不到公道，反而会结下更大的仇。

不要有利益瓜葛。小人经常成群结伙，霸占利益，形成势力，你千万不要靠他们来获得利益，因为你一旦得到利益，他们必会要求相当的回报，甚至黏住你不放，想脱身都不可能。

并不是说做到了以上几点，你与小人就能彼此相安无事了，但至少你可以把小人对自己的伤害降至最低。

通过动静两种状态全面考察

【原典】

欲辨邪正，先观动静。

【译释】

要考察一个人是奸邪还是忠直，应先看他处于动静两种状态下的表现。

动与静是一组重要的哲学概念，在哲学中，动与静是互相对立的动态术语，是在事物的变化中去观察、分析、解决问题的带有辩证性的方法。

动与静的结合，是中国古代哲学方法论的一个显著特点，具有一定的辩证思想和科学性。这是传统东方文化中其他学科所没有的一个特点。静态判断，必然会有失偏颇，走到形而上学的孤立静止立场，不利于全面、正确地观察事物。动静结合，则能提高评判的正确性。

曾国藩善于识人、用贤的一些判断，往往是静态判断，如"六府高强，一生富足"；另一些往往是动态判断，如"气浊神枯，必是贫穷之汉"；而如"两目无神，纵鼻梁高而命亦促"，则是二者的结合。

另外，人的行为举止、情态姿容，亦有动与静之别，上述两种判断，有时就是对比做出的。前面已经说过，"动"与"静"是事物运动变化的状态。事物的真相和本质，最容易在运动中流露出来，特别是在一些重要关头，最能见人真心。"静"虽然是稳定状态，但这种稳定是相对的，在由"动"到"静"再由"静"到"动"的变化中，它仍呈动态。所以通过"动"和"静"都能够看到事物的真相和本质。

解 读

曾国藩一生阅人无数，他深知，绝不能片面地衡量人才的能力和水平，从不同的角度、不同的立场，"动""静"结合，辩证地去看，效果会更好。

在封建时代，人才的选拔、任用很讲究出身、资历。曾国藩就打破资格限制，把具有真才实学而品德好的人破格提拔，让其担当重任。湘军中一些重要战将就是由他破格提拔上来的。每到一地，曾国藩即广为寻访，延揽当地人才，在江西、皖南、直隶等地都曾这样做。他的幕僚中如王必达、程鸿诏、陈艾等人都是通过这种方法求得的。与捻军作战期间，曾国藩在其所出"告示"中还特别列有"询访英贤"一条，以布告远近："惟徐一路自古多英杰之士，山左中州亦为伟人所萃。""本部堂久历行间，求贤若渴，如有救时之策，出众之技，均准来营自行呈明，察酌录用。""如有荐举贤才者，除赏银外，酌予保奖。借一方之人才，平一方之寇乱，生民或有苏息之日。"在直隶总督任内，为广加延访，以改当地土风，曾国藩除专拟《劝学篇示直隶士子》一文广为散布外，还将人才"略分三科，令州县举报送省，其佳者以时接见，殷勤奖诱"。曾国藩兴办洋务的得力干将薛福成，就是通过这种不拘一格的求贤方式进入曾府的。

曾国藩深知，所谓人才，都各有各的脾性特征，在衡量他们能力的时候，一定要不拘一格，全方位多角度地透视，片面地看人只能让优秀的人才和自己擦肩而过。这一点很值得后世用人者深思。

多角度透视，就是遇到某些常见的现象后，不要仅用一种思维而停留在常规的层面上，而是要多方位地去探究问题。当牛顿看到苹果从树上落下时，他想，为何苹果会向地上落，而不向天上去呢？他从相反的角度来思考这个问题，最终发现了地球的吸引力。

知人、识人者在认识别人的时候也是这个道理，既要从历史的角度看待别人，也要从现实的角度衡量别人；既要善于从正面的角度去思考问题，也要善于从相反的角度去思考问题；既要从品德、才干、行为的角度去考察别人，也要从气质、喜好的角度去衡量别人；既要考察别人的个体素质，也要考察别人在群体与组织中的种种行为表现。做到这些，才能判断和识别其真实的能力。

多态势透视，也就是说把考察对象放在相对静止的状态下，考察之后，还要放在动态中加以研究。比如，汽车是在静止状态下制造出来的，而后必须进行动态的检查，还要跑磨合路程，以便在"动"中发现问题。有些人考察别人常常只注意"静态"，而忽视其发展变化以及周围环境对其的影响，因而具有盲目性。换言之，多态势透视也就是要用发展的观点去识别他人。

世界万物都处于无休止的运动、发展、变化中，人也不例外。随着主客观条件的改变，人的思想、知识、品德、才能也会跟着不断改变；所以，要知人，必须在发展中观察人，在变化中识人，尤其要看到人们的发展前途，善于从发展变化中看清别人。

古语说，士别三日，则当刮目相看。也就是说，人是在不断改变的，假如用静止、孤立的观点去识人，会把活人看成"死人"。只有在发展中识人，才能真正做到知人善任。

人才一般具有三种状态，即萌芽状态、含苞欲放状态与才华显露状态。知人者及时发现处于含苞欲放状态和才华显露状态的人才当然很好，但是，最难能可贵的是"伯乐相马"，就像当马没有被人发现是千里马，甚至拴在槽头骨瘦如柴无人一顾的时候，能从马的筋骨等方面发现是千里马一样，能够发现处于萌芽状态，尚未被人认识甚至处于"低谷"中的人才，称之为伯乐当之无愧。

坚持用发展的观点看人，就要注意不能用孤立的、静止的观点把人看扁、看死。要知道，一个人的优点、缺点，长处、短处，都是相比较而言的。在一定条件下，长处会转化为短处，优点可以变为缺点；相反也是如此。比如，工作大胆泼辣是优点，但是，不顾主客观条件地一味大胆，就会变成盲目蛮干；谨小慎微是缺点，但只要注意不在小事上纠缠，这样谨慎一点，就会变为优点。当然每个人的情况不同，发生转化的客观条件也不尽相同，对此，不仅要坚持具体问题具体分析，而且要有由量到质的基本估计。

在了解一个人的时候，不但要考察表面现象的浅层次，更要考察内在实质的深层次。这里有一个九方皋相马的故事。

春秋时，秦穆公请相马专家伯乐推荐他的继承人，伯乐推荐了九方皋，秦穆公欣然接受了。在九方皋访求良马三个月后，果然找到了一匹理想中的良马。秦穆公问他是怎样的一匹马，他说是一匹黄色的母马。等牵来马，秦穆公一看，却是一匹黑色的公马。秦穆公很不满意，把伯乐找来，说："你介绍的那位相马专家，连马的毛色和公母都不能分辨清，哪里还能相什么良马啊！"伯乐问明缘由之后，不禁大为赞叹："九方皋能不照搬书上的条文，真比我高明千万倍啊！他所注意的是根本的东西，能抓住内在的实质，忽略表面的外形；只看他需要的，而不看他不必看的，像九方皋这样观察事物的方法实在有着比相马更重大的意义！"伯乐把马牵来一看，果然是一匹天下难得的千里马。当然，九方皋连马的毛色和公母这一表面上的东西都认不清，这并不是什么好事，但是，他那看马注意看本质的观察方法是值得称道的。

在现象和本质这对范畴中，现象是浅层次的东西，本质是深层次的东西；现象是本质的具体表现，本质是现象的根据。只有通过现象这个浅层次，才能抓住深层次的本质。

在考察人的时候，要看现象，更要看本质；要看到支流，更要看到主流。要善于抓住本质和主流这样深层次的东西去衡量一个人，这样才能保证知人、识人的准确性。

动、静状态下眼中所表现出的神情

【原典】

静若含珠，动若木发；静若无人，动若赴的，此为澄清到底。

【译释】

眼睛处于静态之时，目光安详沉稳而又有光，真情深蕴，宛如两颗晶亮的明珠，含而不露；处于动态之时，眼中精光闪烁，敏锐犀利，犹如春木抽出的新芽。眼睛处于静态之时，目光清明沉稳，旁若无人；处于动态之时，目光暗藏杀机，锋芒外露，宛如瞄准目标，待弦而发。以上两种神情，澄明清澈，属于纯正的神情。

解 读

前文已经说了，人的眼睛是不会撒谎的，眼中的神情就是人内心活动的外在表现。眼神的变化，曾国藩总结为动、静，其实具体内容还有很多。

眼睛流露善意，心底必定慈悲；眼睛横竖，性情刚烈；眼珠暴突，性情凶恶；眼睛斜视不语，表明心怀妒忌不满。

瞄上一眼后，闭上眼睛，即是一种"我相信你，不怀疑你"的身体语言。

闭上眼睛后，再睁眼望一望，如此不断反复，是尊敬与信赖的表现。

首次见面时，先移开视线者，其性格较为主动。

当你注意某个人只向一位异性看了一眼，就故意收回了视线而不再看，这是一种自控行为。

斜眼瞟人是偷偷地看人一眼又不想被发觉，传达的是羞怯腼腆的信息。这种动作等于是在说："我太害怕了，不敢正视你，但又忍不住想看你。"

眼光涣散常见于人很疲倦或做白日梦时，有些人常这样由室内望向窗外，以表示其内心中怀有某种梦想（例如坠入情网）。

睁大眼睛，是一种表示惊异的基本反应。

眯紧眼睛基本上是遭遇强光或威胁时的自卫反应，但也可能代表高傲、轻蔑的意思。做此表情的人可能愤世嫉俗，对周围的世事感到厌烦。

眼睛表面的闪亮，是因情绪激动促使泪腺分泌，产生润泽之故，但感受又未强到足以落泪的地步。这种现象常可从情侣、影迷、球迷、骄傲欣慰的父母亲以及获胜的运动员脸上看到；但也可能是表示哭泣以外的任何强烈的激动情绪，如厌烦、沮丧及生离死别等悲痛。

另外，通过一个人的眼睛观察人的性格，尤重眼神。需要别人帮忙或有事请教的时候，要注意观察对方的眼神，也许会避免一些不必要的麻烦。

眼神散乱，说明他毫无办法，向他请教也是没用。

眼神沉静，说明他对于你着急的问题成竹在胸。如果他不肯明确说出方法，这可能是因为事关机密或有其他隐情，不必多问，只静待他的发落便是。

眼神横射，仿佛有刺，便可明白他异常冷淡，如有请求，暂且不必向他陈说，应该从速借机退出，退而研究他对你冷淡的原因，再谋求恢复感情的途径。

眼神呆滞，唇皮泛白，对方对于当前的问题惶恐万分，尽管口中说不要紧，他虽未绝望，也的确还在想办法，但却一点也想不出所以然来。你不必再多问，应该退去考虑应付办法，如果你已有办法，应该向他提出，并表示有几成把握。

眼神阴沉，应该明白这是凶狠的信号，你与他交涉，须得小心一点。他那只毒辣的手正放在他的背后伺机而出。如果你不是早有准备想和他见个高低，那么最好鸣金收兵。

眼神流动异于平时，对方可能是心怀诡计，想给你苦头尝尝。这时应步步为营，不要轻举妄动，前后左右都可能是他安排的陷阱，一失足便跌翻在他的手里。不要过分相信他的甜言蜜语，这是钩上的饵，要格外小心。

眼神似在发火，他此刻是怒火中烧，意气极盛，如果不打算与他决裂，应该表示可以妥协，速谋转机。否则，再逼近一步，势必引起正面的剧烈冲突。

眼神四射，神不守舍，便可明白他对于你的话已经感到厌倦，再说下去必无效果。你不如赶紧告一段落，或乘机告退，或寻找新话题。

眼神恬静，面有笑意，你可明白他对于某事非常满意。你要讨他的欢喜，不妨多说几句恭维话，你要有所求，这也是个好机会，相信一定比平时更容易满足你的希望。

眼神凝定，便可明白他认为你的话有倾听的必要，应该照你预订的计划婉转陈说，只要你的见解不差，你的办法可行，他必定是乐于接受的。

眼神上扬，便可明白他是不屑听你的话，无论你的理由如何充分，你的说法如何巧妙，还是不会有更好的结果，不如戛然而止，退而求接近之道。

眼神下垂，连头都向下倾了，便可明白他是心有重忧，万分苦恼。你不要向他说得意事，那反而会加重他的苦痛，也不要向他说苦痛事，因为同病相怜越发难忍，你要说些安慰的话，并且迅速告退，多说也是无趣的。

"败器"、"隐流"之眼神

【原典】

静若萤光，动若流水，尖巧而喜淫；静若半睡，动若鹿骇，别才而深思。一为败器，一为隐流，均之托迹于清，不可不辨。

【译释】

安静时，目光像萤火虫一样闪烁不定，行动时，目光像流水一样游移不定，以上两种神情一则善于掩饰，一则奸诈在内心萌动；安静时，两眼似睡非睡，似醉非醉，是一种深谋远虑的神情，行动时，两眼像鹿一样惊恐不定，以上两种，一则是指有智有能而不循正道之人，一则是指深谋图巧又怕被人窥见的神情。具有前两种神情者是有瑕疵之辈，具有后两种神情者是含而不发之徒。都属于"邪"，但都混杂在清明的神情内，是必须辨别清楚的。

解 读

《冰鉴》不止一次提到观人眼睛的技巧，足见曾国藩在识人过程中对人眼睛的重视。在这里，曾国藩重点介绍了从人的眼神中识人。

当然，在现实生活中，人的眼神有很多种，除了曾国藩所言的几种眼神，我们再做几点补充。

眼珠转动迟缓的人，身体五官感觉迟钝，感情起伏少，不受他人影响。

目光闪烁不定的人，缺少对事情深思的能力，是浮躁的冲动派，很少被信任，有撒谎的倾向。

目光着点不定的人，多处于精神不安定的状态，在内心深处有怨怒之气，心情不稳定且焦躁不安。

眼睛往上吊，心里藏着不可告人的秘密，性格消极，不敢正视对方。

眼睛往下垂，有轻蔑对方之意，要不然就是不关心对方。

眼珠转动快速，说明第六感官敏锐，能快速看穿人心；反之，容易受人影响。这种人特立独行，属情绪化的性格。

正视，代表庄重；斜视，代表轻蔑；仰视，代表思索；俯视，代表羞涩；闭目，代表思考或不耐烦；目光游离，代表焦急或不感兴趣；瞳孔放大，表示兴奋、积极；瞳孔收缩，表示生气、消极。

在抖擞处鉴别人的本色

【原典】

凡精神，抖擞处易见，断续处难见。断者出处断，续者闭处续。

【译释】

一般来说，观察识别人的精神状态，在关键时刻是比较容易识别的，而在风平浪静的时候，如果是有意掩饰，就比较难以识别了。在关键时刻精神不足，即便故作振作并表现于外，但其本质是掩盖不了的。而精神有余，由于它是自然流露并蕴含于内，自然是其本色。

解 读

曾国藩一生都在宦海中沉浮，太多的风风雨雨使他对人性的把握可以说是到了炉火纯青的境界。他深知，一个人不管在平时如何掩饰，一旦到了关键时刻，他所有的一切都会"自然流露"出来。所谓"患难见真情"、"关键时刻见人心"，说的就是这个道理。

正如古人所言"告之以危而观其节"，这是识人之良方之一。就是说，在识人时，告诉所识的对象出现了危难的情况让其处置，从其处理危难的情况来观察他的节操。节操，即气节情操，就是一个人在关键时刻和重大原则问题上表现出来的政治立场和道德方面的坚定性。我们中华民族历来就有"宁

为玉碎，不为瓦全"、"粉身碎骨全不怕，要留清白在人间"的传统美德。两千多年以前，中国古代思想家孟轲就说过：富贵不能淫，贫贱不能移，威武不能屈。这句至理名言，已成为千百年来无数仁人志士立身做人的准则。

每个国家都有自己的国格，每个人也都有自己的人格。国格是一个国家的荣誉、尊严和品格的总和；人格则是做人的资格和为人的品格的总和。国格和人格是紧密联系在一起的，在对外交往中，能不能做到不卑不亢，也是衡量一个人有无中国人气节的重要尺度。

古人讲得好："将受命之日则忘其家，临军约束则忘其亲，抱鼓之急则忘其身。"无数先贤，为了民族的利益，为了国家的利益，为了人民的利益，在国家处于危难之时，总是挺身而出，迎着困难上，经受住各种苦难的磨炼，顶狂风战恶浪，舍生取义去奋斗，去拼搏，生为人民而战，死为人民而献身，这就是中华儿女的民族气节，这就是中国人的情操。

中国人的气节和情操，表现在根本政治立场和政治原则方面，就是政治上的坚定性——为了中华民族的崛起，无论在如何艰难困苦的条件下，始终坚持自己的理想和信念不动摇。表现在对待人民的根本态度方面，就是对人民的无限忠诚——热爱人民，全心全意为人民服务，对人民鞠躬尽瘁，为了人民的利益，甘愿自我牺牲。表现在对敌斗争方面，就是无比英勇顽强的精神——无论敌人多么凶残，斗争多么艰苦卓绝，对敌人绝不卑躬屈膝，在困难面前绝不放弃必胜信心，英勇斗争，前赴后继，威武不屈，视死如归。

表现在人生道德情操方面，就是思想情感的正义性——勇于坚持真理，凛然伸张正义，绝不献媚取宠，始终正大光明，保持高风亮节，珍重人格、国格。我国历史上许多仁人志士在自己言行中表现出可贵的节操，他们或者"不为五斗米折腰"，或者"生当作人杰，死亦为鬼雄"，或者"粉身碎骨全不怕，要留清白在人间"。许多英雄人物在反压迫、反侵略斗争中所表现出来的"中华民族不可侮"、"中国人民不可欺"的高尚节操，作为璀璨的民族精神代代相传，至今激励着人们。数风流人物，还看今朝，在我们革命军队中出现了"愿与人民同患难，誓拼热血固神州"的朱德总司令，"大雪压青松，青松挺且直"的陈毅元帅，"为了免除下一代的苦难，我们愿把牢底坐穿"的何敬平烈士，以及宁死不投降的"投江八女"、"狼牙山五壮士"等，他们的革命节操惊天地，泣鬼神，昭日月，贯古今。每一个有良心的中国人都应当学习他们那种革命节操，以战胜邪恶，净化社会风气，推动社会进步。

范仲淹用人，多取气节而略细故，如孙盛敏、滕达道，都是他平日重用的人。他任陕西河东宣抚使兼陕西四路安抚使时，开设幕府，选用幕僚，多用因罪降职而还没有复职的人。有人怀疑他如此用人是否适当，范仲淹说："人有才能而无过失，朝廷自用之。若其实有可用之才，不幸陷于吏议，不因事起之，遂废人矣。"因此，范仲淹所用的人，大多有真才实学。（李贽《初课集·铨选诸巨》）

气节中人必然赏识气节中人：

范仲淹曾以直言三贬，三起三落而不改其志，他为国为民，敢言敢谏，始终如一。他先忧后乐的精神、仁人志士的节操，对时人后人的影响都很大。正因范仲淹重气节，其用人必然是多取有气节的人。这些人大都是敢于直言而得罪当权者，因而"不幸陷于吏议"，且这些正直之士，大多是有真才实学者，他们被降职不用，实是国家的损失。因此，范仲淹在他为边帅掌握实权时，力之所及，任用他们为国效力，也使贤才不致埋没成为废人。

事实证明，范仲淹善于知贤才，他任边帅期间因用得其人，边境无虞，西夏不敢入侵；而经他荐拔的大批学者，为宋代学术鼎盛奠定了基础。

总之，作为用人者，在关键时刻你总能发现一两个让你眼前一亮的人，气节如是，其他方面也如此，所以有必要把握好时机，趁此全面地看清下属的真实品性和才能。

1. 失败时看人本领

马谡是诸葛亮手下的大将，屡立战功，司马懿举兵进攻街亭，马谡立功心切，立下军令状，但他的想法并未如愿。街亭失守，打乱了诸葛亮出祁山的计划，马谡没能立功，而同去的赵云、邓芝却表现甚好，没有损兵折将，还保证了军资什物的安全。孔明亲自率领诸将出迎，见到赵云说："是吾不识贤愚，以致如此！各处兵将败损，唯子龙不折一人一骑，何也？"邓芝回答说："某引兵先行，子龙独自断后，斩将立功，敌人惊怕，因此军资什物，不曾遗弃。"孔明夸奖道："真将军也！"还赏赐赵云金子，取绢一万匹赏给赵云的部卒。赵云推辞不受，孔明更是倍加钦敬，叹道："先帝在日，常称子龙之德，今果如此！"一个伤了孔明的心，一个赢得了孔明的赏识和敬佩，所以，对于关键时刻的表现，有很多经验值得总结。

2. 关键时看人勇气

毛遂自荐随平原君到楚国谈判合作的军国大事，平原君与楚王谈了大半天也没结果，主要是楚王有些顾虑，决意不下。眼看谈判要以失败告终，随行的其他十九个人都一致动员毛遂上，考验他的时候来了。毛遂鼓足勇气，按剑历阶而上，问平原君："从之利害，两言而决耳。今日出而言从，日中不决，何也？"楚王得知毛遂是平原君的幕僚后大怒道："胡不下！吾乃与而君言，汝何为者也！"毛遂受辱但毫不胆怯，提剑逼近楚王，以三寸不烂之舌说服了楚王，平原君出使楚国的大功告成。这一次出使楚国，使平原君认识了毛遂的价值，把毛遂作为上客看待。

3. 失意时看人忠诚

对于那些英明能干、胸有大志的领导，即使他处于厄运之中，下属也应忠诚地追随他。

西汉末年，群雄争霸，刘秀亦是其一。刘秀创业伊始，势单力薄，往往是东躲西藏以求生存。在南徙北移中损兵折将甚多。随从见他失利落魄，多斩断跟随多年之情谊，另谋高就，左右人员相继离去，在此困境中，唯有一位叫王霸的人深知刘秀为人贤明，日后必成大器，于是便与手下心腹之士不畏艰难挫折，忠贞地追随刘秀。刘秀深为感动，说："颍川从我者皆去，而子独留努力，疾风知劲草。"由此，刘秀以王霸忠而委以重任。王亦不辱使命，征杀疆场屡立奇功，刘秀平定天下后，王霸则被封为淮陵侯，位列开国"云台二十八将"之一，成为光武中兴的鼎力重臣。

4. 危急时看人决断

汉朝初期，汉高祖刘邦派樊哙以相国名义带兵去平定谋反的燕王卢绾。发兵之后，有人揭发樊哙在刘邦生病时与吕后勾结，等刘邦一死，就要把戚夫人一家杀绝。刘邦很生气，就派陈平骑马去传达命令，让周勃代樊哙指挥军队，并立即在军中把樊哙斩首。

陈平接受任务后，私下里同周勃商量说："樊哙是功臣，又是吕后的妹夫。皇上只是一时恼怒，想杀掉他。但是皇上已经病重，未来是什么情况并不明白。所以还是不把樊哙马上斩首，只是把他押回来让皇上自己下命令杀掉为好。"周勃也同意这样做。

后来，在押送樊哙回京的路上，陈平听到刘邦去世的消息。他急忙赶回向吕后报告逮捕樊哙的经过，吕后叫他把樊哙放了。因为他没有照刘邦的旨意杀死樊哙，所以吕后还是相信他，又让他做太子的老师。

"收拾入门"观其神

【原典】

道家所谓"收拾入门"之说，不了处看其脱略，做了处看其针线。

【译释】

道家有所谓"收拾入门"之说，用于观"神"，要领是：在行动时要看他潇洒豪放的气概和胸怀有几分真、几分假、几分做作、几分自然、几分深浅；在静心安坐时要看他的细致周密、平心静气的状态。

一个人有多大的作为跟他的胸怀和抱负有直接关系，修养深厚、抱负远大、德才兼备之人必有大成就，值得委以重任；小肚鸡肠、畏畏缩缩之人是不会有什么大出息的，最好敬而远之。

解 读

总结曾国藩识人用人的经验，我们可以发现，能人贤者尽管有多种定义，但不外乎三方面的标准：有远大的抱负和志向，有崇高的修养和德行，有过人的才华和能力。这三者相辅相成，是能人贤者们必备的"硬"指标，可以说是"一个都不能少"。

那么，首先，了解一个人的抱负和志向，可以从下列三个方面入手：

其一，识人贫贱知其志向。

陈胜出身农民，家境贫寒，少年时代就以帮人耕作为生。但他人穷志大，很想有所作为。他常常感叹人世，有时惆怅，有时慷慨激昂。有一次，他在劳动休息时，坐在田埂上默默长思，突然自言自语地说："倘若有朝一日我发了，成为富贵的人，我将不忘记穷兄弟们。"与他一起劳作的佃农们听后都不以为然，并笑话他说："你一个帮人干活的农夫，何来富贵之谈？无非是说大话而已。"陈胜对于大家的取笑十分遗憾，深有所感地说道："嗟乎！燕雀安知鸿鹄之志哉！"有志者终成大事，不久，陈胜便以自己的实际行动向人们证实了他的豪言壮语，不是他说大话，而是他的宏愿和决心的表达。

其二，识人壮伟知其抱负。

古人说：察人之忠奸邪正，只可求之于风骨，不可求之于言辞；可求之于细行，不可求之于诗文。又说：三岁看老，小处看大。

汉高祖刘邦从青少年时起就不爱劳动，好说"大言"，而他逃避劳动的方式就是设法出人头地，成为一个出类拔萃的人，而当他一见到秦始皇出行这样威武壮观的场面，心中的理想图像便豁然开朗，他明确认识到，他的人生价值就是成为一个如秦始皇一样的"大丈夫"！可见在刘邦观看秦始皇出行的一瞬间，就明确了他人生的理想模式。

其三，识人危难知其韬略。

宋代宰相韩琦以品性端庄著称，遵循着"得饶人处且饶人"的生活准则，从来不曾因为有胆量而被人称许过，但情急之下所表现出的内圣神通却没人能比拟。宋英宗刚死的时候，朝臣急忙召太子进宫，太子还没到，英宗的手又动了一下，大家吓了一跳，急忙告诉韩琦，想阻止召太子进宫。但韩琦拒绝说："先帝要是再活过来，就是一位太上皇。"他当机立断催促人们急召太子，从而避免了权力之争。

朝中大臣任守忠是个奸邪之人，他反复无常，秘密探听东西宫的情况，在皇帝和太后间进行离间。韩琦再次当机立断，用未经中书省直接下达的文书把任守忠传来，让他站在庭中，指责他说："你的罪过应当判死刑，现在贬官为蕲州团练副使，由蕲州安置。"说着韩琦拿着空头敕书填写上，派使臣当天就把任守忠押走了。

这样，韩琦轻易除去了"蠹虫"，而仍然不失忠厚，表现出人生的一种最高修养。

再说看人的才与德。

古人指出，看一个人的才能要分三个阶段，当其幼小时聪敏而又好学，当其壮年时勇猛而又不屈，当其衰老时德高而能谦逊待人，有了这三条，来安定天下又有什么难处呢？

看一个人在社会上的作为，也应该有这样的标准，如果有才能而又以正直为其立身之本，必然会以其才能而为天下大治作出贡献；如果有才能却以奸伪为立身之本，将会由于其担任官职而造成社会混乱，可见有才更须有德，才能造福社会，否则就会祸及黎民，造成大乱。

判断一个正直的臣子的标准是不结党营私，看一个人的才能就要看事情是否办得成功。看人不能仅仅只看其主观意愿，还要看其才干和谋略如何。在战场上驰骋过的骏马，虽然拴在食槽上，但一听见催征的鼓角声仍然会嘶叫；久经沙场的老将虽然回还家门，但仍然能够料定战争的形势。

只要是有才能的人，在社会上他的才能会很快表现出来，就像锥子放在口袋里，它的锋尖会立刻显露出来一样。有才能的人不会长期默默无闻。

　　贤德之人对有些事是不会做的，可以任用而不必怀疑。能干之人是什么事都会干的，可以任用却难以驾驭。由此可知，贤者与能者是有区别的。

　　自古以来，明智的用人者都知道，所谓"贤者"，应以"德"为先，德才兼备。

　　诸葛亮以其"隆中对"预见天下三分，显示其大才；以其"鞠躬尽瘁"尽忠汉室，显示其大德。其人如此，其择官也以德才兼备为准则。

　　诸葛亮第一次北伐向刘禅上疏，即《前出师表》，说："亲贤臣，远小人，此先汉所以兴隆也；亲小人，远贤臣，此后汉所以倾颓也。先帝（刘备）在时，每与臣论此事，未尝不叹息痛恨于桓、灵也。"桓帝、灵帝是东汉末年的皇帝，先后兴起第一次、第二次"党锢之祸"，杀戮敢于直言的李膺等贤臣；二人都信任宦官，使宦官得专政，朝政腐败。桓帝封单超等五宦官为侯，任其专横胡为。灵帝公开标价卖官，敛财私藏，上梁不正下梁歪，贪污风盛，民不聊生，致使社会动荡不安，终于激起黄巾起义。之后群雄攻战，从而形成三国鼎立的局面。诸葛亮上《前出师表》时，刘备已去世，由他执政辅佐刘禅，故在出征前总结了先汉与后汉兴亡的经验教训，谆谆告诫刘禅，不

要学桓、灵二帝"亲小人，远贤臣"，要学先汉"亲贤臣，远小人"，才能使蜀国兴隆，以复兴汉室。

诸葛亮还在《便宜十六策》里指出："治国之道，务在举贤。若夫国危不治，民不安居，此失贤之过也。夫失贤而不危，得贤而不安，未之有也。"因此，诸葛亮在治理蜀国时特别重视选拔德才兼备之士。

诸葛亮推荐董允为侍中，领虎贲中郎将，统宿卫重兵，负责宫中之事。刘禅常欲增加后宫嫔妃，董允认为古时天子后妃之数不超过十二人，今已足数，不应增加。刘禅宠爱宦官黄皓，皓为人奸佞，想干预政事，董允上则正色匡主，下则数责黄皓，董允在时，黄皓不敢胡为。

蒋琬、费祎、姜维都是诸葛亮精心选拔为他理政、治军的接班人。蒋琬入蜀初期任干都县长，刘备下去巡视，适见蒋琬饮醉，不理事，大怒，要杀他。诸葛亮深知其人，为之说情："蒋琬，社稷之器，非百里之才也。其为政以安民为本，不以修饰为先，愿主公重加察之。"刘备敬重诸葛亮，听其言，才不加罪。后诸葛亮提拔蒋琬为丞相府长史，诸葛亮每次出征，蒋琬都足食足兵以相供给。诸葛亮常赞琬为人"忠雅"，可与他辅佐蜀汉王业。诸葛亮死前，密表刘禅："臣若不幸，后事宜以付琬。"诸葛亮死，蒋琬执政，其人大公无私，胸怀广阔，能团结人，明知时势，做到国治民安。蒋琬病，荐费祎代之，费祎为人明断事，善理事，知军事，他在任时边境地虞，魏人不敢正窥西蜀。姜维继诸葛亮复兴汉室之志，屡次北伐，虽无大胜，但魏兵也不能侵入。及司马昭派大军伐蜀，刘禅昏庸不听姜维派兵扼守阴平之议，邓艾得以偷渡而直捣成都，刘禅出降，并令姜维降，姜维想假降待机杀钟会以复兴蜀汉，其夙愿虽不实现，足见其忠烈。

刘备死后，有诸葛亮及其后继者蒋琬、费祎、姜维等辅佐，刘禅这昏庸之主才得安坐帝位达四十一年之久。而曹操死后，其子曹丕篡汉，魏立国虽有四十五年，但早在前十七年司马懿就发动政变夺取曹爽的军权，魏政权已归司马氏，魏已名存实亡，魏政权存在实际只有二十八年。孙权死后，孙亮立为吴帝，内部不和，国势日弱遂被晋灭，孙权后人掌权只有二十七年。三国相比，蜀汉政权较稳固，无内部互相倾轧、争权夺利之事，这是因有德才兼备之臣辅佐之故。

　　所以说，无论什么时候，识人、用人都要坚持德才兼备这一标准。那么，在德与才之间，哪个更重要呢？按照大家熟知的说法，德与才是统帅与被统帅的关系，两者都很重要，但德尤为重要。司马光认为，取士之道，当以德为先，其次经术，其次政中，其次艺能。在他看来，选用人才的原则，应当把德行的考核放在首位，然后是经术，然后是政事，再就是艺能。这反映了司马光的选用人才思想是把德行放在第一位。

　　唐代杜佑也认为：如果以品质节操为首要，以才能技巧为其次，选用人才，必定会使人们加强修养，勤奋学习，以仁立于科举最优之列，怎么会使俊杰之才迟迟不能发挥作用、受到埋没而不被录用呢？通过排列比较这些人才，选取拔尖的人加以任用，一定会使许多人才受到震动而被吸引，从四面八方来响应。这里主要是强调以德行为科举取人之本，认为取人才艺为次之。

　　识人观人以德为先，次之才学。就是要防止重才而轻德的现象出现。有才而缺德，这样的人只能是奸才、歪才、邪才、刁才。当然，只有德而没有才也不是我们所需要的人才，这类人是忠厚人、老实人、辛苦人、正派人，但才气没有了，就不是我们渴望的人才。

　　按照人才学的基本原理，在处理和看待德与才的关系时，任何机械的、僵化的观点和行为都是十分有害的，必须运用科学的、辩证的观点和方法，对德与才的关系，做出实事求是的新的阐释。

　　人才的标准有三，一曰德，二曰量，三曰才。所谓德者，刚健无私，忠贞自守，非庸庸碌碌，无毁无誉而已。所谓量者，能受善言，能容贤才，非包藏隐忍，持禄保位而已。所谓才者，奋发有为，应变无穷，非小慧辩捷，圆熟案牍而已。备此三者，然合胜股肱之任。在通常情况下，我们强调德应重于才，但在这个前提下，又要注重量与才的问题，坚持德、量、才三者的统一，符合这三条标准才能担当重任。

　　要评估人，无非德才两者。德的内涵包括个人品质、伦理道德、政治品德；才指才智、才干、才华，等等。人才的形成是靠知识和经验的积累，德才兼备的人其成长需要不断地学习和实践。

要发现人才，主要是根据其德才的表现，但要认识人，则需要时间的考验。如人的政治品质，平时难以看出什么问题，在非常时期则好坏分明，古代的忠臣义士大都是在危难时刻涌现的，所以，有人将之总结成一句格言：疾风知劲草，板荡识忠臣。才能也需要考验，有些人能说会道，在实干时却很窝囊；有些人平时默默无闻，但在实践中却才能显露。

用人以德才兼备最好，但在大量需要人才的时候，只能以掌握的现有人才资料，按其德才来任用。古代英明之主驾驭人才，是待之以诚，纠之以法，赏功罚罪，使之向上，不敢为非，这是爱护、培养、发展人才的根本法则，至今仍很值得借鉴。

识人须以德才兼备为标准，也就是说，要知其人，必须考察其德才，而以德为其灵魂，重在其实践。

周朝吕尚在《六韬·龙韬·论将》中讲道：将有五才，"勇、智、仁、信、忠也"。更进一步解释为："勇则不可犯，智则不可乱，仁则爱人，信则不欺，忠则无二心。"

春秋初期管仲在《立政》篇中说："君子所审者三：一曰德不当其位，二曰功不当其禄，三曰能不当其官，此三本者，治乱之源也。"也就是说，朝廷

选拔人才，需要审慎地掌握三个条件：一是道德品质是否与他所处的地位相称；二是功劳是否与他所享受的薪金待遇相称；三是才能是否与他所担任的官职相称。"德、功、才"是三个根本性的问题，也是我国古代比较早、比较全面的人才标准。

孙武说："将者，智、信、仁、勇、严也。"东汉王符在谈到军事将才时说："将者，智也，仁也，敬也，信也，勇也，严也。是故智以折敌，仁以附众，敬以招贤，信以必赏，勇以益气，严以一令。"在古代人才思想史上影响比较大的是曹操提出的"德、识、才、学、体"五德皆备的思想。

三国时的刘劭著的《人物志》是中国古代思想史上保留下来的最完备的人才专著。在这部著作中，刘劭把人分为"兼德、兼材、偏材"三类，即德行高尚者、德才兼备者与才高德下者三类。作者明确推崇德才兼备的人是最高尚的。

对德才关系做了较为全面、较为精辟论证的，是宋朝的司马光。他明确指出："才者，德之资也；德者，才之帅也。"就是说，德与才是不能分开的，德靠才来发挥，才靠德来统帅。从德和才两个方面出发，司马光把人分为四种：德才兼备为圣人，德才兼亡为愚人，德胜才为君子，才胜德为小人。在用人时，如果没有圣人和君子，那么与其得小人，不如得愚人。因为"君子挟才以为善，小人挟才以为恶，而愚者虽欲为不善，但智不能周，力不能胜"。这就是说，有才而缺德的人是最危险的人物，比无才无德还要坏。司马光还说，人们往往只看到人的才，而忽视了德。自古以来，国之乱臣，家之败子，都是才有余而德不足。司马光是封建社会的思想家，自然有他的思想局限性，但是就德才关系本身的分析来看，论述比较深刻，有重要的历史学术价值。

表面细致，实质粗心者不足以重用

【原典】

小心者，从其做不了处看之，疏节阔目，若不经意，所谓脱略也。

【译释】

对于小心谨慎的人，要从做事之前就有意考察他，如果表面是小心谨慎之人，在做事的过程中却处处表现得粗枝大叶，仿佛是由于疏忽造成的损失。这些表面细致，实质上粗心欠周密的人，是不能重用的。

解 读

曾国藩认为，无论什么样的人才，只有具备了周密细致的性格，才能走得稳、走得远。想要有所建树的人，在做事的过程中，千万不要看不上那些简单的事情，不要忽略那些被他人认为很容易的细节和细致的功夫。一个人能够把简单的事情做到位，这就是不简单。大家都认为很容易的事，假如你能认真严谨地做好，这就是不容易。

一个人的性格是在生活中逐渐形成的，正所谓"不积跬步，无以至千里"。每个人平时的一言一行都会形成习惯，好的素质不是一天养成的，需要不断地积累，细节体现着人的综合素质，更能体现一个人的性格。有时看似简单的一件事，却可以反映出不同的人、不同的态度及性格。

一个性格严谨细致的人，总会考虑应该怎么做，要怎么做才能把事情做得令人满意。注重细节，做出来的事情也一定能抓住人心，虽然一时也许无法引起人的注意，但久而久之，这种态度形成习惯后，一定会给你带来巨大的收益。

中国向来不缺少雄才大略的战略家，缺少的是精益求精的执行者；不缺少各类管理制度，缺少的是对规章条款不折不扣的执行。不注意细节的决策和施行必将导致悲剧的上演。细节中潜藏的魔鬼既可以将你送入天堂，又可以将你引入地狱。有的人因注意细节而崛起，有的人因忽视细节而落败。

一家大型企业的人事部要招一名资源管理部主管，招聘当日，现场人满为患，地上散落的废纸被应聘人员的鞋底踩得凌乱不堪。接近尾声的时候，招聘方的人事经理看见不远处的一个人正由远而近地边走边捡地上的废纸。当他来到经理的面前时，这位经理问他为什么要捡这些废纸，它们已经是被利用过的。他回答道："这些纸虽然已经利用过了，但另一面仍然可以再利用，这样扔掉就太可惜了。"这位经理浮现出欣慰的笑容。原来，那么多的应聘者中，没有一个人注意到这个细节。而这个细节正是招聘者设置的一道无声的考题。因为资源管理部的主管就是负责管理资源避免浪费的。在诸多应聘者中，一开始那么多人，却没有一个人注意把废纸捡起来等待再利用，确实让这位人事经理很头痛。不用说，只有这个捡废纸的应聘者获得了这个职位。

一个企业的盛衰源于细节，一个人的起落源于细节，一个决策的正误同样源于细节。关注细节中潜藏着的那个"魔鬼"，并非所有人都能够做到。而既然是"魔鬼"，当然就有它该有的威力，天堂和地狱的归属，只凭它的一个指头就可以划定界限。

慎重周密者可堪重用

【原典】

大胆者，从其做了处看之，慎重周密，无有苟且，所谓针线也。二者实看向内处，稍移外便落情态矣，情态易见。

【译释】

对于率直豪放的人，要在做事的过程中仔细考察他，如果表面上粗枝大叶，做起事来却处处小心谨慎、注意细节，不轻率行事，不随意举动，最终使事情得以成功，这种人是可以被重用的。上述两种精神状态，实际上都存在于内心世界，但是它们只要稍微流露，立刻就会变为情态，而情态则是比较容易看到的。

解 读

做事不慎重，不周密，粗枝大叶，只图眼前一时的快乐，不考虑自己的行为对日后的影响，曾国藩认为这样的人注定是不会有什么突出的成就的。

真正有抱负的人，都会为自己制定明确的目标，并围绕着目标，规划自己的工作。他们每做一件事，都会事先考虑这件事的后果对自己的目标有什么影响，如果能产生正面的影响，自然会认真去做，若产生负面影响，就要放弃，或者进行适当的调整。

很多人在处理事情时总爱盯着眼前，从不考虑日后的影响，比如在交际过程中，图一时之利，把交际对象划为三六九等，从而戴上有色眼镜，对那些有权有势或对当前局势能产生影响的人尊重有加，而对那些小人物或当时看似无关紧要的人却不屑于理睬。比如，办公室里的那位满脸粉刺的文书小姐，你对她不屑一顾，可是不久她就被提拔为老板的秘书。再比如，你同事的车子坏了，在你开车路过他面前时，他向你招手，而你正赶着要去参加一个重要的会议而没有顾得上理他，两年后他成为你的主管，如果他还记着这事，难免会给你"穿穿小鞋"。

这并不是说你在生活或工作中绝对不能"冒犯"别人。为了工作，你必须敢于表达自己，敢于陈述自己的观点，不顾某些人的脸色和面子。但是你要注意，争执和分歧必须是为了集体的利益而非个人的利益，再者就是要对事不对人，同对方做好沟通，免得对方记恨你。

在处理任何事情时，都有短期的价值和长期的价值。短期和长期的价值有时是一致的，有时是互相冲突的。你必须事先考虑其对未来的影响，千万不可只图眼前的利益而做出错误的决定。

衡量做事是否慎重，其实并不困难。做事的目标便是衡量的尺度，就是做任何事的指南，只有对目标的达成有促进作用的行动才应该进行，否则就

应该放弃。

对某件事做出决定时，你要事先考虑对你的目标会有什么影响，如果有悖于目标，或者打乱了你的规划，那么，就不要去做。

当然，随着形势的变化，你的目标也会改变。当目标已经发生改变，即使是一点点儿，你也应该重新审视目前的行为。为了配合日后所期望的结果，你应该对自己的行为做出必要的调整。否则，不合时宜的行为必定会对将来产生坏的影响。

总之，凡事都应该考虑其对未来的影响，才能避免犯一些不该犯的错误。而一个少犯错误的人，往往会赢得同事的尊重和上司的青睐，在奋斗的道路上走得既稳又快，成功的概率也会大大提高。

骨色反映人之优劣

【原典】

骨有色，面以青为贵，"少年公卿半青面"是也。紫次之，白斯下矣。

【译释】

骨有不同的颜色，面部颜色，则以青色最为高贵。所谓"少年公卿半青面"，就是这个意思。黄中透红的紫色比青色略次一等，白色则是最下等的颜色。

解 读

人的骨象又有骨色、骨质之说。古人在论述"色"的性状时，有如下说法：青色如瓜，黄色如蜡，赤色如火，白色如脂，黑色如漆。

由于中国古代哲学、医学、文化之间有千丝万缕的联系，"色"又与五行、五性、五脏、四时相配合，具体如下：

一曰水，五性上是精，五脏属肾，颜色为黑，方向为北，旺在冬季。

二曰木，五性上是魂，五脏属肝，颜色为青，方向为东，旺在春季。

三曰火，五性上是气，五脏属心，颜色为赤，方向为南，旺在夏季。

四曰土，五性上是意，五脏属脾，颜色为黄，方向为中，旺在四季末。

五曰金，五性上是魄，五脏属肺，颜色为白，方向为西，旺在秋季。

还有一种说法，是专论骨"色"的，认为骨色来自"六气"。而所谓"六气"，即青龙、朱雀、勾陈、腾蛇、白虎、玄武。此六者，本为占卜术中的六兽之神，这里被养生家和相学家借来用以表"六气"。相学家论"色"离不开"气"，论"气"又离不开"色"，二者常常合称为"气色"。实际上，这里的"六气"就是"六气色"或"六色"。

这六种气中，以青色为美、为佳。这是因为，在中医理论中，青色在五行中属木，人体五脏的肝也属木，因而肝与青色、与木、与春天是有联系的。春天，万物生发，一片勃勃生机；肝被认为是造血的器官，是生命力旺盛的潜机，因而青色是生命的象征。所以，古人把青色作为最美、最佳的颜色。

"色"有优劣之分，青色最好。但青色中也有吉凶之分，青之吉者，色如翠羽，如春木；凶者，色如蓝靛，如锈斑。其他颜色自不待言。

那么，骨与色之间有没有什么联系呢？古人认为，佳骨自有佳色。道理就像树大根深之木一样，自然不愁其枝繁叶茂了。"石蕴玉而山辉，水怀珠而川媚。"

《冰鉴》说"面以青为贵"、"少年公卿半青面"。医学理论认为："色"现于外，"气"蕴于内，"色"只是"气"的外在表现，"气"才是"色"的根本，"气"不足，"色"自然就衰减了。因而可以这么认为：这里的"骨色"，应该是"骨有气，在面为色"。"骨有气"，也就是说骨的健康状况与人的生命活力有密切联系。这一点还是有一定的科学性的。

《冰鉴》所说的"面以青为贵，紫次之，白斯下"也不难理解。春天是万物生长、活力显现的时候，"青色"也就是指像春天一样活泼有力、象征着生命茁壮成长的青春气色。因为春天有青草，有绿树的特征，因而谓之"青色"。这种气色富有生机，却也不失庄重，是活泼而能持久恒定的物质，不会时断时续。既然活力永驻，人自然能集中精神去谋取功名利禄，自然会"贵显"。

"紫色"比青色有不足，因此也可言"贵"，但难以"大贵"。"白色"则又次之。这当然不是健康、活力的颜色，就像苍白中隐着一种秋后的枯黄，灰暗惨淡如枯枝败叶，显然是气血亏损之兆。这种气色，如何能"贵"呢？就像一个瘦弱骨枯的人，怎么能挑重担呢？

从骨"质"中看人之贵贱

【原典】

骨有质，头以联者为贵。碎次之。总之，头上无恶骨，面佳不如头佳。然大而缺天庭，终是贱品；圆而无串骨，半是孤僧；鼻骨犯眉，堂上不寿。颧骨与眼争，子嗣不立。此中贵贱，有毫厘千里之辨。

【译释】

骨有一定的气势，头部骨骼以相互关联、气势贯通最为高贵，互不贯通、支离散乱则略次一等。总之，只要头上没有恶骨，那么面再好也不如头好。然而，如果头大而天庭骨却不丰隆，终是卑贱的品位；如果头圆而佐串骨却隐伏不见，多半要成为僧人；如果鼻骨冲犯两眉，父母必不长寿；如果颧骨紧贴眼尾而颧峰凌眼，必无子孙后代。这里的富贵与贫贱差别，有如毫厘之短与千里之长，是非常大的。

解 读

曾国藩所说的"骨质"，在这里指的是头骨的生长联结状态，因而说"头以联者为贵。碎次之"。"联"，就是联结，引申出来就是相互联结贯通，没有明显的断裂状，看上去是完整而圆润的一体化骨结构。这样的头骨自然五官均衡，与之相配，可谓"仪表堂堂"、相貌标致英俊。如此而来的骨相就是贵相，与世俗的情理相切合。

"碎"，与"联"相反，指联结不完好，有明显裂纹。就如一段木头，木质坚硬，没有裂缝疙瘩，自然是上好的家具材料，反之，则没有多大用途，自然"次之"。

"头上无恶骨，面佳不如头佳"，这里又体现了古人重视骨相的思想。"面佳"，一个人从相貌看，很英俊，五官端正，但不如"头佳"，意即不如骨佳。

曹操在准备接见西域一使者时，担心自己相貌不美，让使者见了有失国威，故让一相貌英俊的臣子扮作自己，他本人却站在假曹操旁边。使者谒见完毕退出来后，知根底的大臣问他对曹操的印象如何，那个使者说，曹操很好，但他旁边那个人更有英雄之气。

这个故事说明，"面佳"固然不错，但不是根本，"面佳不如头佳"。

既然说"面佳不如头佳"，是否头大就好呢？《冰鉴》接着论述了这个问题。"大而缺天庭"，还是不行。"缺天庭"，就违背了均衡原理，也就是骨相有缺陷，不符合"头以联者为贵"的原则。这种大头，往往会是大脑欠发达、智力不佳的表现，因而说"终是贱品"。

"圆而无串骨"，如果头骨联结而又圆润，似乎很好，但如果没有峥嵘之势，缺乏一种气势，也不能算好，有

"半是孤僧"的命运之相。这种状况，如果太阳穴上的"辅弱弓骨"能突出来，也能避开"孤僧"的命运。

"大而缺天庭"，"圆而无串骨"，二者充分说明古人对骨相的定义大致是：骨大骨圆，不错，但以饱满而有峥嵘之势者为贵，否则，仍不能言贵。

《冰鉴》中还谈论了"鼻骨"与"颧骨"。

"鼻骨犯眉"，指鼻梁骨一直冲到了眉心，有越域侵犯的势态。这样自然不好，破坏了平衡原则。结论是，"堂上不寿"，即克伤父母。但另有一种情况，是鼻骨"连眉"，而不是鼻骨"犯眉"，文人若如此相，即是贵。"连眉"与"犯眉"的区别在于它们的气势是冲克还是联结。这需要很高的辨认技巧。

"颧骨与眼争"，即颧骨与眼尾联得太紧，突兀出来比眼高，这就是阴阳移位，卑尊侵凌之相，自然有害，"子嗣不立"。这种情况比上面说的"鼻骨犯眉"要好区分一些。古人把它称作"颧峰凌眼"。

智慧要义

　　神骨篇是《冰鉴》的首篇，曾国藩说"一身骨相，具乎面部"，并认为"神"和"骨"犹如两扇大门，打开这两扇门，可以窥见人的许多特质。因而将其称之为观人的第一要诀或入门章法。就识人用人的智慧而言，神骨篇还蕴含着更深的内涵，总结起来有八个字：以形观骨，以骨观德。即要认清一个人，可以从很多个角度去考察，但最终极的标准只有一个："德"。

　　曾国藩用道德的标准要求自己，也用品德操守的标准来选拔人才。他的《笔记》中有一篇题为《才德》的文章曾经谈到了这一点。文章说："司马温公说：'才德俱全，叫做圣人；才德全无，叫做愚人。德超过才，叫做君子；才超过德，叫做小人。'我说德和才不可偏重，'才'好比是水，在'德'的润泽之下，'才'能作载货运物、灌溉田地之用。'才'好比是木，在'德'的作用下将曲取直，'才'能作舟船、栋梁之用。'德'若是水的源泉，'才'就能使水起波澜。'德'若是木的根，'才'就能使木枝叶繁茂。只有高尚品德而没有才干相配，那几乎是愚人；只有才干而没有高尚的品德来支配，那几乎是小人。世人多数都不愿意以愚人自居，所以都自认为自己是有才干的人；世人多数都不想与小人交朋友，所以看人常常好选有高尚品德的人。比较起来，二者如不能兼有，与其无德而

近于小人，还不如宁愿无才而近于愚人。"

以形观骨，以骨观德，实际上是曾国藩识人方法和识人目的的统一体，是由外在到内在而识其"德"的结合和升华。可见，一个人的德是十分重要的。尤其对识人用人而言，它直接关系到事业的成败。所以，有必要对德的内容多作一些解读。德的内涵是十分丰富的，如将古人的各种说法分类归纳，大体有以下几方面：

第一，忠君爱国。这是中国封建社会最高的德的标准。如孙武在《孙子·计篇》中提出的"五事"之首的"道"，实际就是德。其内容为"道者，令民与上同意。古可与之死，可与之生而不畏危也"。意思是要让民众与君主的意愿一致，可以叫他们为君主而死，为君主而生，而不存二心。他在《孙子·地形篇》中还提到"进不求名，退不避罪，唯民是保，而利合于主，国之宝也"。其意是进不居功图名，退不推诿责任，只知道维护人民的利益和忠于国君，这样的将帅，才是国家宝贵的财富。《吴子》兵法中也要求将帅"师出之日，有死之荣，无生之辱"，即为了国家的利益，义无反顾，宁光荣地死，不苟辱地生。孔子曾赞扬郑国子产，说他有君子的四种道德，"其行己也恭，其事上也敬，其养民也惠，其使民也义"。在孔子看来，子产所具有的四种道德正是"举直"的标准。这种正直的人，行为庄重，侍奉君主恭敬，给百姓恩惠，役使百姓合乎义理，所以最善于处理上下关系，是君主的忠臣，又能够笼络百姓。选拔这样的人参与国政，从事管理，就能够维护统治阶级的根本利益。

第二，一心一意为民众谋福利，不谋私利，具有自我牺牲的精神。如孟子所说的"乐以天下，忧以天下"。范仲淹的名言"先天下之忧而忧，后天下之乐而乐"，更加充分地表达了这种见解。顾炎武在《日知录》中也提出，领导人物应当如舜、禹这些古圣王那样"能事人"，"其心不敢失于一物之细"，即对人民关心入微；要能"饭糗菇草"、"手足胼胝"地为人民艰苦操劳。

第三，忠于职守，公而忘私。春秋时，鲁国敬姜夫人曾用前代诸侯、卿大夫每天辛勤从政的业绩来教育儿子应该如何对待自己的工作，当好大夫："诸侯朝修天子之业命，昼考其国职，夕省其典刑，夜儆百工，使无慆淫，而后即安。卿大夫朝考其职，昼讲其庶政，夕序其业，夜庀其家事，而后即安。士朝受业，昼而讲贯，夕而习复，夜而计过，无憾，而后即安。"以后韩愈在《争臣论》中曾用禹、孔子、墨子公而忘私的事迹来说明忠于职守，是从事工作的必备德行。他说："禹过家门不入，孔席不暇暖，而墨突不得黔。"这是因为

"君子居其位，则思死其官"。

公而忘私，忠于职守中最难以做到的是敢于为国家的利益，为民众的利益向最高领导者直言进谏。这是贤才应有的品质。荀子在区分国贼和社稷之臣时，提出了这一标准。荀子说："故谏、争、辅、拂之人，社稷之臣也，国君之宝也，明君之所尊厚也，而暗主惑君以为己贼也。"能够规谏、争谏、辅佐、矫正的人，是社稷之臣，是国君之宝。

以上三方面，可说是"德"的最基本的内容。如果没有这些素质，很难想象是有德之士。此外，还有不少个人修身、养性、礼仪、操守方面的内容，也属于德的范畴。如姜尚曾提出，领导者必须具备下列条件：清谦自持，冷静沉着，平心静气，严谨庄重，接纳忠言，倾听别人的抱怨，具备容忍的雅量，广听意见，注重风俗民情，了解社会形势和客观状态，具备应变的能力，掌握绝对的领导权。"将能清，能静，能平，能整，能受谏，能听讼，能纳人，能采言，能知国俗，能图山川，能表险难，能制军权。"姜尚还提出："道、德、仁、义、礼，五者一体也，道者人之所蹈，德者人之所得，仁者人之所亲，义者人之所宜，礼者人之所体，不可无一焉。"这就是说，"道、德、仁、义、礼"这五种德行缺一则不可。姜尚又进一步指出："夫将拒谏，则英雄散；策不从，则谋士叛；善恶同，则功臣倦；专己，则下归咎；自伐，则下少功；信谗，则众离心；贪财，则奸不禁；内顾，则士卒淫。"这就是说，一个领导者不能拒纳忠言、计谋不行、好坏不分、良莠不辨，更不能独断专行、恣意骄横、误信谗言、贪财恋物、忙于家务。如果那样，势必人心叛离，影响事业的发展。

刚柔第二

曾国藩认为"神"和"骨"为识人之本，而"刚"与"柔"同样很重要，"辨刚柔"，方可入道。曾国藩认为，刚柔相济，长短互补，文武合璧，众力相辅，各方面的优化组合才能形成一个完整的人才，这是从事物"总体性联系"考虑的优化，是为完成某项复杂任务而需要多种人才、多方面协调配合的整体性优化。特别是《冰鉴》中"内刚柔"之说对"外刚柔"的偏差所做的必要的补正，强调要通过人的言行举止、思想品行来观察人物、品鉴人物，并重点分析了人物的几种品性。由此可见，本篇的确是整部《冰鉴》中比较有分量的一篇。

神骨之后辨刚柔

【原典】

既识神骨，当辨刚柔。

【译释】

已经鉴识神骨之后，应当进一步辨别刚柔。

曾国藩认为"神"和"骨"为相之本，有本才会有种子。"刚柔"是相的"先天种子"。换句话说，"神"和"骨"很重要，而"刚"与"柔"同样很重要，"辨刚柔"，方可入道。以阴阳、刚柔及五行学说来品鉴人物，其说由来已久。

解 读

曾国藩认为人的"先天"品性与命运，可以通过"不足用补，有余用泄"的方法来补偿，也在一定程度上继承了道家学说思想。特别是其"内刚柔"之说又对"外刚柔"的机械倾向做了补正，强调要通过人的言行举止、思想品行来观察人物、品鉴人物，并重点分析了"粗"、"蠢"、"奸"三种人物的品性。这就由"外刚柔"的"五行命相"论，转而偏向于较为合理的"神鉴"论，如所谓"喜高怒重，过目辄忘，近'粗'。伏亦不伉，跳亦不扬，近'蠢'。初念甚浅，转念甚深，近'奸'"。我们认为，本篇是《冰鉴》

冰鉴全鉴

中比较有价值的一篇。

人不可无刚，无刚则不能自立，不能自立就不能自强，不能自强也就不能成就一番功业。刚就是使一个人站立起来的东西。刚是一种威仪，一种自信，一种力量，一种不可侵犯的气概。自古以来，哪一位开国帝王不是自立自强闯出来的呢？哪一个圣贤不是各有各的自立自强之道呢？孔子可算是仁厚的了，他讲中庸之道，讲温柔敦厚，可他也有刚的时候，他当宰相才七天，就杀了少正卯。

由于有了刚，那些先贤们才能独立不惧，坚韧不拔。刚就是一个人的骨头。

人也不可无柔，无柔则不亲和，不亲和就会陷入孤立，自我封闭，拒人于千里之外。柔能使人挺立长久，柔是一种魅力，一种收敛，一种方法，一种春风宜人的光彩。哪一个人不是生活在人间，哪一个人没有七情六欲，哪一个人离得了他人的信任与帮助？再伟大的人也需要追随者，再精彩的演说也需要听众。柔就是一个人的皮肉，是使一个人光彩照人的前提。

然而，太刚则折，太柔则靡。早年曾国藩在京城，就喜欢与那些名气大、地位高的人作对，当然不乏挺然特立、不畏强暴的意思，但也肯定因此吃过不少苦头。不然的话，曾国藩就不会认识到天地之道，应刚柔并用，实在不可有所偏废。

三国时，袁焕貌似和柔，但他临大事，处危难，虽贲育之勇也不能超他。孔子提倡仁道，但在齐鲁之会时，奋然于两君之间，击退齐国挑衅，保持鲁君的威严，这是以刚济柔之勇举。蔺相如奉命使秦，完璧归赵，威武不能屈，然其让车于廉颇，顾全大局，道义相尚，这是以柔济刚之义举。所以刚以柔济，柔以刚济，刚柔相济，才能有理有节，成为政治上的铁腕人物。

在处理人际关系上，古代政治家多贵柔尚宽，柔能接物，宽能得众，这是封建政治家的处世哲学，他们迫于人主的强暴，奸臣的谗言，不得不如此做人。

封建政治家主张"事君惟敬"。张永说："事君者廉不言贫，勤不言苦，忠不言己效，公不言己能，此可以事君。"昔萧何、吴汉立有大功，而萧何每

见汉高祖，似不能言。吴汉奉光武，也非常勤劳谨慎，金日单两子都受汉武帝宠爱，因戏宫女，日单则杀之，恶其淫乱，恐遭族诛。顾雍父子深得孙权宠信，但雍老成持重，见孙子顾谭酒后狂舞，则呵斥道："败坏我家者，必定是你。"徐达言简虑精，诸将奉持凛凛，而在太祖面前恭谨如不能言，宋濂侍明太祖十九年，未尝有一言之伪，诮一人之短，始终无二，可谓忠厚长者。以上所列诸公，均忠谨奉上，宽厚待人，不矜不伐，不侮不凌，深得刚柔之术，所以得到善终。

刚强待物必败事，狎侮对人必受辱。曹操性忌，所有不堪忍受者，鲁国孔融、南攸、娄生，均以持旧不虞见诛。曹植任性而行，不自雕励，饮酒不节。曹丕御之有术，矫情自饰，宫人左右，并为之说情，遂定为嗣。关羽、张飞皆称万人敌，为世虎臣。关羽报效曹公，张飞义释严颜，并有国士之风。但关羽刚而自矜，张飞暴而无恩，以短取败，这是理所当然。诸葛恪气凌于上，意蔑于下，所以不是善终之道，终于遭杀。隋朝贺若敦恃功负气，每出怨言，以此招祸，临死诫儿子贺若弼说："我以舌死，你不可不思。"因引锥刺弼舌出血，告诫他要慎口谨言。贺若弼并没有接受父亲教训，居功自傲，好议人短，怨恨形于言色，终于坐诛。隋文帝谓弼有三猛："嫉妒心太猛，自是非人心太猛，无上心太猛。"刘基为明太祖出谋划策，功居第一，然终不能为相，封拜亦轻，最后恩礼亦渐薄。原因是他过于刚直，得罪大臣与皇帝。以上诸公的结局，足为后人所警诫。

颍川周昭著书道："古代圣贤士大夫所以失名丧身倾家害国者，原因各不一样，但总结其教训，不外有四点：急论议一也，争名势二也，重朋党三也，务欲速四也。急论议则伤人，争名势则败友，重朋党则蔽主，务欲速则失德，此四者不除，未有能善终者。"

可见刚与柔非特指一个人的个性，也是思想行为的表现，要很好掌握刚柔之术，当先端正思路意识，不急议，不争势，不重党，不欲速，以柔守之，以刚正之，刚柔相济，才能无往而不胜。

刚柔与阴阳五行

【原典】

刚柔，则五行生克之数，名曰"先天种子"，不足用补，有余用泄。

【译释】

刚柔的道理源于五行的相生相克，这是由先天遗传下来的。刚柔不足的地方要去补充它，若是过了头则要消减它。这样保持平衡才能达到和谐状态。

阴阳五行学说是"刚"、"柔"的理论基础。"刚柔，则五行生克之数。"如果人观五行中的某一"行"不足，其他部位都可以加以弥补，即《老子》中所言的"损有余而补不足"，如果一"行"有余，其他部位却可以加以削弱。这就是比较中和平衡的"刚柔相济"。比如说，如果眼睛的形或神不足，而耳朵的神和形却有余，那么耳朵的佳相就可以弥补眼睛的不足，反之亦然。

"不足用补，有余用泄。"这个思想在阴阳五行中是辩证的重要体现。比如金旺，所谓物极必反，刚极易折，则用水来泄金之旺；如水太弱，不足以济事，则用金来生水，助其弱势。这种总体观念，可克服"只见树木，不见森林"的片面观点。在运用"不足用补，有余用泄"时，应遵循事物消长之理，即阴阳均衡，刚柔相济，五行和谐统一的规律。

解读

《冰鉴》所言之"刚"，并不是指暴虐，而是指强矫；"柔"，亦并不是指卑弱，而是指谦逊退让。

所以若要问刚与柔哪个更重要，则有必要用辩证的眼光去看。

道家老子主张柔弱胜刚强。

常拟临终给老子遗教，教他处事贵在以柔，并以"齿亡舌存"之理告诉老子，认为柔是克敌制胜的根本，遇事以柔相对待，则天下事情都能办成。

常拟生病，老子前去慰问，说："先生病得厉害，有什么遗教可以告诉弟子吗？"常拟说："你不问，我也将告诉你。我到故乡下了车，你知道为什么吗？"老子说："过故乡而下车，不是说不忘故乡吗？"常拟说："是的。过乔木而低首趋走，你知道为什么吗？"老子说："过乔木而低首趋走，不是说要敬老年人吗？"

常拟说："是的。"

常拟又张大他的嘴指示老子说："我的舌头还存在吗？"老子说："是的，舌头在。""我的牙齿还存在吗？"老子说："牙齿不存在了。"常拟说："你知道其中道理吗？"老子说："舌头的存在，这是因它有柔性；牙齿的掉落，是不是因为它刚硬？"常拟说："是的。天下的事理尽在这里，我还有什么话再告诉你呢。"

叔向也持同样观点，认为柔比刚要坚实，"两仇争利而弱者取胜"。韩平子问叔向："刚与柔哪个坚硬？"叔向回答说："臣年纪已经八十多岁，牙齿已经脱落而舌头还存在，老子有言道：'天下最柔的东西驾驭天下最坚的东西。'又说：'人初生时柔弱。死时就僵硬。万物草木生时柔脆，死时就枯槁。'由此看来，柔弱者是乃生之途，刚强者是乃死之途。我是以得知柔乃坚于刚。"平子说："这话有理，但你平时行为是好刚还是好柔？"叔向说："臣也主张柔，何必要刚呢？"平子说："柔是否太脆弱呢？"叔向说："柔者被扭曲但不折断，廉洁而不缺乏，何谓脆弱呢？上天的道理很奥妙，按自然规律进行运行，所以它才无往而不胜，两军相攻而柔者往往获胜，两仇相争而弱者往往取利。"

齐桓公列举自然、社会现象，说明遇事刚猛，容易坏事。桓公说："金属刚硬容易折断，皮革刚硬容易破裂，人君刚猛国家灭亡，人臣刚猛朋友断绝，

为人刚猛与人不和，四马不和则奔驰不长，父子不和家道破亡，兄弟不和不能长久，夫妻不和家室大凶。"

为什么柔弱胜于刚强？鬼谷子以量变到质变的道理说明之："柔弱胜于刚强，所以积弱可以为强；大直若曲，所以积曲可以为直；少则得众，所以积不足可以为余。"

在自然界中，柔胜刚，举不胜举，水至柔，但能穿山灭火。老子认为，流水之所以能穿山、灭火，因水性最柔，一泻千里。在社会现象中，弱小之物能战胜强大之物，亦比比皆是。如小国战胜大国，弱国战胜强国，即为例子：越王勾践与吴国战争失败了，被困于会稽，忿心张胆，气如涌泉，选练甲卒，然后请身为臣，妻为妾。但能不忘会稽之耻，发愤图强，十年生计，终于一战而擒夫差。所以老子说："柔能克刚，弱能胜强。"

而孔子则提倡"中庸之道"，执乎其中，不左不右，不刚不柔，刚柔相济。此种学说成为后代处世的原则。曹操的谋臣荀攸是一位刚中有柔、柔中有刚的人物："荀攸深密有智防，自从太祖征伐，常策划密室，时人及子弟不知其所进言。"太祖每称赞说："公达外愚内智，外怯内勇，外弱内强，不夸自己，不计劳苦，智慧可及，但愚不可及，虽颜子、宁武不能超过。"

刚柔与命运息息相关

【原典】

消息与命相通，此其较然易见者。

【译释】

刚柔的状态和阴阳的消长与人的命运息息相关，若能辨识它就可以更好地观察人了。

解　读

曾国藩所说的这些理论看似玄妙、复杂，若要用通俗的说法来讲，其实很简单：刚柔表现在外就是人的性格。常言道：性格决定命运，也就是《冰鉴》所言"消息与命相通"。关于这一点，刘邵在《人物志》中对此有更为详细的论述，为方便大家更全面地理解，在这里简要介绍一下。

平淡之人，不仅平淡而且矜持庄重——能威，温文儒雅——能怀，言满天下而无口过——能辩，言行合一而敏于行——能讷，不偏不倚，变化应节，所以是人才之最高境界，非一般人能及。

刘邵除了描写中庸之德的平淡质性之外，还特别点出中庸与偏才之不同处。偏才是在某一方面，有特殊专长，它不是太刚就是太柔。全才则无所不通，其质性不亢不拘，中和平淡。

　　与中庸相比，激昂亢奋的性格就太过分了，而拘谨慎重的性格又有些不及。这种激奋或拘束的性格违反了中和之道，必然过于注意修饰外表，而丧失了内在的义理。所以性格坚毅刚直的人，长处在于能矫正邪恶，不足之处在于喜欢激烈地攻击对方。

　　性格柔和宽厚的人，长处在于能够宽容和忍耐他人，不足之处在于经常优柔寡断。性格强悍豪爽的人，称得上是忠肝义胆，却过于肆无忌惮。性格精明慎重的人，好处在于谦恭谨慎，却经常多疑。

　　性格强硬坚定的人，所起到的是稳固支撑的作用，却过于专横固执。善于论辩的人，能够解释疑难问题，但性格却过于飘浮不定。乐善好施的人，胸襟宽广，很有人缘，但交友太多，又难免鱼龙混杂。

　　清高耿介、廉洁无私的人，有着高尚坚定的节操，却过于拘谨约束。行动果断、光明磊落的人，勇于进取，却容易疏忽小事，不够精细。冷静沉着，机警缜密的人，善于探究小事，细致入微，却稍嫌迟滞缓慢。

　　性格外向、直率质朴的人，可贵之处在于为人诚恳、心地忠厚，不足之处在于太过显露，没有内涵。足智多谋，善于掩饰感情的人，长于权术计谋，他们狡诈机智，富有韬略，在下决断时却常常模棱两可，犹豫不决。这些具

有偏才的人，如果他们的才能得到了发挥，在仕途上有所成就，而又不以中庸为标准来改掉自己或是激奋或是拘谨的缺点，反而指责别人的短处，那么他自己的缺点就会更加突出，就像是古时候的晋国人和楚国人互相嘲笑对方"佩剑的方向反了"一样可笑。

性格坚强刚毅的人，刚愎自用，凶狠而不柔和，他们不觉得自己强硬地冒犯别人是不对的，却把柔顺视为软弱，结果变得更加凶狠，变本加厉地抗争不止。这种人可以去设立法律制度让人遵守，却难以对别人体察入微。

性格温柔和顺的人，行事迟缓，缺乏决断，他们不把自己不知道治理事物作为缺点，却把刚毅激进当成对别人的伤害，安于无所作为。这种人可以遵守常规，却不能执掌政权，解释疑难。

勇武强悍的人，意气风发，勇敢果断，但他们从不认为强悍会造成毁坏与错误，却视和顺忍耐为怯弱，更加任性妄为。这种人可以与他们共赴危难，却不能要他们去遵守约定。

小心谨慎的人，做事过于多疑多忌，他们不但不改掉不敢伸张正义的缺点，反而认为勇敢是轻率的表现，于是他们的多疑与畏惧就有增无减。这种人可以保全自身，却不能成为保持气节的榜样。

气势凌厉、性格刚正的人，做事坚毅，为人耿直，他们不认为固执主观是缺点，却认为灵活善辩是虚伪的表现，从而更加主观专断。这种人可以坚持正义，却不能与群众打成一片。

能言善辩的人，能充分地说明事物的道理，他们不觉得自己的文辞泛滥，话语冗长，却把正直刚毅当作是对他们的束缚，从而助长他们散漫的作风。这种人可以同他们不分等级贵贱，平等相处，却难以设立法规制度来约束他们。

胸怀宽广博大的人，对待他人博爱仁慈，他们不认为交游混杂是缺点，反而把廉正耿介当作拘谨保守，于是交游就更加广泛混杂了。这种人可以安抚众人，却不能严肃风纪。

偏激固执的人，勇于激浊扬清，斥恶扬善，他们不觉得自己过于清高，心胸狭窄，反而把心胸宽广博大看作是污浊的东西，从而更加拘谨固执。这种人可以坚守节操，却不能随机应变。

好学上进的人，志向高远，他们不认为贪多务得、好大喜功是缺点，却把沉着冷静看作是停滞不前，从而更加锐意进取。这种人可以不断进取，却不甘心落后于人。

性格沉着冷静的人做起事来深思熟虑，他们不觉得自己太过于冷静以至于行动迟缓。这种人可以深谋远虑，却难以及时把握住机会。

性情直率质朴的人，他们的心地痴顽直露，他们不觉得自己直率到了粗野的地步，却认为机灵是怪诞的表现，于是行事更加直率。这种人可以使人信赖他们，却难以去调停指挥，随机应变。

富有谋略、深藏不露的人，善于随机应变，取悦于人，他们不认为施展权术是背离正轨的行为，却把真诚当作愚昧，把虚伪看成可贵的东西。这种人可以辅佐善良忠厚的人，却不能改正邪恶的行为。

有些人经过学习之后可以成才，并能够推己及人，可以了解人之常情。但偏才的性格难以改变。虽然传授给他知识和技能，但他学习成才之后，他偏才的秉性也发展成为缺点。虽然教育他要宽恕，要以己推人，但诚实的人推想别人也诚实，狡诈的人推想别人也狡诈，所以只靠学习不能掌握中庸之道，无法宽容一切事情，而偏才的缺点也因此更加突出。

人本来以阴阳之气来确立性情，阴气太重则失去刚，而阳气太重则失去柔。太柔则处事小心谨慎，不敢大刀阔斧；太刚是亢奋者，常超越了一定的度。人各有长短，或者说各有优缺点，因此"善有所章，而理有所失"。

五行的顺合与逆合

【原典】

五行有合法，木合火，水合木，此顺而合。顺者多富，即贵亦在浮沉之间。金与火仇，有时合火，推之水土者皆然，此逆而合者，其贵非常。然所谓逆合者，金形带火则然，火形带金，则三十死矣；水形带土则然，土形带水，则孤寡终老矣；木形带金则然，金形带木，则刀剑随身矣。此外牵合，俱是杂格，不入文人正论。

【译释】

五行相生相克的关系称为"合"。如：木生火，水生木，这叫作"顺合"。有顺合之相的人大多富裕，但不会显贵，就算显贵也只能是一时之事。又如：火克金，但有时金也需火，此状况推及水、木、土都是如此，这叫作"逆合"，有逆合之相的人，往往显贵非常。但是逆合之相又自有区别。金形人带些火形之相是好事，而反之火形人有金形之相就有可能只活到三十岁；水形人带些土形之相还好，若土形人有水形之相，就会孤单到老；木形带金没有关系，金形带木，则恐怕会有刀剑之伤。另外一些勉强拼凑的说法都是些杂芜之词，不能归入文人的正宗理论。

解读

古代哲学认为，宇宙万物都由金、木、水、火、土五种元素构成。这五种元素又称"五行"。五行之间，相生相克，必须保持一定的均势。人既然是宇宙中的精华万物中的灵长，其构成元素也是金、木、水、火、土，当然也该合自然之性。因而说"禀五行以生，顺天地之和，食天地之禄，未尝不由于五行之所取，辨五行之形，须尽识五行之性"。意思是说，人生于五行，与天地相合，那么，若想了解五行的形态，就必须知道五行的性状，才能把握事物的本质。

中国古代识人之法有五行之说，分别与金、木、水、火、土五行相对应，根据五行分类的各种形态的特征如下：

1. **金形人特征**

面额和手足方正轻小，骨坚肉实，肤色为白色，声音和润，有刚毅果决、思维严谨、睿智灵敏的性格。

2. **木形人特征**

瘦直挺拔，犹如一棵笔直的大树，面部上阔下尖，眉目清秀，腰腹圆满，肤色为白中透青，声音高畅而洪亮，温和，宽仁，但意志不坚定。

3. **水形人特征**

眉粗眼大，肉多骨少，腰圆背厚，肤色略微发黑，声音缓急不定，情感丰富，富有想象力，聪明活泼。

4. **火形人特征**

额窄颊宽，鼻大而露孔，毛发比较稀少，有赤色的肤色，声音燥烈，情感激烈，性格暴躁，爱使性子，不善于思维。

5. **土形人特征**

敦厚壮实，背隆腰圆，肉轻骨重，五官阔大圆肥，肤色为黄色，声音浑厚悠长，举止缓慢而稳重，冷静沉着，城府很深，讲信用，待人宽厚。

这五种类型的人，是五行的推衍，天下所有人的形貌不外乎来自于此。不过，很多人兼相，要想真正判别，需要比较丰富、高超的经验和技巧。《冰鉴》曰："顺者多富。"金、木、水、火、土之间辗转相生，相互促进，相互推动，运势流畅，前景必然如顺势之流水，乘风破浪而无险阻，在做生意方面自然会得心应手，即平常人们所说的生意要顺着做，因此这种人发财很容易。但他们却难以升高位，握重权，建立功勋的可能性更小，有富少贵，不能说富贵双全。古时可以用钱买官做，即使如此，他们的贵也在沉浮之间，一起一落，不会很长久，贵也只是小贵，得不到贵族的承认。

"逆合"指五行之间相互克制，如火克金，但金有时能合火，即是说金无火炼不成器具，如土克水，但水有时又能合土，即有土无水则不能滋养万物。因而他们之间是相辅相成的，以均衡成势为宜，不能偏废，有了偏废，自然会败相。五行之间势力均衡，五行和谐不冲战，各守其位，相辅相成，共成奇崛之势，这种自然就是贵相，且能"其贵非常"。有诗云："无病不是奇，有病方为贵。"有病有救，可以成贵。有病无救，不为佳。

"金形带火，其贵非常；火形带金，三十死。"前一句上面已解释；后一句是说，火中有金，金既不能助火势，反而让火势不纯，形成驳杂凌乱之火，金又不能占主导地位，弄得金火交战，其势自然危险，本身也就难以存身了，因而谓之"三十死"。

"水形带土，其贵非常；土形带水，孤寒终老。"水势本来汪洋恣肆，如无土为堤为岸来约束，会成为水灾，不利于事。有土为堤为岸，则水能为人所用，成为有益的东西，因而会贵。但水多土掩，且水生木，木克土。如果土形兼有不纯之水形，由于水土相仇，就会"孤寒终老"。

"木形带金，其贵非常；金形带木，刀剑随身。"木没有斧头砍伐，没有刨刀等的雕琢，不能成为有用之木，而且，金生水，水生木，也有助木势，因而木形带金，其贵非常。金形带木，由于木能生火，火来冲金，自然会坏金之质，败金之势，所以有刀剑之祸。

"此外牵合，俱是杂格，不入文人正论。"除以上几种相生相克有理有节的"逆合"外，其他"逆合"没什么可取的，都是"杂格"，自然不会富贵，名利艰难。这种情况，用在文人身上无什么效验，因此"不入文人正论"。这种思想，当受"万般皆下品，唯有读书高"思想的影响，而今我们应更全面辩证地看待这一思想。

由内刚柔看人的心性本质

【原典】

五行为外刚柔，内刚柔，则喜怒、跳伏、深浅者是也。

【译释】

五行只是刚柔之气的外在显现，称为外刚柔，而内刚柔指的是喜怒情感、激动程度和心态城府。

解 读

外形之刚柔，就是前面所讲形体之五形，可以反映一个人的魄力、性格，很容易在直观上看到。"内刚柔"所反映的是一个人的城府，需要通过日常相处来推敲。

曾国藩在《冰鉴》中有"喜怒、跳伏、深浅"论及人心内阴阳之气变化，既是指喜怒哀乐等情感，又指沉静、急躁、胸有城府等各种性格。

具备某一方面特长的人，不是亢奋就是拘谨，不是偏刚就是偏柔，很多都不知道自己的缺点，即使有的知道自己缺点，也不能以圣人的标准，吸收别人的优点以改进自己的缺点，反而一味地否认，甚至以攻击别人的缺点来掩饰自己的缺点。因此，他们自以为是，亢者愈亢，拘者愈拘，最终使自己无法改造。

申徒狄是商朝谏官，商纣王残暴无情，申徒狄屡谏不听，最后采取最激烈的谏净——死谏，他抱石投河而死。屈原《楚辞·九章》云："望大河诸洲之兮，悲申徒之抗迹。"其中哀悼的申徒即申徒狄。这是亢者愈亢。

介子推是春秋晋国人。他对晋文公忠心耿耿，当晋文公流亡时没东西吃，他割下自己的肉给晋文公吃。晋文公回国后，赏赐文武百官，却没有他的份，后来他与母亲隐居山上，晋文公为引他做官放火烧山，烧死了他。拘者愈拘也。

老子说："知人者智，自知者明；胜人者力，自胜者强。"人在一生当中最大的敌人就是自己，任何人如果能认识自己，了解自己，已经非常困难，更何况自己的长短之处被认识之后，能够进一步扬长弃短，既肯定自己又纠正缺点，进一步改善自己，那就更困难了，所以老子才会说"自知者明"、"自胜者强"。

从偏才要进而为德行，再从德行进而为中庸、圣人。这固然有赖于学，使质性不致过亢而偏刚，亦不致过拘而偏柔，所以说"夫学，所以成才也"，另外也有赖于恕，取强毅之刚毅而去其激讦，取柔顺之宽容而去其寡断，所以说"恕，所以推情也"。

在人性论中，刘邵是个顺"气"的支持者，人物禀气而成性，性就是天生的质性，人一出生就有性，是不可变的，可变的是人的情绪而不是人的质性，因此认识一个人必须识其质性。这么说来，靠"教之以学"与"训之以恕"，根本不可能改变天生的质性，所以说"偏才之性，不可移转矣"。由此指出了才性鉴定的心理障碍。

刘邵认为，按偏才的质性加以学习，学习只会增加他的偏，根本不能改变其偏而成为全才的人，所以说："虽教之以学，才成而随之以失。"可见，偏才固有的本性，非学习所能改变。"学"虽然可以使人成才，但成于此，失于彼，偏才之人不可改也。

同样道理，"训之以恕"也只能顺应他原来的性情，后天批评，教育批评对其本性起不了什么作用，反而越教越偏，所以说："虽训之以恕，推情各从其心。"

因为推己之情各从其心，自然会造成信者逆信与诈者逆诈的现象。"信者逆信"的意思是：因为自己讲信用，就认定人人都讲信用，于是诈骗者能得逞。"诈者逆诈"的意思是：因为自己诈骗，就认定人人都是骗子，于是讲信用的人就无辜被怀疑了。

偏才之人，固守本性，推己之情，各是己能，何道之能人，何物之能周，所以说："故学不人道，恕不周物。"

总之，刘邵认定，人因禀气之不同，必定造成质性上的差异，此天生的质性既不可改变，亦不可培养。若要改变它，非但无益反而有害。质性决定一个人一生的成就，人应依其质性，发挥其长。

既然偏才的质性既不能"教之以学"，又不能"训之以恕"，那么领导者就不能要求手下人多才多艺，而要注意挖掘人的特长，因此必须掌握"用人之仁去其贪，用人之智去其诈"的原则，用人之长处，忽略其短处。这是对偏才的正确认识。

那么在实际识人用人的过程中，如何正确识别对方是兼才还是偏才呢？

当一个人经常谈论各家各派的长处，并且一一加以品评推荐，这样的人就是兼才；如果一个人只陈述自己的长处，希望得到众人的夸奖，自己却不想了解别人的优点，这样的人只能是偏才，偏才不能了解别人，对别人的话也持怀疑的态度。因此，和这种见识短浅的人谈论深奥的道理，谈得越深入，分歧也会越大；分歧越大，双方就会更加对立，以至于相互攻击和诘难。所以，偏才的人看见别人多方述说自己的处世正直，就会认为对方只不过是在自夸罢了；当他看见别人静静倾听他谈话却不发表意见，就认为对方知识贫乏，内心空虚；当他看见别人高谈阔论时，就认为对方不够谦逊；当他看见别人谦恭礼让时，就认为对方学识浅陋、地位卑下；当他看见别人说话时只显示某一方面的专长，就认为对方知识不够广博；当他看见别人谈话时旁征博引、语惊四座时，就认为对方有意哗众取宠；当他发现自己的想法被别人说出来时，就认为对方抢走了自己的成果；当别人发现自己的错误并提出疑问时，他就认为对方不理解自己；当别人的看法与自己不同时，就认为对方有意在和自己较量；当别人谈话时内容有条有理，知识广博，他却认为对方

的话讲得不得要领。他只有在与相同类型的人谈话时，才会感到高兴。只有这样，他才会对对方产生亲近、偏爱的感情，去称赞、举荐对方，这就是偏才常犯的错误。

认识一个人，以自己作为衡量别人的标准，主观意识太强，经常会造成识人的错误与偏差。所以，以自己的主观意识认识人，这是人性上的弱点，也是识人的大恶。

在生活中，当我们喜欢一个人时，就会忽略他的缺点而肯定他的一切；当我们讨厌一个人时，就会忘掉（或忽略）他的优点，单挑他的弱点而否定他的一切。

举一个实例来说明：

战国时期有一个叫弥子瑕的人，因为他长得俊美，所以很受卫主的宠爱，被任命为侍臣。根据卫国法律的规定，私下使用大王马车者，将处以割断双腿的刑事。弥子瑕因为母亲生病，就私驾大王的马车回家探病。卫王知道此事之后，不但没有处罚弥子瑕，反而称赞他说："子瑕真孝顺呀！为了母亲的病竟忘了刑事。"有一天，弥子瑕陪同卫王游览果园，弥子瑕摘下一个桃子，吃了一半，另一半献给卫王。卫王高兴地说："弥子瑕真爱我啊！把好吃的桃子献给我吃。"

若干年后，弥子瑕年老色衰，卫王就不喜欢他了。有一次，弥子瑕因小事得罪卫王，卫王就生气地说："弥子瑕曾经私驾我的车，还拿吃剩的桃子给我吃。"在数落过弥子瑕的罪状之后，就把他免职了。

从上述例子可知，一般人对另外一个人的态度很大程度上受个人印象好坏的影响。

世无完美之人，金无十足之赤。人，总是优点、缺点并存。恃才傲物，常为人之通病；大才者，不拘小节；异才者，常有怪癖；才气越高，往往其缺点越显。高明的领导，对于人才应力求用其所长，避其所短，倘若求全责备，则世无人才可用。

所以，古人说："水至清则无鱼，人至察则无徒……明有所不见，聪有所不闻，举大德赦小过，无求备于一人之义也。"其中包含着极其深刻的用人哲理。

求全责备乃用人之大忌，求全责备，是指对人要求过严，希图"完美"，容不得别人半点缺陷，见人一"短"，即不及其余，横加指责，不予任用。求全责备压抑人的工作积极性，阻碍人的成长，阻碍人的智能的充分发挥；它使人谨小慎微，不思进取；阻碍人的创造性思维与创造性想象力的发挥；它使工作人员缺乏活力，"死水一潭"，缺乏竞争能力和应变能力；它造成人才尤其是优秀人才的极大浪费，因为，任何人总是有短处，甚至是有错误的，而求全者的种种非难，会使许多人难以得到起用。

我国历代智能之士深知用人不可求全责备的道理。孔子在《论语》中就说过："赦小过，举贤才。"《庄子·天下》中也说过："君子不为苛察。"《后汉书·陈宠传》上强调："有大略者不问其短，有厚德者不非小疵。"唐朝《贞观政要·政体》指出："心暗则照有不通，至察则多疑于物。"《清诗别裁集》中更明确指出："舍长以就短，智者难为谋；生贵适用，慎勿多苛求。"可见，用人不可苛求已成历代用人的重要原则。

喜怒无常之人近乎粗鲁

【原典】

喜高怒重，过目辄忘，近"粗"。

【译释】

喜怒情感表现得很强烈，但又转眼即逝的人，其气质近乎粗鲁。

解 读

毕生混迹于官场，曾国藩深知情绪带给人的负面影响是致命的。一个人若不能很好地控制自己的情绪，势必成不了什么大事。

生活中我们常见到有些人因不能克制自己而引发争吵、咒骂、打架甚至流血冲突的情况。有时仅仅是谁踩了谁的脚，一句话说得不当，在地铁里抢座位，在公交车上挨了一下挤，都可能成为引爆一场口舌大战或拳脚演练的导火索。在社会治安案件中，相当多的案件都是由于当事人不能冷静地处理微不足道的小事而发生的。

人皆有七情六欲，遇到外界的不良刺激时，难免情绪激动、发火、愤怒。这是人本能的生理和心理反应。但这种激动的情绪不可放纵，因为它可能使你丧失冷静和理智，不计后果地行事。因此，当你遇到这类事情时，面对人际矛盾时，要学会克制，学会忍耐，不要像炮捻子，一点就着。

古代打仗时，如果守城的一方宣布闭门停战，攻城的一方便在城下百般秽骂，非要惹得那守城的一方怒火中烧，杀出城来——攻城的才可以乘机获胜。兵法上称之为"激将法"。但如果守城的能克制忍耐，对方也就无计可施了。不但敌我作战之际需要有克制忍耐的大将风度，就是日常生活中待人处世，也需有克制忍耐的涵养。

在三国的大舞台上，与曹操、孙权相比，刘备是最没有实力的一位。曹操是大官宦的后辈，虽然出身算不上高贵，但有势力；孙权世代坐镇江东，有名望，有武力；唯有刘备，一个编草鞋、织苇席的小工匠，属于当时社会的最下层，名望、地位、金钱，什么也没有。他唯一的资本，便是他那稀释得早已寡淡如水的一点刘汉皇家血统，而当时有这种血统的人，普天之下不知有多少，谁也不将这当回事。可刘备偏偏沾了这个光，那个孤立无援的汉献帝为了多一分支持，按照宗族谱系排列下来，竟将这个小工匠认作皇叔留在了身边。这固然让刘备觉得脸上有光，可也成了招风的大树，为曹操所猜忌。

刘备虽然不满意于曹操的僭越，可他却没资格同曹操抗衡，只是暗中参加了一个反曹联盟，却又提心吊胆，时时防备着曹操对他下毒手。好在他在朝廷也无所事事，便干脆在住处的后园里种起菜来，大行起韬晦之计。然而曹操还是没有放过他，于是便发生了"青梅煮酒论英雄"的故事。这个故事被《三国演义》渲染得有声有色，早已是人所共知的了。

此时的曹操并没有将刘备放在眼里，但也不完全放心，他之所以邀刘备饮酒，之所以专门谈起谁是当今英雄的话题，之所以说"今天下英雄，惟使君与操耳"，意在试探，刘备原本心中有鬼，以为被曹操看破，所以吓了一跳，才将手中的筷子失落在地，偏偏此时又打了个炸雷，刘备才得以"闻雷而畏"为借口，既表示自己不是当英雄的材料，又将自己惶恐的心情掩饰过去了。由于这一次的示弱，消除了曹操的疑心，才有了他后来的发展。

真正能控制自己情绪的人，无论祸福险夷的来临，还是横逆生死之际；无论处在功名富贵之中，还是处在山林贫贱之际，他们的心中总有一个自己的主宰存在，不被外物与环境所潜移默化。

宋代有这样一个故事：向敏中，天禧（真宗年号）初，任吏部尚书，为应天院奉安太祖圣容礼仪使，又晋升为右仆射，兼任门下侍郎。事情是这样发生的：有一天，与翰林学士李宗谔相对入朝。真宗说："自从我即位以来，还没有任命过仆射的。现在任命向敏中为右仆射。"这是非常高的官位，很多人都向他表示祝贺。徐贺说："今天听说您晋升为右仆射，士大夫们都欢慰相庆。"向敏中仅唯唯诺诺地应付。又有人说："自从皇上即位，从来没有封过这么高的官，不是勋德隆重，功劳特殊，怎么能这样呢？"向敏中还是唯唯诺诺地应付。又有人历数前代为仆射的人，都是德高望重。向敏中依然是唯唯诺诺，没有说一句话。

第二天上朝，皇上说："向敏中是有大能耐的官职人员。"向敏中对待这样重大的任命无所动心，大小得失都接受，这就做到了喜怒不形于色。人们三次致意恭贺，他三次谦虚应付不发一言，可见他自持的重量，超人的镇静。正如《易经》中所说："正固足以干事。"所以他居高官重任三十年，人们没有一句怨言。他能以这样从政处世的方法，对于进退荣辱都能心情平静地虚心接受，所以他理政应事、待人接物也就能顺从天理，顺从人情，顺从国法，没有一处不适当的。

没有激情的人近乎愚笨

【原典】

伏亦不伉，跳亦不扬，近"蠢"。

【译释】

平静的时候没有一点张扬之气，该兴奋时也激动不起来，这种人气质有些愚笨。

解 读

《冰鉴》所言之缺乏激情的愚笨之人，其实就是现实当中的庸才。庸才是没有能力给别人制造麻烦的人，但也不会创造什么效益。

要想识得真正的人才需从以下几个方面入手：

其一，识人禀性知其优劣。

禀性，即一个人先天而来的性格特点，或曰天性。每个人的禀性都会对他的成才产生深刻的影响，因为禀性是时刻存在于人的头脑意识中的一种不以意志为转移的东西，每当人们在从事任何一项工作时就会不自觉地影响人们的行为。所以对于不同禀性的人才要使其向着有利于他禀性的方面去发展，而不能反其道而行之，比如一个人本来还有一点儿辨识的能力，看问题还比较准，但禀性胆小怕事，优柔寡断，那么只使用他的辨识才能即可，不必计较他的禀性不能成大事。

曾国藩在初募湘军时，每天坐在招募处，看到黑脚板而又不善于说话的乡下人，便连声说"好、好"，表示可以选上；如果看到近城市的人，或爱说话的人，则"唔、唔"两下，表示不可选上。因此湘军士兵几乎无一不是黑脚板的农民。这些朴实的农民既能吃苦耐劳，又很忠勇，一上战场，则父死子代，兄仆弟继，义无反顾。曾国藩招募兵勇有自己的条件，年轻力壮，朴实而有农夫气者为上；其油头滑面而有市井气者，有衙门气者，概不收用。这是因为禀性不同，如山僻之民多悍，水乡之民多浮滑，城市多游惰之习，乡村多朴拙之夫，善用兵者，常好用山乡之卒，而不好用城市近水之人。这种识禀性的方法确实十分特别。

其二，识人实践知其才能。

凡是谋大事创大业的人，大都很注意发掘和使用人才，如刘备之用诸葛亮、刘邦之用萧何、秦孝公之用商鞅等，用人的方法是：必须发掘对方的优点，容忍他的缺点，使人有被重视的感觉，而且放手让人才大胆行使权力，在实践中展现才能。以这种方法接近对方，逐渐喜欢信任他们。

其三，识人争辩知其才学。

宋朝时期大帅宗泽曾对初出茅庐的岳飞说："你的英勇与智谋，武艺与才气，就是古代的良将也不能超过，但是只擅长野战，还不是万全之计。"宗泽非常喜爱岳飞的才华，因此，有意对其栽培，使其了解、精通更多的作战方法，给岳飞一张作战的阵图。岳飞接过阵图仔细看了以后，便对宗泽说："古今时代不同，平地和山险不同，怎么能根据一定的阵图用兵？"宗泽反问道："像你这样讲，阵法岂不是没有作用了？"岳飞回答说："列阵而后战，乃兵家常规，但其运用之妙，却存乎一心。"宗泽听了岳飞的议论，心中十分佩服，认为岳飞是一个很了不起的人才。事实也证明了宗泽的判断是正确的。

考虑事情由浅入深的人较为机智

【原典】

初念甚浅，转念甚深，近"奸"。

【译释】

考虑事情时开始想得粗浅，但转念则能深思熟虑，这种人较为机智。

注意，这里的"奸"并非奸邪、阴险之意，而是为人处世、考虑问题灵活周全、不拘一格的意思。

开始考虑的时候可能比较简单，但转念一想，如果换一种方式或者方法会不会更好？这种转念一想、懂得及时变通，体现的就是人的机智。

解 读

旧时官场险恶，要想立身于其中，首要在于"变通"二字。曾国藩自始至终都明白这一点。所谓"天有不测风云"，审时度势，看清形势，才能把握先机，从而智珠在握，成竹在胸，驾轻就熟而得心应手地驾驭瞬息万变的动态世界。所以，曾国藩无论在惊心动魄的政治斗争中，还是在刀光剑影的军事搏杀中，都能在千钧一发之际化险为夷，这的确是他的做人处世绝技。

以现代的眼光来看，应变能力是一个人的素质问题，同时也是现代社会对人的办事能力高下的一个很重要的考察标准。

人的思维是跳跃的，不是一成不变的。因此办事时适时地变通是一种很明智的做法，放弃毫无意义的固执，这样的人才能更好地办成事情。虽然坚持是一种良好的品性，是值得称赞的事情，但在有些事情上，过度地坚持就会变成一种盲目，那将会导致最大的浪费。

在很多时候，过分执着是一种负担。一个机智的人可以灵活运用一切他所知的事物，还可巧妙地运用他并不了解的事物。能在恰当的时间内把应做的事情处理好，这不仅是机智的体现，更是人性艺术的表现。

有两个和尚决定从一座庙走到另一座庙。他们走了一段路之后，遇到了一条河，由于一阵暴雨，河上的桥被冲走了，但河水已退。他们知道可以涉水而过。这时，一位漂亮的妇人正好走到河边，她说有急事必须过河，但她怕被河水冲走。第一个和尚立刻背起妇人，涉水过河，把她安全送到对岸，第二个和尚接着顺利渡河。

两个和尚默不作声地走了好几里路。第二个和尚突然对第一个和尚说："我们和尚是绝对不能近女色的，刚才你为何犯戒背那妇人过河呢？"第一个和尚淡淡地回答："普度众生，不分男女老少。"

成败论英雄，有许多满怀雄心壮志的人毅力都很坚强，但是由于不会进行新的尝试，因而无法成功。人要坚持自己的目标，不要犹豫不前，但也不能太生硬，不知变通。如果一种方法不能帮你解决问题的话，那就尝试另一种方式吧。

那些百折不挠，牢牢掌握住目标的人，都已经具备了成功的要素。如果把灵活的做事方法和你的毅力相结合，便更容易获得期望的结果。每当你做事遇阻的时候，告诉自己"总会有别的办法可以办到"，那么你的未来就会战无不胜，攻无不克。

当你认为困难无法解决，真的找不到出路的时候，一定要拒绝"无能为力"的想法。应先停下来，然后再重新开始。我们有的时候往往钻牛角尖，因而看不出新的解决方法。成功的秘诀是随时检查自己的选择是否有偏差，合理地调整目标，放弃无谓的固执。

内心机智则功名可期

【原典】
内"奸"者，功名可期。

【译释】
内心机智的人往往能够功成名就。

解 读

有些人做事时，表面看上去轰轰烈烈，然而这些人大部分"雷声大，雨点小"、"说得比唱得好听"，就是见不到办事的效率。

还有一类人，在平日里很少"显山露水"，表面看上去很不显眼，然而他们却能在暗中默默地将事情完成，丝毫不张扬，这就是《冰鉴》之所谓内"奸"。

在这个社会上，做事太张扬、太露虽然能够显得自己高人一头，然而却能引来众多人的妒忌，让别人也更关注自己的一举一动（确切地说是更关注失误），这样就会给自己日后的工作带来众多的压力和不便。

清朝皇帝雍正也曾这样认为："但不必露出行迹。稍有不密，更不若明而行之。"讲的就是这个道理。雍正不但嘴上这么说，在他的执政生涯中也是如此做的。

在雍正皇帝之前，历代王朝都以宰相统辖六部，宰相权力过重，使皇帝的权威受到了一定影响，如果一个君王有手腕驾驭全局，使宰相为我所用，这当然很好，但如果统领的宰相超权行事，时间一长便很容易与皇帝、大臣们产生隔膜和分歧，很容易给国家添乱子、造麻烦。这样的例子举不胜举。

雍正即位之初虽然掌管着国家的最高权力，但举凡军国大政，都需经过集体讨论，最后由皇帝宣布执行，不能随心所欲自行其是——权力受到了制约，皇位受到了挑战。于是雍正设置军机处，正是把自己推向了权力的金字塔顶端。简单地说，就是皇帝统治军机处，军机处又统治百官。

军机处还有一种职能，即充当最高统治者的秘书角色，类似于情报局，有很强的保密性。军机处是在雍正七年（1729）六月清政府平息准噶尔叛乱时产生的。雍正密授四位大臣统领有关军需事务，严守军报、军饷等军事机密，以致此后两年不被外界熟知，保持了工作的高效运转和战斗的最终胜利。

雍正对军机处的管理特别严密。他对军机大臣的要求也极为严格，要求他们时刻同自己保持联系，并留在离皇帝最近的地方，以便随时召入宫中应付突发事件。军机处也会像飘移的帐篷一样随皇帝的行动而不断改变。皇帝走到哪里，军机处就设在哪里，类似于我们现在的现场办公。军机处关注雍正对工作、对百官的一些看法，以便察言观色，去伪存真地选用人才。在当今，雍正的这些创造已经渗透到我们的日常工作当中，并产生了不可低估的社会价值。

雍正的第二大特点是对军机处印信的管理非常严密。印信是机构的符号和象征，是出门办事的护身符和通行证。军机处的印信由礼部负责铸造，并将其藏于军机处以外的地方，派专人负责管理。当需用印信时，必须报告皇上给予批准，然后才能由军机大臣凭牌开启印信，在众人的监视下使用，以便起到制约的作用。

设立军机处收到了意想不到的效果，以前每办一件事情，或者有关的奏折，要经过各个部门的周转，最后才能够送达皇上。其中如扯皮、推诿、拖沓的官场陋习使办事效率极为低下，保密性也差，皇上的意图无法贯穿始终。而自从设立军机处以来，调遣军机大臣，摆脱了官僚机构的独断专行，使雍正的口谕可以畅通无阻地到达每一个职能机构，从而把国家大权牢牢地控制在自己手里。

设立军机处将"生杀之权，操之自朕"的雍正推向了封建专制权力的顶

峰。军机处由于在皇上的直接监视下开展工作，所以处处谨小慎微，自知自律，奉公守法，营造了一种清廉的官场形象。军机处的设置保证了中央集权的顺利实施，维持了社会的相对稳定和统一，避免了社会的动乱和民族的分裂，推动了社会的繁荣和发展，具有一定的积极意义。

无论在正史还是野史的记载中，雍正都是一个喜欢秘密行事的皇帝，然而这也正是他高明、智慧的一面，故而在他死后的乾隆年间，才会出现盛世的局面。

无论是做人还是处事，若想取得最大限度的成功，首先不要过分暴露自己的意图和能力。唯有这样，事情办起来才不会出现众多人为的障碍和束缚，办起事来才会有事半功倍的效果；反之，我们将会受到许多意想不到的人为阻挠，事情办起来就很难成功了。

"粗蠢"之人多长寿

【原典】

粗蠢各半者，胜人以寿。

【译释】

粗蠢愚笨的人比常人长寿。

粗蠢之人为什么长寿？因为做人不张扬，不自矜，该聪明的时候聪明，该糊涂的时候糊涂，这样的人无飞来之横祸，一生平平安安，不长寿才怪。

解 读

太聪明了，需要掩盖住才好，否则你就会成为众矢之的。所以，曾国藩在必要的时候总会提醒自己表现得粗蠢愚笨一些。

有人说曾国藩能够功成名就的最大原因，就是深谙粗蠢愚笨之道。梁启超谓曾国藩"非有超群轶伦之天才，在并时诸贤杰中，称最钝拙"。曾国藩自己也说："自以秉质愚柔，舍'困勉'二字，别无他处。"又说："吾生平短于才，爱者或廖以德器相许，实则虽曾任艰巨，自问仅一愚人，幸不以私智诡谲凿其愚，尚可告后昆耳。"

难道他真是一个粗蠢愚笨短才之人吗？实在说起来，这又不尽然了。一个人的成就有小有大，小者或可从困勉铢积寸累得来，若成就大业，只靠辛苦强学还是不行，尤必有超人的领悟天才，才能相济为用。曾国藩说："器有洪纤，因材而就，次者学成，大者天授。"可见一斑。

曾国藩并不漠视才与德的相对作用。何以他反自称无才呢？这不过是他的一种谦德。因为才是靠不住的，如果恃才傲物，就容易泛滥横流，近于小人了。这完全都是勉人为学的意思，他在家信中对子弟的贤否，也有六分天生，四分家教的话。何以又这样重视天命天才呢？好像是他的一种矛盾思想，其实不然，这正是中庸相反相成的道理。所谓"天定胜人，人定胜天"，"时势造英雄，英雄造时势"，不是一样的道理吗？倘不明乎此，则读曾国藩的书籍，直如隔靴搔痒，处处都觉得矛盾了。譬如他自称愚柔，而致九弟书云："古来豪杰，吾家祖父教人，以懦弱无刚四字为大耻，故男儿自立，必须有倔强之气。弟能夺数万人之刚气而久不销损，此是过人之处，更宜从此加功！"

这能说他没有大才吗？可是他的祖父告诉他说："尔的官是做不尽的，尔的才是好的，满招损，谦受益，尔若不傲，更好全了。"可见曾国藩只是在"不傲"上做工夫，颇有大智若愚之意。

曾国藩还说道："古今亿万年，无有穷期。人生其同，数十寒暑，仅须臾耳！大地数万里，不可纪极，人于其中，寝处游息，昼仅一室耳！夜仅一榻耳！古人书籍，近人著述，浩如烟海，人生目光之所能及者，不过九牛之一毛耳！事变万端，美名百途，人生才力之所能办者，不过太仓一粟耳！知天之长，而吾所历者短，则遇忧患横逆之来，当少忍以待其定；知地之大，而吾所居者小，则遇荣利争夺之境，当退让以守其雌；知书籍之多，而吾所见者寡，则不敢以一得自喜，而当思择善而约守之；知事变之多，而吾所办之者少，则不敢以功名自矜，而当思举贤而共图之。夫如是则自私自满之见，可渐渐蠲除矣。"

这是何等高明的见解！芸芸众生，"不知天多高，地多厚"，只晓得一个"我"，则一切相害相悖矣。倘能觉悟到此种境界，自然可以除去自私自满之见，往大道上迈进。否则坐井观天，画地自限，没有伟大的人生观，焉能有伟大的学术事业？所以觉悟是做人的始基，也是做人的归宿，由天才而来，也由学问而得。

机智而豁达之人会有非凡成就

【原典】

纯奸能豁达，其人终成。

【译释】

十分机智的人倘若豁然达观，就会有不凡的成就。

解 读

曾国藩认为，对待他人宽容大度大多都是有福之人，因为在便利别人的同时也为成就自己奠定了基础。常言道："宰相肚里能撑船。"说的就是这个道理。

历史上"大肚量"的宰相不乏其人，狄仁杰也是其一，并且堪称楷模。

狄仁杰治国治民能力非凡，难得的还是容忍别人，不计个人私怨，不遗余力地推荐有才之士，使国家社稷、黎民百姓受益匪浅。这是一种无比的豁达和高尚。位居"一人之下，万人之上"的宰相如此宽宏大量，卓有远见，凡夫俗子们是否也应作些思考呢？

688年，豫州叛乱，宰相张光辅领兵讨伐。官兵因军纪败坏，鱼肉百姓，影响极坏。这时，身为刺史的狄仁杰挺身而出，指责宰相张光辅治军无方。叛乱平息后，受牵连的有六七百家，许多无辜的人都要被杀害。狄仁杰负责行刑，他认为这是草菅人命，便冒着杀身之危，向武则天上书，终使这些人免遭杀害。

武则天认识到狄仁杰确实是个人才，便连续提升了他。有一次，武则天单独召见狄仁杰说："你为刺史时，政治清明，治理有方，百姓拥戴，可是，有人在朝廷上弹劾你，你想知道诬告你的人是谁吗？"

狄仁杰磊落地说："臣如有过错，请陛下赐教！至于说臣坏话的人，臣不愿知其姓名，以便臣等能和睦相处！"

武则天听后，感到狄仁杰器量大能容人，可堪重用，更加器重他。狄仁杰好面折廷诤，常常违背武则天的旨意，武则天也曾动怒，使狄仁杰遭到贬官。日久见人心，经过几件事情之后，武则天既看出了他的才能，也看出了他的忠心。以后每当他们政见不一时，武则天总是屈意从之。

就在狄仁杰遭到左迁时，将军娄师德曾在武则天面前竭力保荐他。狄仁杰并不知道这件事，他认为娄师德不过是一介武夫而已。

回到京城以后，有一天武则天问狄仁杰："你看娄师德是否有知人之明、荐人之德？"

狄仁杰说："娄将军谨慎供职，还没听说过他荐举人才！"

武则天笑着对狄仁杰说："朕起用你，全凭娄将军的力荐！"

这件事使狄仁杰很受感动。自己与娄师德非亲非故，他秉公荐贤，并不是为了使人感恩戴德，实在是高出自己很多。从此，狄仁杰特别留意物色人才，随时向朝廷推荐。

当时契丹国经常侵扰唐朝边境，其名将主要是李楷固与骆务整，他们屡次打败唐军，杀死很多唐军将士。后来，他俩归降，朝中许多大臣纷纷上书武则天，请求杀死二人。

狄仁杰的意见与之相左，他对武则天说："这两位将军骁勇无比，他们以前能力事其主，现在也必能尽心于我朝，请用圣德安抚，赦免他们的罪过！"

和这两个人作战被杀死的唐军将士与朝廷上许多大臣非亲即故，这些大臣极力主张要杀死这两个契丹将领。狄仁杰针锋相对地说："处理政事应以国

家为重，岂能由个人恩怨决定！"并坚持为这两个人请求官职。

武则天听从了狄仁杰的建议，封李楷固为左玉铃卫将军，封骆务整为右武威卫将军，令他们守卫边防，从此边境得到了安宁。

所谓"宰相肚里能撑船"，也就是说能做大事的人，对鸡毛蒜皮的事不斤斤计较，都有其原谅、宽恕别人的度量。在为人处世、待人接物时，不对他人要求过于苛刻，时刻考虑别人的感受。严于律己，宽以待人。如果能做到这些，便很容易使人感到此人通达世事人情，有"宰相"之才，日后必成大业。

做事粗莽必半途而废

【原典】

纯粗无周密，半途必弃。

【译释】

粗莽而做事不周密的人则必然半途而废。

解 读

不管从事什么职业，从艺还是经商，务农还是做工，都不可有粗浮心，不可有粗枝大叶、马马虎虎、浮躁不踏实的心态。

美国成功学家马尔登说过，马马虎虎、敷衍了事的浮躁心态，可以使一个百万富翁很快倾家荡产。相反，每一个成功人士都是认认真真、兢兢业业的。追求精确与完美，是成功者的个性品质。他讲了这样一个故事——旧金山一位商人给一个萨克拉门托的商人发电报报价："1 万蒲式耳大麦，单价 1 美元。价格高不高？买不买？"萨克拉门托的那个商人原意是要说"不，太高"，可是电报里却漏了一个句号，就成了"不太高"。结果这一下就使得他损失了 10000 美元。

一家皮货商订购一批羊皮，在合同中写道："每张大于 4 平方尺、有疤痕的不要。"其中的顿号本应是句号。结果供货商钻了空子，发来的羊皮都是小于 4 平方尺的，使订货者哑巴吃黄连，有苦说不出，经济损失惨重。

"粗心"、"懒散"、"草率"，这样一些评价送给生活中成千上万的失败者毫不为过。有多少人，包括职员、出纳、教师、编辑，甚至大学教授，都是因为粗心马虎而丢失了他们的工作。

相反，做事认真，则能帮助一个人获得成功。法国作家大仲马有一个朋友，他向出版社投稿经常被拒绝。这位朋友就来向大仲马请教。大仲马的建议很简单：请一个职业抄写人把他的稿子干干净净誊写一遍，再把题目做些修改。这位朋友听从了大仲马的建议，结果他的文章就被一个以前拒绝过他的出版商看中了。再好的文章，如果书写太潦草，谁会有耐心去拜读呢？

美国著名演员菲尔兹曾说道："有些妇女补的衣服总是很容易破，钉的扣子稍一用力就会脱落；但也有一些妇女，用的是同样的针线，而补的衣服、钉的纽扣，你用吃奶的力气也弄不掉。"做事是否认真，体现着一个人的态度。只有那些有着严谨的生活态度和满腔热忱的、富有敬业精神的人，才会认真对待每一件事，不做则已，要做就一定要尽心尽力做好。这样的人往往也会得到别人的信任，为自己打开成功之门。

1985 年，卡菲里在西雅图维尤里奇学校当图书馆管理员时，有一天，一个四年级老师找到他说，她有个学生总是最先完成功课，他需要干点别的对他有挑战性的工作。"他可以来图书馆帮帮忙吗？"她问道。

"带他来吧。"卡菲里说。

不一会儿，一个穿牛仔裤和圆领衫、长着沙色头发的清瘦男孩进来了。

卡菲里向他讲述了杜威十进制分类藏书法，他很快明白了。然后，卡菲里让他看了一堆卡片，上面的书目都是逾期很久未归还的。但现在卡菲里怀疑这些书其实已归还，只是夹错了卡片和放错了地方，需要查找核实一下。

"这是否有点像侦探工作？"男孩眨着眼睛兴奋地问。

卡菲里说："是的。"

他便劲头十足，像个真正的侦探似的干开了。

到他的老师进来宣布"休息时间已到"时，他已发现了 3 本夹错卡片的书。他还想继续把活干完为止。但老师说他得出去呼吸一下新鲜空气。她最终说服了他。

第二天早晨，他很早便来了。"我想今天把夹错卡片的书全找出来。"他说。到下午下班前，他问卡菲里，他是否已够格当个真正的图书馆管理员，卡菲里说这毫无疑问。

几个星期后的一天，卡菲里在办公桌上发现了一张请柬，是那个整理图书的学生请他去家里吃晚饭。

在那愉快的晚宴结束前，那位学生的妈妈宣布，他们全家将搬到附近一个地区。她还说，她儿子最舍不得的就是维尤里奇图书馆。

"今后谁来找遗失的书呢？"他问。

到他搬家时，卡菲里很不情愿地同他分了手。这男孩乍一看似乎很寻常，但他做事的那种专注和认真却使他显得与众不同。卡菲里万没料到的是，那个男孩日后会成为信息时代的奇才，他就是因创办微软公司而改变全世界的比尔·盖茨。

认真的精神，其实质是对自己、对他人、对家庭和对社会的高度责任感。

世界上怕就怕"认真"二字。做事细心、严谨、有责任心、追求完美和精确，是认真；做人坚持正道，不随波逐流，不为蝇头小利所惑，"言必信，行必果"，也是认真；生活中重秩序、讲文明、遵纪守法，甚至起居有节、衣着整洁、举止得体，也是认真的体现。认真就是不放松对自己的要求，就是严格按照"真、善、美"办事做人，就是在别人苟且随便时，自己仍然坚持操守，就是高度的责任感和敬业精神，就是一丝不苟的做人态度。认真的人受人尊敬和信任，认真的人办事效率高过那些不认真的所谓"快手"。就是从效益上讲，由于认真而减少了浪费、重复劳动、返工等，无疑是给社会和自己增加了一笔巨大的财富。

洛克菲勒是美国石油大亨，他的老搭档克拉克这样评价他："他细心认真到极点。如果有一分钱该归我们，他要取来；如果少给客户一分钱，他也要客户拿走。"

洛克菲勒对数字有极强的敏感性，他常常算账，以免钱从指缝中悄悄溜走。他曾给西部一个炼油厂的经理写过一封信，严厉地质问道："为什么你们提炼一加仑火油要花1分8厘2毫，而另一个炼油厂却只需9厘1毫?"这样的信还有："上一个月你厂报告有1119个塞子，本月初送给你厂10000个。本月份你厂用去9537个，却报告现存1012个。其他570个下落如何?"类似这样的信据说洛克菲勒写过上千封。他就是这样从账面数字——精确到毫、厘，分析出公司的生产经营情况和弊端所在，从而有效地经营着他的石油帝国。

洛克菲勒这种严谨认真的工作作风是在年轻时养成的。他16岁时初涉商海，在一家商行当簿记员。他说："我从16岁开始参加工作就记收入支出账，记了一辈子。它是一个能知道自己是怎样用掉钱的唯一办法，也是一个人能事先计划怎样用钱的最有效的途径。如果不这样做，钱多半会从你的指缝中溜走。"

附带说一句，洛克菲勒在公司的财务上是斤斤计较的，但是在向社会捐献慈善资金方面，他却十分慷慨。可见他的锱铢必较是一种经营管理上的认真作风，而非"守财奴"或"铁公鸡一毛不拔"。

认真地做事，认真地做人，这在今日这个浮躁的时代尤其需要我们身体力行。不要放纵自己的"粗心"和"不耐烦"的坏毛病。曾经有一位著名作家说道："无论做什么事情，都应该尽心尽力，一丝不苟。这是因为，究竟什么才事关真正的大局，究竟什么才是最重要的，这一点其实我们也不是很清楚。也许在我们眼里微不足道的小事，实际上却可能生死攸关。"一个质量不过关的轮胎会毁了一架飞机，一个标示错的标点会带来极大的财产损失，一个设计上的小小错误会使一座大桥塌陷……这样的教训太多了，我们应该引以为戒。

内刚柔往往被人忽视

【原典】

观人所忽，十有九八矣。

【译释】

从内刚柔这个角度观察人往往被忽视，而且人们十有八九都犯这个毛病。《冰鉴》从容貌识人，但又不仅仅局限于容貌。曾国藩始终认为，唯有外在的相貌和精神内质结合，才能全面地认识一个人。

解 读

相貌是实在有形的，而精神是无形的；相貌是相对静止的，而精神是流动变化的；实在的、静止的事物易于了解，虚幻的、流动的东西难以知晓。因此，考察人，只注重外貌的非常多，看见外表清秀出众的就以为是才能出众的人，看见貌丑质朴的就以为是没有德行的人。荀子说："古代的桀、纣，身材高大、外貌俊美，是天下相貌最超群出众的；而且他们敏捷有力，能与百人相敌。但是却身死国亡，成为天下的奇耻大辱，后代的人谈到恶人，必定拿他们作例证。"

《庄子·德充符篇》写道："卫国有一个相貌丑陋的人叫哀骀它，与他相处的女人却都因爱慕他而不想离去。有一个妇人见到他之后，就向父母请求说：'与其做别人的妻子，还不如做哀骀它先生的妾。'这样的妇人已经十几个了而且还在增多。哀骀它不同于常人的地方就在于他没有君主的地位而能拯救他人于死地，没有聚集大量的财物而能使别人吃饱肚子。尽管他的面貌丑陋得使天下人吃惊，才智也超不出常人多少，但是无论男女都乐于接近他。"

可见，长得俊美的不一定有德能，长得丑陋的不一定没有德能，这已是很明显了。

通过相貌和表情来了解人，仅仅是"识人"的一种辅助手段。但是，把它绝对化，把"识人"变成以貌取人，就会错过人才，乃至失去人才。

晋代学者葛洪在《抱朴子·外篇》中深有感触地说：看一个人的外表是无法识察其本质的，凭一个人的相貌是不可衡量其能力的。有的人其貌不扬，甚至丑陋，但却是千古奇才；有的人虽仪表堂堂，却是"金玉其外，败絮其中"的草包，倘以貌取人，就会造成取者非才或才者非取的后果。

一向慧眼识珠的曹操，也有以貌取人的错举。益州张松过目不忘，乃天下奇才，只是生得额镬头尖，鼻偃齿露，身短不满五尺。当张松暗携西川四

十一州地图，千里迢迢来到许昌打算进献给曹操时，曹操见张松"人物猥琐"，从而产生厌烦之感；加之张松言辞激烈，揭了他的短处，便将张松赶出大门。刘备乘机争取到了张松，从而取得了进取西川军事上的优势。如果曹操不是以貌取人，而是礼待张松，充分发挥其才识，恐怕会是另外一种结果。

同样，现代企业的领导者，要真正识别人才，就需要对被考察者进行全方位的审察，看其是否具有相当的能力，是否有发展前途。如果不注重一个人的学识、智慧、能力等方面的培养与使用，不注重其专长的发挥，不是通过其对某些问题的看法来衡量他的判断能力、表达能力、驾驭语言的能力，而是仅凭一个人的相貌如何来判断其能力的大小，甚至由此来决定人才的取舍，那么，必将导致人才的埋没。

智慧要义

曾国藩在刚柔篇中所阐述的识人用人智慧可总结为十六个字：刚柔天成，偏才居多，量才适用，有容乃大。曾国藩所言"刚柔"，多指人的性格。人之性格是天生的，是无法改变，或者说是很难改变的。而实际上，大多数情况下，越是有性格的人越是有才，这就是所谓的"偏才居多"。有道是"辨刚柔，方可入道"，就是说要善于辨清不同性格人的不同特点，进而更细致地了解他们的特长，才能更好地为识人用人服务。

纵观历史，凡用人求全责备的皆不得成事，而用人"贵适用、勿苛求"的皆有奇勋。三国时，诸葛亮足智多谋，但唯独在用人方面存在着"端严精密"的偏见，他用人"至察"，求全责备。正如后人评价他时所说："明察则有短而必见，端方则有瑕而必不容。"他用人总是"察之密，待之严"，要求人皆完人；而对一些确有特长又有棱有角的雄才，往往因小弃大，见其瑕而不重其玉，结果使其"无以自全而或见弃"，有的虽被"加意收录，而固不任之"。例如，魏延"长于计谋"，而诸葛亮总抓住他"不肯下人"的缺点，将其雄才大略看作是"急躁冒进"，始终用而不信；刘封本是一员勇猛战将，诸葛亮却认为他"刚猛难制"，劝刘备因其上庸之败而趁机除之；马谡原是一位既有所长也有所短的人才，诸葛亮在祁山作战中先是对他用之不当，丢失街亭后又将其斩首。正因为其对人"求全责备"，处之极端，而使许多官员谨小慎微，以致临终前将少才寡，正应了"至察无徒"之断。与诸葛亮相反，春秋时齐桓公小白对与人争利、作战逃跑而又怀有箭杀之仇的管仲却不计前仇，不求全责备，坚持用其长处，委以重任，而使管仲竭心尽力，终使齐国"九合诸侯，一匡天下"，称雄一时。

用人，既然不可求全责备，那么，顺理成章，也应正确对待、宽容那些犯过错误的人。首先，人非圣贤，不可能无错，即使是达到"七十随心所欲不逾矩"的地步，也仅是"七十"以后，而"七十"之前更是在所难免。因

为，人有七情，不免会有狂喜、会有暴怒、会有悲伤、会有逸乐，这其中"狂则伤人，暴则辱人，悲则厌人，乐则伤志"等过失也就有可能发生。人有个性，急性子风风火火，遇事常常先人而动、先人而言，难免有"急功近利"之嫌，"言多必失"之错；慢性子黏黏糊糊，遇事不紧不慢甚至"雷打不动"，难免有"不求进取，故步自封"之评，"事业心不强"之论。人有健康之别，身体健康者因其精力充沛而大胆进取，艰苦努力，但常有失误之处；身体虚弱者"心有余而力不足"，常常悲观失望，甚至多愁善感，对别人的进取心存疑忌，而且往往相比之下政绩平平，不为人所重。人有年龄之差，老年人稳健持重，但趋于保守，因而常常犯有"不求进取，反对改革"之错；年轻人才思敏捷，思维活跃，但活跃有余，稳健不足，常因急于求成而事倍功半，常因盲目冒进而误事成错。由此可见，人之为人，其错难免。其次，错误也各有区别。一是错误的性质有别。有的是因为经验不足或方法欠妥而在工作过程中发生这样或那样的缺点错误；有的是因为"才有余而德不足"，以权谋私、贪污受贿而违法乱纪，而这两类错误在性质上却有原则区别。二是错误的大小有别。春秋时的苟变有"将五百乘"

之才，但他曾经在收税时白吃了老百姓两个鸡蛋，卫候因此不予起用，这就叫作"察秋毫之末而不见舆薪"了。而清朝大官僚和珅，任户部侍郎兼军机大臣时，巧取豪夺，贪贿白银近九亿两，这与苟变"食鸡子"相差何其大也。三是错误的多少有别。有的屡教不改，一犯再犯，而有的仅为偶然之错。四是对错误的认识与态度有别。有的犯错以后，很快便意识到或深刻认识到其错误之害，而有的却坚持错误或掩盖错误，甚至"嫁错于人"。

既然人的错误难免，那就不可求全；既然错误有别，那就应该区别对待。对其中一般性的错误，偶然的错误，或对错误认识较好、改正错误很快的工作人员，则应不计前错，委以适职，甚至委以重任，应如《左传》所言："人谁无过，过而能改，善莫大焉。"对于这一点，宋代包拯甚至提出："使功不如使过。"就是说使用有功者不如使用有过者。这些人"自忿废绝，不能振起；一旦为明主弃瑕录用，则其自奋图进，倍万常人"。

对有过错误的人不仅可以任用，而且应鼓励其奋进，及时肯定其工作中的进步和进取。孔子曾说过："与其进也，不与其退也，唯何甚？人洁己以进。与其洁也，不保其往也。""与"即赞成之意，对人要赞成其进步，不要抓住人家的以往之错不放。《说苑·雅言》曾引孔子的学生曾子之言阐释孔子之

意："夫子见人之一善而忘其百非。"

有的人看人，善恶过于分明。他们或者见人一善，则各方面都善；见人一恶，则各方面皆恶；或者以印象看人，其为善者，恶也为善；其为恶者，善也为恶；或者把整个人群简单地划分为"善"、"恶"两类，要么就是善人，要么就是恶人，非善即恶，非恶即善，无有其他；或者心中只容得善人，见不得半点"恶"意，眼里揉不得半粒沙子。这样一来，眼中的善人就很少，因为毫无缺点的人是几乎没有的。即使是东郭先生这样的"大善人"也不能称之为"善"，因为他滥行仁慈，救助被人追逐的中山狼，几乎被狼吃掉。而且，伪君子也乘机而入，因为只要"伪善"，则一切皆善，就算是入了"善"门，即使是以后有"恶"的时候也无所谓。

另外，善恶过于分明是极不符合现实的。因为，任何人都有其优点和缺点，即使是再好的人，也自有其不足，再恶的人也仍有其可用之处，即使是谋财害命的罪犯，还可能对其父母双亲十分孝敬。《水浒》里的时迁虽然偷鸡摸狗，却杀富济贫，充满正义感；"八仙"之一的吕洞宾是个好美色的浪荡神，却是位为人间排忧解纷、救苦救难的好神公；《红楼梦》里的薛宝钗深知礼义，洁身自好，但却是个八面玲珑的巧伪人；宋朝贤相寇准、吕蒙正，才智过人，刚正不阿，但是生活上却最尚奢华。寇准好夜宴，连马厩、厕所也要用蜡烛照明，蜡泪凝地成堆；吕蒙正好吃鸡舌，鸡毛堆积成山。可见，"人无完人"是为至理，"善恶过于分明"确为妄谈。

所以，唐朝颇有名望的宰相魏征特别提出，要"爱而知其恶，憎而知其善"，意即喜爱一个人，必须同时知其缺点和弱点，憎恨一个人，必须同时知其优点和长处，只有这样，才能更全面地了解一个人，更恰当地任用一个人。

可以说，刚柔篇关于识人用人的智慧告诉我们，人不可无刚，无刚则不能自立，不能自立就不能自强；人也不可无柔，无柔则不亲和，不亲和就会陷入孤立。应刚柔相济，不可偏废。刚与柔也并非仅指一个人的个性，也是思想行为的表现。只要很好掌握刚柔之术，以柔守之，以刚克之，定能无往而不胜。

容貌第三

《冰鉴》认为，人的容貌举止是人的美丑善恶本性的外化体现，并且其中也有天命人事的因素隐藏其中。凡是观人形貌，观姿容以七尺躯体为限度，看面貌则以两只眼睛来评断。人的胸腹手足，都和五行——金、木、水、火、土相互关联，都有它们的某种属性和特征；人的耳目口鼻，都和四气——春、夏、秋、冬四时之气相互贯通，也具有它们的某种属性和特征。人体的各个部位，如果相互照应、匹配，彼此协调，那么就会给人带来福分，而如果相互背离或彼此拥挤，使相貌显得乱七八糟、支离破碎，其命运就不值一提了。本篇是可供参考的一篇，在实践中不可局限于此，很多事实证明，单单以貌取人是不可取的。

观人姿容应以七尺之躯为限

【原典】

容以七尺为期，貌合两仪而论。胸腹手足，实接五行；耳目口鼻，全通四气。相顾相称，则福生；如背如凑，则林林总总，不足论也。

【译释】

观姿容以七尺躯体为限度，看面貌则以两只眼睛为主。人的胸腹手足，都和五行——金、木、水、火、土相互关系，都有它们的某种属性和特征；人的耳目口鼻，都和四气——春、夏、秋、冬四时之气相互贯通，也具有它们的某种属性和特征。人体的各个部位，如果相互照应、匹配，彼此对称、协调，那么就会给人带来福分，而如果相互背离或彼此拥挤，使相貌显得乱七八糟、支离破碎，其运数也大都乏善可陈。

解 读

古人把人的七尺之躯分成三个部分，称为三停，头为上停，头形圆实饱满而又显秀长者，是大吉富贵之人，但要与中停、下停和谐，身小头长或身长头小，则表示此人贫贱。从颈部到腰部为中停，中停也要与上停、下停相称，太短则寿命不长，太长则一生贫困，腰身软弱者既无力气也不太长命。腰以下到脚为下停。下停也要与上、中停相称，太长则多病。总之，古人认为，三停要比例相称，相称者既美观，身相又好。一般来说，上身长下身短，

120

主人官运亨通，有福寿。反之，则一生贫贱又短命。若上、中、下三停俱短，只要无亏损缺陷且五官端正，也是一种相称之样，同样可以富贵双全。

形有"五短之形"和"五长之形"之分：

五短之形：就是头短、面短、身短、手短、足短。

五长之形：就是头长、面长、身长、手长、足长。

五短之形与五长之形本身没有优劣之分，关键要看它们与其他方面的配合。

五短之形的人如果骨细面滑，印堂明亮，五岳朝拱，定上佳。五长之形的人配以骨丰貌隆，清秀滋润，就是奇佳之人，主人富贵双全。

五短之形的人如果骨骼粗恶，五岳陷塌，则贫贱无疑。五长之形的人如是骨肉枯瘦，筋骨暴露，则为恶相，亦贫贱。

此外，还有一说，即手短足长则贫贱交加，而手长足短既富又贵。

形相类型的划分，各家各派有不同的方法与标准，但总的来讲，可大致分为两种：一种是形象法，另一种则是抽象法。形象法，就是根据人的"形"进行归类，通常的五行形相分类就属于此。用甲、申、由、同、王、日、圆、用、凡、田这十个字的字型来比类取像的划分方法等。形象法的划分方法其优点是直观，可操作性强。抽象法，是根据人的外貌气质、心理状态、精神表现等方面的特点，结合对命运评断标准进行划分的方法，古代普通分类有"六分法"。六分法分为富、贵、寿、贫贱、孤苦、夭。

富相可分为大富、中富两种：

大富的特征是：耳朵大且贴肉而生，鼻大如悬胆，脸黑而身白，背部丰隆厚实，声如洪钟，背部宽阔，胸部平坦，腹部大又下垂，头皮宽大等。

中富的特征是：身体及面部上、中、下三停匀称齐等，面部五岳丰隆高拱。头、面、身、手、足五者俱长，或五露俱全——眼突、鼻仰、耳反、唇掀、结喉，眼细长如凤眼等。

大富、中富还有其共同的基本特征：形象敦厚，神态安定，气质清高，声音响亮，眉毛阔，耳朵厚实，口唇红润，鼻梁正直，面孔呈方形，背丰厚，腰板正，皮肤滑腻，腹大下垂，牙口整齐如同牛齿，昂首慢步好比鹅行。

　　总之，富相是腰圆背厚，鼻梁高耸，双颧隆起，口角方正，地阁方圆，四角丰隆；富相是气色红润清朗，身体肌肤柔软光滑，面部丰满，骨相清奇；富相是手背肉厚，行立坐卧，姿态端正，神情潇洒，举止稳重。

　　贵相分为大贵、中贵、小贵三种：

　　大贵的特征：头颈粗壮，下颌宽阔，眉骨高隆，伏犀骨隆起贯顶，眼睛端定，两手过膝，口大到能容下一拳，举手投足如龙行虎步，双眼细长如凤目等。

　　中贵的特征是：胡须硬如铁，双耳白净长于脸，眼黑似漆，身长脚短，口型方形如"四"字，牙齿有三十六颗且齐全，手指比手掌长等。

　　小贵的特征是：天庭饱满，地阁方圆，牙齿又白又大，眉清目秀，口如角弓，嘴唇红润等。

　　贵相的共同特征是：脸黑身白，面粗身细，身体短小而声音洪亮，面部短而眼睛长，身体体味清香。

　　以上这些对基本特征的叙述，全面地反映了古人对人体形象的看法，其中既带有典型性，又包括了东方文化特有的神秘和玄虚，可供参考，不可绝对而论之。

人的姿容以"整"为贵

【原典】

容贵"整","整"非整齐之谓。短不豕蹲，长不茅立，肥不熊餐，瘦不鹊寒，所谓"整"也。背宜圆厚，腹宜突坦，手宜温软，曲若弯弓，足宜丰满，下宜藏蛋，所谓"整"也。五短多贵，两大不扬，负重高官，鼠行好利，此为定格。他如手长于身，身过于体，配以佳骨，定主封侯；罗纹满身，胸有秀骨，配以妙神，不拜相即鼎甲矣。

【译释】

人的姿容以"整"为贵，这个"整"并非整齐划一的意思，而是要人整个身体的各个组成部分要均衡、匀称，使之构成一个有机的完美的整体，就身材而言，人的个子可以矮但不要矮得像一头蹲着的猪；个子也可以高，但绝不能像一棵孤单的茅草那样耸立着。从体型来看，体态可以胖，但又不能胖得像一头贪吃的熊一样臃肿；体态瘦也无妨，但又不能瘦得如同一只寒鸦那样单薄。这些就是本节所说的"整"。再从身体各部位来看，背部要浑圆而厚实，腹部要突出而平坦，手心要温润柔软，手掌则要形如弩弓。脚背要丰厚饱满，脚心不能太平，以自然弯曲到能藏下鸡蛋为佳，这也是所谓的"整"。五短身材虽看似不甚了了，却大多地位高贵，两脚长得过分往往命运不佳。一个人走起路来如同背了重物，那么此人必定有高官之运，走路若像老鼠般步子细碎急促，两眼又左顾右盼且目光闪烁不定者，必是贪财好利之徒。这些都是常见格局，屡试不爽。其他容貌格局，如两手长于上身，上身比下身长，再有着一副上佳之骨，那么一定会有公侯之封。再如皮肤细腻柔润，就好像绫罗布满全身。胸部骨骼又隐而不现，文秀别致，再有一副奇佳的神态的话，日后不是拜相就是入鼎甲之列。

解 读

容貌是一面镜子，折射的是一个人的内在品质，面颊是情感的标志，五官表达了他脏腑的心语，腰背流露了他岁月的情愫。请记住，每个人都要为自己的脸面负责，容貌会把所有密码储蓄。

古人认为人的面相脸型与人的成就有密切关系。清朝举人会试三科不中，而年龄渐长，苦于生计艰难，需要俸禄来赡家时，可申请"大挑脸"，则纯然以貌取人，而以一字为评，长方为"同"字脸，圆脸为"田"字脸，方脸为"国"字脸，这都是能挑中的好脸；而冷落的则有上丰下锐的"甲"字脸，反之即为"由"字脸，上下皆锐则为"申"字脸，均不能重用。

就相貌来看人，最要紧的是"五官端正"，也就是《冰鉴》所言"容贵整"。端正即是匀称之意，"五短身材"之所以在相法上被视为贵格，就在匀称。就五官的个别而言，在男子眉宁粗勿淡，眼宁大勿细，鼻宁高勿塌，口宁阔勿小，耳宁长勿短，当然要恰如其分，过与不及，皆非美事。

明建文二年（1400）策试中，有个叫王良的对策最佳，但以其貌不扬，被抑为第二，原本第二的胡靖被擢为第一。后来惠帝亡国，倒是王良以死殉国，而胡靖却投靠了永乐皇帝，做了高官。明英宗对朝臣的相貌也特别看重，天顺时，大同巡抚韩雍升为兵部侍郎，英宗发诏让大学士李贤举荐一个与韩雍人品相同的人继任。李贤举荐了山东按察使王越。王越人长得身材高大，步履轻捷，又喜着宽身短袖的服饰，英宗见后很是满意，说："王越是爽利武职打扮。"后来王越在边陲果然颇有战功。

古人认为，好的面色是：面相有威严，意志坚强，富有魄力，处事果断，无私正直，嫉恶如仇；秃发谢顶，善于理财，有掌管钱物的能力；观颧高耸圆重，面目威严，有权有势，众人依顺；颧高鼻丰并与下巴相称，中年到老

年享福不断；颧隆鼻高，脸颐丰腴，晚年更为富足；颧骨高耸，眼长而印堂丰满，脸相威严，贵享八方朝贡。

古人认为不好的脸色是：颧高脸颐消瘦，做事难成，晚年孤独清苦；颧高而鬓发稀疏，老来孤独；颧高鼻陷，做事多成亦多败。薄脸皮的人常常会被误认为高傲，或者低能。然而，脸皮薄的人并非一无是处。一般说来，脸皮薄的人，为人倒是比较坚定可靠的。他们是好部下，好朋友，在特定的狭小范围内，还可以充任骨干。

容貌有清、古、奇、秀之别

【原典】

貌有清、古、奇、秀之别，总之须看科名星与阴骘纹为主。科名星，十三岁至三十九岁随时而见；阴骘纹，十九岁至四十六岁随时而见。二者全，大物也；得一亦贵。科名星见于印堂眉彩，时隐时见，或为钢针，或为小丸，尝有光气，酒后及发怒时易见。阴骘纹见于眼角，阴雨便见，如三叉样，假寐时最易见。得科名星者早荣，得阴骘纹者迟发。二者全无，前程莫问。阴骘纹见于喉间，又主生贵子；杂路不在此格。

【译释】

人的面貌有清秀、古朴、奇伟、秀致四种区别，主要从科名星（印堂与眉毛之间）和阴骘纹（眼眶之下卧蚕宫上之纹）来辨别。科名星从十三岁到三十九岁这段时间是随时可见的；阴骘纹从十九岁到四十六岁这段时间里随时可见。一个人如果能同时具有科名星和阴骘纹的话，那么此人一定会成为非同寻常的人。即使只有一样也会富贵。科名星是一种光气，时常出现在印堂与眉彩之间，时隐时现。有时像钢针，有时又像小球。它是一种红光瑞气，在饮酒后和发怒时最容易看见。阴骘纹常出现在眼角，阴天或者雨天便能看见，形状如三股叉，在人打瞌睡时最容易看见。有科名星的人年轻时就会取得功名，发达荣耀。有阴骘纹的人发迹则要晚些。两样都没有，前程就未卜了。阴骘纹如果出现在咽喉部位，那就预示着将得贵子。阴骘纹如果生在其他部位，则不属于"生贵子"这个格局，因而也就不在论述之内了。

《冰鉴》此处所言似是古代相术之专业知识，对于非专业的普通人来讲，只需了解一下即可，无须深究。

解 读

相貌虽是人天生的，但其与人的性格有着密切的关系。性格是指人对现实中客观事物经常的稳定的态度，以及与之相应的习惯化了的行为方式。一般情况下，性格的形成都会受到遗传因素的影响，但主要还是在后天的环境中磨炼出来的。并且，在定型之后，具有很强的稳定性，它对人的行为也会产生极大的支配作用。

体貌文秀清朗，姿容朴实端庄，神情自若，是聪明睿智灵活机巧的人，做事有创造性和进取心；质朴而不清秀的人则性格内向，性情孤傲，体貌高大，仪表堂堂，生此相者，掌重权，具有很强的决断力和行动力。

具有体形孱弱，神色浑浊萎靡，两肩缩、脖子长、脑袋偏、脚歪斜、凶神恶煞之相特征的人，多属于心地狭窄、性情卑劣的类型；体貌形状孤单瘦弱、削薄软弱的人，性情内向、怯懦，孤僻、意志薄弱，愚昧无知，为人处

世没有主见，无所适从；粗俗鲁莽之相的人，性格反常不定，喜怒无常，不能自持。

长着孩子的脸形，却是年纪不小的成年人，虽然有未成熟的外表，却有着老成的表现，看起来使人觉得不协调。此种类型的人，喜欢以自我为中心，而且个性要强，所以也可称为显示性格。

"中年发福"的人，大多正值体力最旺盛的黄金时代。他们能够优越地顺应周围的人情世事，给人一种温馨感，他们多属于活动性的人。这种人虽然常施小计偷懒，但并不被人憎恨，他们中有一大部分人会被周围的人体谅，从而还颇受欢迎。活泼开朗、乐于助人、行动积极、善良而单纯是这类人的性格特征，他们经常保持幽默感，显得充满活力，同时也有稳重、温润的一面。

这种类型的人，有很多是成功的政治家、实业家和临床医师。因为他们善解人意，头脑敏捷，拥有同时处理许多事情的才智，这是他们的最大长处。但是，考虑问题欠缺一贯性，会常常失言，过于轻率，自我评价过高，喜欢干涉他人的言行等，这是其缺点。

眼睛是面部的两方水潭

【原典】

目者面之渊，不深则不清。

【译释】

人的眼睛如同面部的两方水潭，不深沉含蓄，面部就不会清朗明爽。

解 读

曾国藩不止一次地在《冰鉴》中提到人的眼睛，足可见眼睛在识人过程中的重要性。在这里，曾国藩说好的眼睛是深沉含蓄的，但事实上，人有百态，眼睛也是各有不同，若仅仅推崇深沉含蓄而把其他类型一概否定，则会犯下以偏概全的错误。

大眼睛。这样的人其眼睛清澈明亮，永远反射出一种好奇的模样。他喜欢尝试任何事情，即使某件从前做过许多次的事，让他做起来都仿佛从没做过一般。睡觉是少数几件令其憎恨的事，因为他讨厌闭上眼睛，即使只闭上一秒钟，他也老大不愿意，因为怕错过某样东西。

深眼窝。假如一个人眼睛深嵌在眼窝之内，四周有强而有力的眉毛和高高的额骨包围，表示这个人喜欢探究，仿佛周遭的一切都经常处在一面放大镜的下面。他擅长区分极细的细节，可以侦测出一个人个性中的小缺陷。因此，这种人非常挑剔，除非相当特别的人，否则很难进入他的生活中。

两眼相近。这样的人是那种在某一方面能够取得相当成就，但又因为在另一方面未得到他人认同，而沮丧万分的人。他一直认为自己总是在最好的时机上，做了错误的选择。不过，他却又马上指出，这绝大部分是因为别人给了自己不恰当的建议。在他心中，每一个人都值得怀疑，事实上，他的疑心病严重到连对待自己都小心翼翼。

两眼分得很开。这种人很有良心，凡事替别人着想，对人生看得很开。虽然他朝着自己的目标前进，但并不因此而盲目，也不会因此局限了自己的视野。他乐于帮助他人，一点儿也不嫉妒别人。受其帮助的人，经常问他该如何回报，那些人并不知道，让这个人提供帮助，便是给他的最大回报。

眼皮沉重。这样的人就像宠物一样可爱，想睡觉的眼睛也是这个模样，因此，睡觉成为他离开人群最好的借口，不需多说，这人说话必是轻声细语，行事轻松自在，但却保守退缩。

眉眼相距远。这样的人很大胆，而且能够一眼看穿任何人。他们灼热的眼神很容易便能够穿透甚至粉碎大多数人的保护网。这种人喜欢证明自己有权威，而且常常会这么做，他时常不说一句话，却以冰冷的、可以洞悉一切的眼神凝视着自己的对手，这种人有一颗深思熟虑和逻辑性强的心。

眼睛上扬。眼睛上扬是假装无辜的表情，这种动作好像证明自己确实无罪似的。目光炯炯望人时，上睫毛极力往上压，几乎与下垂的眉毛重合，造成一种令人难忘的表情，传达某种惊怒的心绪，斜眼瞟人则是偷偷地看人一眼而不愿被发觉的动作，传达的是羞怯腼腆的信息，这种动作等于是在说："我太害怕，不敢正视你，但又忍不住地想看你。"

眨眼。眨眼的变型包括连眨、超眨、睫毛振动、挤眼睛等。连眨发生于快要哭时，代表一种极力抑制的心情。超眨的动作单纯而夸张，眨的速度较慢，幅度却较大，好像在说："我不敢相信自己的眼睛，因此，大大地眨一下以擦亮双眼，确定我所看到的是事实。"睫毛振动时，眼睛和连眨一样迅速开闭，是种卖弄花哨的夸张动作，好像在说："你可不能欺骗我啊！"

挤眼睛。挤眼睛是用一只眼睛使眼色表示两人间某种默契，它所传达的信息是："你和我此刻所拥有的秘密，任何其他人无从得知。"在交际场合中，两个朋友之间挤眼睛，是表示他们对某项主题有共同的看法或感受，比在场的其他人都很接近。假如两个陌生人之间挤眼睛，则无论怎样，都有强烈的挑逗意味。由于挤眼睛意含两人之间存有不足为外人道的默契，自然会使第三者产生被疏远的感觉。因此，不管是偷偷或公然的，这种举动都被一些重礼貌的人视为失态。

鼻子是人面部的一座山

【原典】

鼻者面之山，不高则不灵。

【译释】

鼻子如同支撑面部的山脉，鼻梁不挺拔，面部就不会现机灵聪慧之气。

解 读

从鼻子的外形来说，曾国藩认为高鼻梁的人机灵聪慧。

古人认为下列鼻形也都有其可取之处：鼻如悬胆、鼻准圆红，家财丰厚；鼻耸天庭穴（两眉间印堂穴上面），名声远播；鼻体丰隆，准头圆润，且略带前凸，叫鹿鼻，多情多义，贤人达贵；鼻高昂直，高官尊贵；鼻直而厚，位列诸侯；山根、年寿平直，兰廷丰盈，家财丰厚，中晚年得志显贵；兰台对称、年寿、山根不露脊，鼻带光泽，家业兴旺之相。

下列鼻形不好：鼻梁不正，中年遇困；鼻梁无骨，恐遭夭折；鼻体露骨，多疑且心狠；露脊准尖是鹰嘴鼻，十恶不赦之人；两孔外露叫露孔鼻，家坏祖业之人；年寿部粗大鼓凸，叫孤峰鼻，多灾多难，伤家人之相。

近代也有通过鼻子的类型观人的说法：

1. 罗马型

具有这种鼻子的男女，必是精力充沛，好动、活泼、进取、奋斗、好辩、好胜的典型。这种鼻子的特征是：高鼻梁、凸出而长、鼻孔极深，有这类鼻子的人，永远喜欢和人辩论，他的智力常常是惊人的，他的缺点就是绝不认输。应付这种人，你绝不能和他强辩，你可以先赞同他的意见，然后巧妙地说出你的意见，使他不知不觉同意你。

2. 希腊型

这种鼻子或者叫艺术家型。它的特征是：直、长、细而凸出，类似中国相书所谓"伏犀鼻"。具有这种鼻子的人，大部分是内向型，性情平和、温柔，不走极端，富有艺术天才，爱美，富于理想。如果"鼻如悬胆"，即鼻尖下垂呈"U"字形，这种人具有创造性精神，有组织才能，思想敏锐，人缘关系好。

3. 塌鼻型

类似中国相书所谓"狗鼻"。这种鼻子的人，他的能力低劣，也许是肺部的能力欠缺的原因，这种人大部分很懒惰。这种鼻子的特征是：凹进，好像没有鼻梁。假使你遇到一个塌鼻型的人，你可以就断定他缺乏创造性，缺乏力量，缺乏奋斗力，缺乏决断。这种人常常显得犹豫不决，而且急躁易怒，一生中常是一事无成。

4. 掀鼻型

鼻梁露骨，鼻子上翻。假使只是鼻子向上翻，那他是一个乐天派，他的人生观就是"今朝有酒今朝醉"。这种人还有一种习气，就是爱问东问西，假使你碰着这种人，你也许会感到这种人无聊。假使鼻子尖向上翻、鼻梁又露骨的

话，他一定是倾家荡产的浪子。

5. "鹰嘴鼻"

鼻子尖向下压，犹似一个钩。有这种鼻子的人，个性悭吝贪婪，自私自利，奸险妒诈。鼻子的形状像鹰嘴，尖向下垂成钩状，多攻击性强。

人们对于鼻子高低、大小等形状或种类所象征的性格，虽然有各种的说法，但那些毕竟只是指固定不动的鼻子而言，却忽略了鼻子也有捉摸不定的动作，诸位不妨注意鼻子的动静，试着读出对方的心。

1. 鼻孔胀起时

在谈话中对方的鼻孔稍微胀大时，多半表示对您所说有不满反应，或情感有所抑制。通常人鼻孔胀大是表现愤怒或者恐惧，因为在兴奋或紧张的状态中，呼吸和心律跳动会加速，所以会产生鼻孔扩大的现象，因此，人在极度高兴、愤怒之时往往表现得"呼吸很急促"。这说明其精神正处在一种亢奋状态。

至于对方鼻孔有扩大的变化，究竟是因为得意而意气昂扬，或是因为抑制不满及愤怒的情绪所致，就要从谈话对象的其他各种反应来判断了。

2. 鼻头冒汗

有时这只是个人生理上的毛病。但平日没有这种毛病的人，一旦鼻头冒出汗珠时，应该就是对方心里焦躁或紧张的表现。如果对方是重要的交易对手时，必然是急于达成协议，无论如何一定要完成这个交易的情绪表现。因为他唯恐交易一旦失败，自己便面临极大的不利局面，因此心情焦急紧张，而陷入一种高度紧张的状态，以致鼻头出汗。

而且，紧张时并非仅有鼻头会冒汗，有时腋下、手心等处也会有冒冷汗的现象。没有利害关系的对方，产生这种状态时，要不是他心有愧意，受良心苛责，就是因为隐瞒某个秘密产生了紧张。

3. 鼻子的颜色变化

鼻子的颜色并不常发生变化。但是如果鼻子整个泛白，就显示内心有所恐惧。如果对方与自己无利害关系，多半是他踌躇、犹豫的心情所致。例如，交易时不知是否应提出条件，或打算借款又由于有某种顾虑而犹豫不决。

有时，这类情况也会出现在向女子提出爱情的告白却惨遭拒绝、自尊心

受到伤害又无从发泄时。此外心中困惑、有罪恶感、尴尬不安时，鼻子也会泛白。

上述的鼻子动作或表情极为少见，而平常人更不会去注意这些变化，但若想读出对方心理，就必须详加注意他鼻子的动作、颜色和目光的动向等，因为它可以帮助你做出正确的判断。

4. 鼻子的小动作

皱鼻子表示厌恶；歪鼻子表示不信；鼻子抖动是紧张；抽搐鼻子一定是闻到怪味；鼻孔箕张代表发怒或恐惧；哼鼻子有排斥的意味；嗅鼻子是对任何气味都有的反应。

想骗人的时候，会不经意地用手抚摩鼻子；思考难题或极度疲乏的时候，会用手捏鼻梁；厌倦或挫折的时候，则常用手指挖鼻孔。这些触摸自己鼻子的动作，都可视为自我安慰的信号。

如果有人问我们一件难以答复的问题，我们为了掩饰内心的混乱，而勉强找出一个答案应付时，很自然地，手会挪到鼻子上，摸它、揉它、捏它，甚至压挤它，好似内心的冲突会给精巧的鼻子造成压力，而产生一种几乎不为人所知觉的瘙痒感，以至于我们的手不得不赶来救援，千方百计地抚慰它，想要使它平静下来。这种情形见诸不惯于撒谎的人，在他不得不隐瞒真相时最为明显，有经验的人很快可从鼻子上看出别人的隐情。

考虑难题时会捏一捏鼻梁，这个动作可能也是基于相同的理由，鼻梁下的鼻窦部位由于紧张产生轻微的痛感，用手指捏一捏鼻梁可以减轻疼痛。

大嘴有大福

【原典】

口阔而方禄千钟，齿多而圆不家食。

【译释】

嘴巴宽阔又方正的人，享千钟之福禄，牙齿细小而圆润，适合在外地发展事业。

解 读

跟其他面部器官一样，看嘴识人首先看嘴形。古人认为下列嘴形为好：口大容拳、口形方阔，位列高官；口赤如丹，富享荣华；口不见唇，仪态威严；口角上弯，意志刚强；两唇上下平齐叫龙口，若仪态威严之人，终将位列朝班；两唇厚丰且舌长齿白叫牛白，衣食充隆；口弯大宽阔可容拳，叫虎口，尊贵之相；口小如抹胭脂，叫樱桃口，在女人则灵巧窈窕，在男人则不值称赏。

下列嘴形则不好：口角不张、口撮紧缩，贫寒破败之相；口角下垂，钱财拮据；口如吹火形、口唇纹乱，皆孤苦之人；两唇不合皱纹侵乱，叫皱纹口，心狠运差。

从外表来看，嘴唇是嘴的主体，而通过嘴唇也可以看出一个人的性格。

唇宽厚的人，又表示其个人欲望高；唇薄的人，性格好辩，伶俐机警，外刚内怯，沉着冷静，而且是个薄情的人；长唇的人，竞争心甚强，重现实，能力强；短唇的人，富于理想，缺乏果断力，犹豫不决，易于动摇；唇两端下垂的人，乐观、积极、进取、富于希望，为人富于幽默感，和蔼可亲；下唇长、上唇短，女性爱好文艺，温柔多情，男性则为庸碌之辈，甚至愚昧无能。

从唇的颜色来看：唇色红润的人，其人消化营养必定良好，故精力充沛，能力强，性格好动、活泼，必然易趋于外向型；唇色青白的人，他的身体一定有毛病，或者消化营养有问题，这种人常易趋于懒散、消极、悲观，做事毫无魄力，意志不强，为柔软胆怯之流。

另外，人的嘴部的动作也能够鲜明地表现人的态度。一般来说，一个人口唇部分的变化主要有以下几种情况：

把嘴抿成"一"字形，是个坚强的人，他一定能完成任务；张开嘴而合不上，是个意志不坚定的人；注意听对方说话时，嘴唇两端会呈现稍稍拉向后方的状态；人的嘴唇往前空撅的时候，是一种防卫心理的表示；下巴抬高，十分骄傲，优越感、自尊心强，望向你时，常带否定性的眼光或敌意；下巴缩起，此人疑心病很重，容易封闭自己，不易相信他人。

时常舔嘴唇的人，内心压抑着因兴奋或紧张所造成的波动；说谎时，常口干舌燥地喝水或舔嘴唇；有清嗓门的动作且声音变调之人，是对自己的话没有把握，具有杞人忧天的倾向；男性常见咬住烟头，用唾液加以润湿的动作，为不成熟的幼儿心理。

容貌中的贵征与贱征

【原典】

眼角入鬓，必掌刑名。顶见于面，终司钱谷：出贵征也。舌脱无官，橘皮不显。文人有伤左目，鹰鼻动便食人：此贱征也。

【译释】

两眼秀长并插至鬓发处者，必掌司法大权，秃发谢顶而使头与面额相连无限界，能掌财政大权。口吃者无官运，面部肌肤粗糙如橘子皮的人不会发达。文人若左眼有伤会使文星陷落而无所作为。鼻子呈鹰钩状的人，一般说来比较阴险狠毒，攻击力强而且动不动就伤人，这些都是贫贱之征。

解 读

在曾国藩看来，人之贵贱有先天的成分在其中，可不必深究，而从人之贵贱中透出的忠奸贤佞，就有必要仔细斟酌了，从用人、识人角度来讲，这是一个用人者所必须具备的基本功。

知人难，难在于分其良莠、贤佞，这是因为人是很复杂的。《六韬·选将》举了这样的十五种例子：有的外似贤而不肖，有的外似善良而实是强盗，有的外貌恭敬而内实傲慢，有的外似谦谨而内不至诚，有的外似精明而内无才能，有的外似忠厚而不老实，有的外好计谋而内缺乏果断，有的外似果敢而内实是蠢才，有的外似实恳而内不可信，有的外似懵懂而为人忠诚，有的言行过激而做事有功效，有的外似勇敢而内实胆怯，有的外表严肃而平易近人，有的外貌严厉而内实温和，有的外似软弱其貌不扬而能干。人就是这样，往往表里不一。尤其是表里不一又巧于伪装的人，以其外善蔽其内恶，以其外贤掩其内奸，那就更难辨别了，所以佞人常有欺人而得售其奸恶。

因此，观察一个人不能只看其表面，要透过其表面现象透视其内心世界，这就是说要从表到里，看是否一致，才能知其人。要做到这一步，确实不易。而能否知人，这决定了如何看人，如看人重德、重其实践，佞奸者骗人之术则难以得逞。如果只听其言而不察其行，且喜人歌颂，恶人直言，就恰好为阿谀者所迷，把佞奸视为忠直，将忠直视为佞奸。对此，古人多有论述，指出佞奸者难辨的原因及如何从表到里辨别贤佞之法。

对于佞奸者来说，是因其能以假象蔽其真相，以外表忠义掩其内心的奸猾，且其谋深术巧，使人迷惑而难辨识。

《吕氏春秋·疑似》指出，物之相似最能迷惑人："使人大迷惑者，必物之相似也。玉人之所患，患石之似玉者，相剑之所患，患剑之似吴干者。贤主之所患，患人之博闻辨言而似通者。亡国之主似智，亡国之臣似忠。相似

之物，此愚者之大惑，而圣人之所加虑也。"这就是说，相似的事物最能迷惑人，石似玉，玉工难以辨其真伪；剑似吴干宝剑，铸剑师也难识其优劣；博闻善辩的人似通而实不通，足以惑人而误事，这是贤明君主所虑的。历史上不少亡国之君自恃见识超人而独断独行，其左右也顺其意投其所好，因而被视为心腹忠臣，正是其君似智而实不智，其臣似忠而实佞奸，才导致亡国亡身。最典型的例子，就是明崇祯皇帝及围绕在他左右的那班佞臣。崇祯认为他是英明之主，臣下无人超过他，他的旨意就是真理，与他相左的视为庸才，或逆臣，一直至死都认为明亡咎不在己，而是在于群臣无能。他相信的都是对他听话、奉承的宦官和佞臣。正是这些似智、似忠的君臣断送了明王朝。但这位似智的崇祯皇帝，他跟前几代的只图享乐连朝也不上的皇帝确有点不同，他日夜操劳，好像有作为的贤君，故有迷惑性，因而不少人为之惋惜，认为他非亡国之君，而是处于亡国之时。

《后汉书·虞延传》记载：新野功曹邓衍，因是外戚，有一次得以参加朝会。邓衍姿容出众，仪表不凡，初即帝位的汉明帝刘庄见了，自叹不如，对左右说："朕之仪貌，岂若此人！"特赐给车马衣服。虞延以衍有容仪而无实行，未曾待之以礼。明帝既赏识邓衍，便下诏令他以功曹职位来京朝见，既到，任为郎中，不久又升为玄武司观，即负责管皇宫的北门，俸禄一千石。后因邓衍在职不服父丧事，明帝知道了，叹气说："'知人则哲，惟帝难之。'信哉斯言。"衍惭愧而退。人们因此以虞延有知人之明。

汉明帝与虞延对邓衍的看法截然相反：汉明帝这人一贯偏激，看人往往片面，一见邓衍仪表出众便无限赞誉，既赏物又接连升官，而不问他的能力和品行如何，确是以貌取人的典型。及知邓衍在职不服父丧，才承认看错了人，自叹知人难。因为邓衍为了当官，父死而不服丧，这在古代是大不孝，是个缺德的人，为人所不齿。事情被揭发了，邓衍也自感惭愧而退职回家去了。

虞延能知人，是因为他不是以貌取人，而是重在看他的实行。当时，虞延任南阳太守，他为人正直，用人执法，即使是皇亲国戚，也不讲私情。邓衍是他的属员，汉明帝虽赏识邓衍，重予赏赐，但虞延认为衍"华不副实，

140

行不配容"，即仪容与德行不相称，衍自京回南阳有三年之久，虞延都不任用。因此，汉明帝才令邓衍到京任职。

可见，汉明帝以貌用人则误，而虞延看人不重仪貌而重其行，故能知人。

智慧要义

"容貌篇"是《冰鉴》的又一重要篇章。应该说，它不仅是相学的重要内容，对于实践中的识人用人也有着很深的意义。一个体态潇洒、仪表堂堂、言谈举止文明的人，会给人留下良好的印象，反之，则会给人以不良印象。这就是从仪表上看人，但仅停留在仪表上识人显然是不够的，在此基础上还应该细察其人，细知其质。俗话说，耳闻不如一见，就是指耳闻之不如目见之。耳听为虚，眼见为实。所以，识人特别强调要讲究识人的艺术，识人不能光凭耳要听，还要用眼睛看。因为人的容貌举止是人的美丑善恶中非常能明显地表现出来的外在的东西，通过观察自有一定的认识价值。但更须深入一步地注重全面和本质。其智慧要义就在于：由表及里。外在的总归是个表象，只有超越表象才能更好地识人。

"人不可貌相，海水不可斗量"，这是中国千百年来流传已久的一句识人辨人的格言。泰戈尔说得好："你可以从外表的美来评论一朵花或一只蝴蝶，但不能这样来评论一个人。"

唐人李绅说："假金只用真金镀，若是真金不镀金。"而到底是真金还是硫化铜，却需要下番工夫进行调查研究和仔细辨析，才能得出正确的结论。但要做到这一点，就需要采取"耳闻之不如目见之"的识人艺术。

齐威王时期的即墨大夫，自从到即墨之后，勤于理政，公正廉洁，使那里五谷丰登，百姓安居乐业，没有什么官司之类的事情发生。就是这样的一位即墨大夫，齐威王左右的人却不断地在齐威王面前讲他的坏话。齐威王没有听信这些坏话，派人到即墨了解情况，发现他左右的人之所以讲即墨大夫的坏话，是因为即墨大夫没有给他们送礼求情。于是，升了即墨大夫的官爵。

另有一个大夫，到阿地之后，整日花天酒地，不理政事，使那里田地荒芜，民不聊生。赵攻鄄，他不去救；卫取薛陵，他竟不晓得此事。就是这样的一个阿大夫，齐威王左右的人却经常在齐威王面前讲他的好话。齐威王也没有听信这些好话，派人到阿地作了了解，知道了其中的奥秘。于是召见了阿大夫，对阿大夫说："自从你到了阿地之后，天天有人讲你的好话，可事实情况并不是这样，可见你必然送了些好礼物给我手下的人，让他们尽在我耳边讲你的好话！"接着，就把阿大夫和夸过阿大夫的那几位手下人都杀了。这一来，齐威王手下的臣子个个既惊又怕，再也不敢谎报情况了。齐国的兴盛强大与此不无关系。

上述故事在《资治通鉴》里有记载。它告诉人们这样一个道理：不论是讲人好话的还是讲人坏话的，都有其目的，有其内在原因，尤其是在上司面前讲的话。领导者身居高位，对下情不可能事事清楚，他需要别人提供情况。

领导者为官一任，最可怕的是被蒙蔽而听不到真切的声音。进耳之言，究竟可靠与否，还是需要调查研究的。

识人的经验告诉人们：目见之不如足践之，这是千真万确的。因为人的眼睛识人，因种种原因可能会产生某些错觉。所以，要从根本上知人，只能通过实践，实践出真知。

识人，要听其言，观其行。就是强调识人不仅要听其所说得如何，更重要的是要看其做得如何，做和行就是我们所讲的实践。

古人云：肤表不可以论中，望貌不可以核能。虽说眼睛是心灵的窗户，可以窥见其内心，但人的表现状况是复杂的。要由表及里地准确认识人，还必须下一番细致工夫，结合实践而全面地考察。

情态第四

精神是本质，情态是现象，要知人本质，须从神入手，而情态是精神的流韵，常常能够弥补精神的不足。因此，《冰鉴》建议在考察人物时，要从初观情态、深察精神两个层次和步骤展开。

情态的表现百种千样，却在瞬间即可看到其变化。精神的本质则不易知，故曾国藩强调：久久注目，要着重看人的精神，乍一放眼，则要首先看人的情态；凡属大家，如高官显宦、硕儒高僧的举止动作，即使是羞涩之态，也不失为一种佳相；凡属小儿举动，如市井小民的哭哭笑笑、又跳又叫，越是矫揉造作，反而越是显得幼稚粗俗。看人的情态，对于大处当然也要分辨清浊，而对细处则不但要分辨清浊，还要分辨主次，方可作出取舍。

容貌弥补骨之不足，情态弥补神之不足

【原典】

容貌者，骨之余，常佐骨之不足。情态者，神之余，常佐神之不足。

【译释】

容貌是骨体进一步的外在表现，观之可以弥补我们在"骨相"上品鉴的不足。情态是精神的显露，能清楚表明人的精神状态。

曾国藩对"情态"十分重视。情态与平常所说的神态有没有区别呢？曾国藩认为，神与情态有非常紧密的关系，它们是里与表的关系。

神蓄含于内，情态则显于外，神以静为主，情态以动为主，神是情态之源，情态是神之流。

情态是神的流露和外现，二者一为表，一为里，关系极为密切，所以说情态者，神之余。如上所述，如果其神或嫌不足，而情态优雅洒脱，情态就可以补救其神之缺陷，所以说"常佐神之不足"。

解 读

任何一个人，其性格作风、思想境界、专业能力、学识水平等，也就是曾国藩所言"情态"与"神态"，都是在不断发展变化的。有的人越变越好，小才变为大才，歪才变为良才；有的则由好变差，由风华正茂变为江郎才尽。

所以要于万千人当中寻得人才，必须以发展的眼光看人。

早年的李鸿章桀骜不驯，目中无人，并且带有一种虚伪性，远非重朴质的曾国藩所能看得过的。但曾国藩看出李鸿章确有才干可用，日后必成大器，遂予重用。在后来长期的磨炼中，李鸿章逐渐改变其浮巧和锋芒毕露的弱点，越发稳重和坚忍，最终青史留名。曾国藩以发展的眼光看人，的确高人一筹。

汉代叱咤风云的大将韩信，早年家贫，又不会做买卖，常寄食于别人家，众人多嫌弃他。淮阴屠户当众欺负他，使他蒙受"胯下之辱"。他后来投奔项羽，不受重用。汉丞相萧何不计其过往劣迹，慧眼识真才，发现他具有卓越的军事才能。萧何月下追韩信，向刘邦保举其为大将军，并鼓励他施展才华。在漫长的楚汉战争中，韩信充分发挥了他的军事才能，为刘邦建功立业出了大力。

如果刘邦总是用韩信受过胯下之辱的往事来估量韩信的才能，而没有发展看人的慧眼，则韩信就只能成为别人眼中的武夫、无能之辈，一代人才就会被埋没。

从上面的事例中可以清楚地看出，用静止、孤立的观点看待人，会把活人看成"死人"。只有在发展中看人，才能真正做到知人、识人的客观公正。

反观今天的某些企业管理者，平时总是嘴上说自己观察人是多么仔细、多么准确，并且总是能够首先看到未来的发展方向。这些话让手下人不免为之心动。可在实际工作中，他们却往往总是一提到某人，就先从这个人以往的某几件事情上大肆议论，历数他过去的种种过失，然后就轻易地下结论说，这个人似乎也就这样了，以后难有作为。这种用静止的眼光识人的做法，实际上是非常愚昧、狭隘的。

大家都知道，日行千里的良马，如果没有遇到伯乐，就会被牵去与驴骡一同拉车；价值千金的玉璧，如果没有善于鉴别的玉工，就会被混同于荒山乱石之中。对于人才，如果不用长远、发展的眼光看其潜力，就会使其被埋没。

具有潜质的人有如待琢之玉，似蒙土的黄金，暂时没有引起世人的重视，没有得到公众的承认，若没有独具慧眼的"伯乐"，是难以发现的。

千里马若不遇伯乐，恐怕要终身困守在槽枥之中，永不得向世人展示其"日行千里"的风采。许多具有潜质的人都是被具有发展眼光的"伯乐"相中的，同时，又得到了一个发展成长、施展才华的机会，最终才获得成功。

在发现"千里马"之后，用人者应注意做到下面几点：

鼓励他在公开场合阐明自己的观点和建议。这样做为的是增加他对你的信任，以及对公司的归属感，表明他的建议受到你的重视。

视他为管理工作上的一项挑战。有些管理方法，对待水平较低的下属或许绰绰有余，而在优秀人才眼中，你只是代表一个职位、一个虚衔，并不表示你的才干胜过所有的人，要他们全听你的，并不是一件很容易的事。

给他明确的目标和富有挑战性的工作。卓越人才行事都异于常人，但又有出乎意料之外的成功；你给他们明确的目标和富有挑战性的工作，他定会感到被看重而满怀工作激情。

对他突出的贡献给予特别的奖励。在你还没有给他更高的报酬时，一些特别的奖励是必要的。对于他对公司突出的贡献，如无特别待遇，动力就会减弱，但不表示他不再追求进步。

适时地赞美他的表现。不要担心他会被宠坏，在他有了杰出表现之后，适时地加以称赞和鼓励。假如你对他冷漠，会使敏感的他以为你嫉妒他。

推荐一些对他有帮助的书籍。"学如逆水行舟，不进则退。"如果你将卓越人才的工作安排得密密麻麻，这样他就没有时间学习新事物，不断地工作将使他精神疲累。卓越人才并不是万能的，他也有不懂得的事物。

总之，人是在发展变化中走向成熟和卓越的，总是在不断总结经验教训中增长才干，发挥才能的。善于用发展的眼光来识别人，才是唯物主义的科学态度。

其实，作为知人识人者，真正以发展的眼光来识别人，实际上也正是自身素质不断提高的过程。

长久地识人要看其精神内质

【译释】

长久地关注某人，要重在发现其精神内质。

俗话说"日久见人心"，有些人，不管他们多么善于伪装和隐藏，随着时间的推移，其内在精神和气质特征都会暴露无遗。所以在识人的过程中，如果时间允许，就要注重发现其精神内质，这样就能看清他们的真实所在。

解 读

曾国藩在其日记和家书中不止一次地强调：人不易知，知人之内质更为不易，这不仅需要时间，更需要用心地观察。

庄子曾说，识人内质要"远使之而观其忠，近使之而观其敬，烦使之而观其能，卒能问焉而观其知，急与之期而观其信，委之以财而观其仁，告之以危而观其节，醉之以酒而观其态，杂之以处而观其色"。用我们今天的话来说，庄子提出的识人之良方，其主旨是：将所识之人派到远处工作，远则难监督，所以可考察他是否忠诚；派在身边工作，容易相熟而没有拘束，故便于考察他是否恭敬；在情况复杂的时候派他去工作，看他的能力如何；急促之间询问他，看他的智慧如何；在紧迫的情况下和他相约，看他是否守信；托付其管理财物，看他是否不贪；告知危急情况看他的气节如何；当他醉酒时，看能否守规矩；将其放在男女杂处的环境里，看他是否好色。庄子的识人内质之良方，既是对前人的总结，又给后人以深刻的影响。这些方法在其他章节也有所提及，为避免重复，我们在这里给大家有选择地加以介绍。

1. 远使之而观其忠

忠诚老实，是我们中华民族的优良传统，从虎门销烟的林则徐，到"生的伟大，死的光荣"的刘胡兰；从革命前辈的"舍小家为大家，舍自己为人民"，到人民解放军的"为人民吃亏光荣，为祖国献身值得"，无不体现中华民族的忠诚老实的优良传统。

《北史·古弼传》记载：魏太武帝拓跋焘到西河地区打猎，下诏给尚书令古弼，命他选肥壮马匹给骑士，弼却送来弱马。拓跋焘大怒说："尖头奴敢裁量朕也！朕还台，先斩此奴！"弼头尖，拓跋焘常叫他"笔头"，时人也称他"笔公"。古弼的属官知帝怒都害怕被杀，古弼泰然置之，安慰属官说："吾谓事君使田猎不适盘游，其罪小也。不备不虞，使戎寇恣逸，其罪大也。今北狄孔炽，南虏未灭，狡焉之志，窥伺边境，是吾忧也。选备肥马务军实，为不虞之远虑。苟使国家有利，吾宁避死乎？明主可以理干，引自吾罪。"意思是说，使君游逸不舒畅，是小罪；而当前北有柔然、南有刘宋正在伺机侵扰，好马要留下以抗敌，这是为国家计，宁死不避，主上英明，是可以理论清楚的。拓跋焘听到了，知古弼忠心为国，对他怒意全消，赞叹说："有臣如此，国之宝也。"赐衣一套，马二匹，鹿十头。后拓跋焘又到山北打猎，获麋鹿数十头，又诏要古弼派五十辆牛车来运载，诏书刚发出，他对侍臣说："笔公必不与我，汝辈不如马运之速。"于是便用马运回。行了百余里，接到古弼上表说："今秋谷悬费，麻菽布野，猪鹿窃食，鸟雁侵费，风波所耗，朝夕参倍，乞赐矜缓，使得收载。"拓跋焘对左右说："笔公果如朕卜，可谓社稷之臣。"

古弼之所以被称为"笔公"，不仅是因其头尖，主要因其人忠直如"笔"，一贯以国事民生为重，敢斥邪恶。有人上书说魏太武帝拓跋焘的花园和养动物的园子所占的地方太广了，而广大贫农无地耕种，应该裁减园地大半，分给无地可耕的贫农。弼欲奏此事，适拓跋焘跟给事刘树下棋，无心听他的话，弼坐久了，心头火起，便上前揪刘树的头发，拖他下床，刮其耳光，以拳击其背，说："朝廷不理，实尔之罪！"拓跋焘为之失色，忙放下棋，说："不听奏事，过在朕，树何罪？置之！"弼便奏事，拓跋焘敬其公直，不仅不问罪，更准其所奏，将园地分给无地少地的贫农耕种。之后，古弼免冠赤脚向司法部门自劾其不敬君之罪。拓跋焘叫他穿戴好，说："卿有何罪？自今以后，苟利社稷，益国便人者，虽复颠沛造次，卿则为之，无所顾也。"

有忠直之臣，是因有英明的君主。拓跋焘不仅不治古弼的不敬之罪，反而大为赞誉，鼓励他今后只要是利国便民之事，要大胆去做，不要有所顾虑。也因此，古弼为利国敢于抗旨，也被拓跋焘誉为"国宝"、"社稷之臣"，如果遇上那些迷于私欲的昏君暴君，古弼的脑袋恐怕早就搬家了。正因拓跋焘是英明之主，才能赏识古弼，也才会有这样的公直之臣。

《旧唐书·李绛传》记载：本司郎李绛为人忠直，以匡讳为己任。他在浴堂北廊奏对时，极论宦官纵恣、方镇进献等事，唐宪宗大怒，厉声说："卿所论奏，何太过耶？"绛坚持己见，申辩说："臣所谏论，于臣无利，是国家之利，陛下不以臣愚，使处腹心之地，岂可见事缺圣德，致损清时，而惜身不言，仰屋窃叹，是臣负陛下也。若不顾患祸，尽诚奏论，旁忤幸臣，上犯圣旨，以此获罪，是陛下负臣也。且臣与中官，素不相识，又无嫌隙，只是威福太盛，上损圣朝，臣所以不敢不论耳。论臣缄默，非社稷之福也。"宪宗见他忠直而情切，深为感动，慰喻他说："卿尽节于朕，人所难言者，卿悉言之，使朕闻所不闻，真忠正诚节之臣也。他日南面，亦须如此。"绛拜恩而退。唐宪宗随即任命绛为中书舍人，依前翰林学士。次日，面赐金紫，并亲为选良筋赠之。

唐宪宗是宦官所拥立的，他与宦官关系密切，李绛上奏宦官纵恣不利于国，引起唐宪宗大怒。但唐宪宗是一个较开明的国君，一般还能纳谏，因此对李绛在其大怒之下，仍恳切陈辞，知其忠于己，才释怒慰喻，大为赏识，故升官赏赐。正因唐宪宗能纳谏，任用忠臣，他统治期间，唐朝一度中兴。

2. 近使之而观其敬

所谓"近使之而观其敬"，就是指将所要识别的对象派在自己身边工作，因为天天相见，容易相熟，久而久之就会没有拘束，便于考察他的恭敬行为如何。也就是观察在与人相交往的过程中是如何对待自己与他人的关系的。

古人云："行己莫如恭，自责莫如厚。"即为人处世一定要恭敬，要求自己一定要严格。"行谨则能坚其志，言谨则能察其德。"做事谨慎，就能使自己志向更坚守；说话谨慎，就能使自己德行更崇高。人应该言行谨慎，不乱说乱动。如果在自己身边工作的人因相处比较熟了而放松自身的谨慎，这是会出问题的。如同在平坦道路上行走的人放纵自己而脚下不留意，这样，走快了就会摔跤；在艰险的道路上行走的人有所戒备而出脚很小心，故而走得很慢，跌不了跟头。

当然，"恭而无礼则劳，慎而无礼则葸，勇而无礼则乱，直而无礼则绞"。就是说，不知礼，虽然态度恭敬，却不免劳顿；行为谨慎，却不免胆怯；性情勇敢，却不免莽撞；性格直率，却不免急切。这是对待人处世的态度、行为、性情的要求。同时，也只有"恭则物服，悫则有诚"，即谦逊谨慎，人们就会心悦诚服；诚恳老实，事情就会成功。说明为人必须谦逊诚实，这样才会赢得人们的尊敬，也才会把事情办好。

常言道，你敬人一尺，人敬你一丈。自律、自重、自爱、自尊、自励，严格要求自己，树立好的形象，不做有损身份的事，这样，才能经受住"近使之而观其敬"的考验。

3. 烦使之而观其能

"烦使之而观其能",即指在情况复杂时派他去工作,看他的能力如何。一个人的能力有大有小,有高有低,在一般情况下很难区分出来,只有在实际工作中,各种复杂多变的情况出现时,让其去独立处理,才能辨别其能力的高低、大小。

凡论人,通则观其所礼,贵则观其所进,富则观其所善,听则观其所行,止则观其所好,习则观其所言,穷则观其所不受,贱则观其所不为。喜之以验其守,乐之以验其僻,怒之以验其节,惧之以验其特,哀之以验其人,苦之以验其志。这就是说,凡是要考察一个人,当他仕途顺利时就看他所尊敬的是什么人,当他显贵时就看他所任用的是什么人,当他富有时就看他所养的是什么人,听了他的言论就看他怎么做,当他空闲时就看他的爱好是什么,当和他熟悉了之后就看他的语言是否端正,当他失意时就看他是否有所不受,当他贫贱时就看他是否有所不为。要使他欢喜以考验他是否不失常态,使他快乐以考验他是否放纵,使他发怒以考验他是否能够自我约束,使他恐惧以考验他是否能够自持,使他悲哀以考验他是否能够自制,使他困苦以考验他是否不变其志。

凡是要选用将帅,必须先考察他的品德才能,然后向他交代方略任务,让他自己估量能否胜任,进而让他谈自己的设想,包括要哪一种盔甲兵器,需什么人做参谋、副手,要多少兵马,用多少钱粮,哪里置营,何时成功,自始至终的重要事项,都让他自己筹划安排。"察能而授官者,成功之君也。"所以,先行考察能力,然后才授予官职,这便是成功的国君。这也是我们"烦使之而观其能"的目的所在。

4. 卒能问焉而观其知

"卒能问焉而观其知",指仓促之间询问他,看他的智慧如何。这是一种识人的方法。出现了需要应急的情况,或有料想不到的事情发生了,如何处理好这突如其来的事情,通常的人往往束手无策,而对于智商高,应变能力、反应能力灵敏的人来说,即便遇到料想不到的问题像连珠炮一样向他扑来,他也会从容不迫,有条不紊地给以恰如其分的回答。

在毫无准备的情况下，面对突然提出的问题，要想做出令人满意的回答，或对答如流地对问题分别做出相应的回答，这是智慧一般的人所难以做到的。只有智慧十分丰富、天资十分聪明、反应灵敏的人才能做到。在当今世界，科技发展日新月异，信息汇聚瞬息万变，事物发展的迅速性，更需要思维敏捷的人才，解决和回答现实中的一系列新情况、新问题。要识别这样的人才，应"卒能问焉而观其知"，事实证明，这是明智之举。

5. 急与之期而观其信

"急与之期而观其信"，意思是说，在紧迫的情况下和他相约，看他是否守信。"信"是为人之道。常言道，"言必信，行必果"。"信"就是要守信承诺，说到做到，这也是做人的基本要求。

孔子说过："人而无信，不知其可。"换句话说，就是指一个人如果缺乏诚信，那么他就难以得到正面的评价。

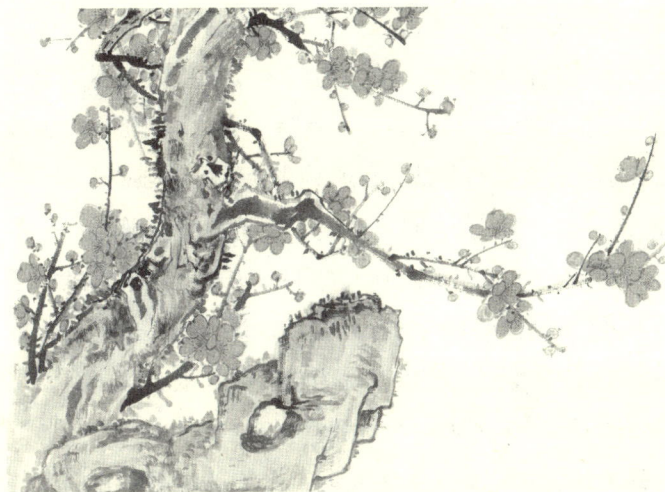

在中国历史上，有许多守信的生动事例。如春秋时期的"五霸之一"晋文公，当他率兵攻打"原"时，事先与部众约好：三天之内，若攻不下"原"，就撤兵回国。结果约定的三天到了，可是还没有攻克。这时，探子来报：敌人快要投降了。众部下也劝晋文公再等一等。而晋文公说："信是国家之本，庇民之所。若是得到了原，而失去了信，民无所庇，就会弃之而去。"于是，晋文公果断地下达了解除包围、撤兵回国的命令。

战国时，秦国商鞅在秦王的支持下，准备变法革新，为了获得平民百姓的支持，商鞅在都城南门，竖一根三丈长的木杆，贴出告示："将木杆移置北门者，给予三百两黄金。"老百姓不知其中缘由底细，没有人敢去搬，一天后，商鞅增加赏额至一千两黄金。这时，一个胆大的决心去搬这根木头。他费了半天工夫，累得满头大汗，终于将木杆移到了北门。商鞅当即指示，给他一千两黄金。这消息很快传遍了秦国城乡，老百姓都认为，商鞅言而有信，言出必行。这样，商鞅即将推行的改革有了良好的社会舆论基础。

在现实生活中，"信"往往是不容易做到的。有的人对下属、朋友、同事先许下诺言，可是，过了一阵子就忘了。"急与之期而观其信"，作为识人的一种方法更难能可贵。

6. 委之以财而观其仁

在考察识别人才时，通过托付给被考察对象以钱财，可以观察他的廉洁情况。爱财如命、见钱眼开的人绝不会是廉洁奉公的人。相反，真正廉洁奉公的人，绝不会损公肥私去争不义之财。志士仁人，无求生以害人，有杀身以成仁。从钱财来识别一个人是不是仁者，就是看其对钱财采取什么样的态度。为私而贪财者为不仁，为公而见钱财不敢者为仁者。廉洁的人不追求不应有的财物。所以，古人云："廉者，民之表也，贪者，民之贼也。"官吏廉洁奉公，就是老百姓的表率；官吏贪赃枉法，就是残害老百姓的强盗。

事实上，古今中外，大凡志士仁人、明达贤哲，无不戒贪拒贿、一尘不染。据《左传》记载，春秋战国时期，宋国有人得了一块美玉，把它献给子罕。子罕不受，献玉的人说："我曾请有名的玉匠看过，认为这块玉是宝才敢献给你的。"子罕却说："你以玉为宝，我以不贪为宝。要是把玉给了我，那就你我都失去了宝，不如你不送，我不收，使你我都保有自己的宝。"

明朝的郎瑛在《七修类稿》中记载了弘治年间一个吏部尚书写在门上的一副对联："仕于朝者以馈遗及门为耻，仕于外者以苞苴入都为羞。"馈遗、苞苴，都指贿赂。就是说，在朝里做官的接受别人的非法馈赠，在外地做官的向朝里进贡行贿，这都是可耻、可羞的。明代一度贿风盛行，而兵部尚书于谦在做巡抚时，"每入京……未尝持一物交当路"，他甚至赋诗抒怀："手帕蘑菇及线香，本资民用反为殃；清风两袖朝天去，免得闾阎话短长。"表现了他"粉骨碎身浑不怕，要留清白在人间"的高风亮节。清人张伯行，在任督抚时曾针对送礼行贿的丑行，写过一篇《禁止馈送檄》，檄文中说："一丝一粒，我之名节；一厘一毫，民之膏脂。宽一分民受赐不止一分，取一文我为人不值一文。谁云交际之常，廉耻实伤，倘非不义之财，此物何来。"这义正词严的檄文，如"金绳铁矩"，使贿风大减。

贪夫徇财，其害无穷。包拯曾说："贪者，民之贼也。"明代有位官员，因贪赃受贿，事发后跳井自杀。朱元璋听到此事后，对群臣说："彼知利之利，而不知利之害，徒知爱利，而不知爱身，人之愚孰有甚于此？"他进一步发挥说："君子闻义则喜，见利则耻，小人见利则喜，闻义则不从，是故君子舍生取义，小人则舍生为利，所为相反。今其人死不足恤。"礼部尚书就此议论说："其事可为世之贪污者戒。"他们的说法不同，却都指出了贪污之害甚于饮鸩，千万放纵不得。

有人说："贪为私动，贿随权集。"通常情况下，都是有贪就有贿。有贿则养贪，二者互相利用，互为因果。而大凡贪占的人，都是营私逞欲之徒；凡是行贿的人，又皆为投机势利小人。他们都是社会的蛀虫，到头来都不会有什么好下场。

应当指出，在整个社会风气逐步好转的今天，一些行贿的人已不敢明目张胆地贿赂拉拢人，而往往采取"投石问路"、由小到大的方法，行贿小小的

一包烟、一斤茶、半斤虾干之类，只要你丧失警惕，收将起来，他就算打开了缺口，由这个缺口，就"要扩大战果"，由少到多，由低级到高级，每送你一次东西，就等于给你脖子上套上一根绳索，送之越多，套之越多，以至于你不得不老老实实听从他的摆布，为他效命。这就是贪心人上当受骗——出力卖命——呜呼哀哉的"三部曲"。黑龙江省宾县一个被判了死刑的大贪污行贿犯公然宣称的"放长线、钓大鱼"；"抓住儿子，牵住老子"的话，对于贪人应该是很好的一课！再者，为了掩人耳目，"夜行军"已是行贿人的惯常手法，他们总是利用夜暗，挟包提篓，悄悄溜到受贿者家里，利用"你知我知别人都不知"以售其奸。所以，对这种"夜猫子"更要保持警惕，如果来个哑巴吃饺子，不吭不哈进了肚，将来可是要吐也吐不出来的。等到因"嗟来之食"闹起肚子疼，可就悔之晚矣！

戒贪拒贿不仅要"谨小慎微"，还要有胆有识，敢于公开顶住甚至当面揭穿行贿者的图谋，这样，才能从根本上解决问题。清代有个叫武承漠的官员，到任伊始，便悬联宣告："罔违道，罔弗民，真正公平，心斯无怍；不容情，不受贿，招摇撞骗，法所必严。"楹联一挂出去，人们争相观看，"平日绅衿之出入县庭者（走后门行贿之徒）皆悚息危惧，有避至他省者"，可见其效果。据说，马寅初在杭州任职时，曾遇到有人给他送来一千多块银洋打通关节，以期早日批放其县长任命，马寅初一听，勃然动怒，拍桌大骂："呸！真不要脸！竟活动到我头上来了，这真是蚊子叮菩萨——找错人啦……我马上打电话去揭露这家伙的花招，建议取消他的县长资格。"那人的县长好梦吹灯了。对马寅初这样正气浩然的廉洁之士，谁还敢再来自找霉头！

有道是："苍蝇不叮无缝的蛋。"其身正，邪气自逃；心无贪欲，行贿者便无所施其技，他们的"套绞索"、"牵鼻子"、"买俘虏"的战术就不仅不能奏效，还反将置他们自己于身败名裂之地！

7. 醉之以酒而观其态

"醉之以酒而观其态"，就是指用酒灌醉后来了解这个人变化的形态，知其修善的程度。中华民族是一个热情好客的民族，不论是汉民族还是少数民族，来了客人恐怕没有不是以酒相待的。

以酒待客乃天经地义，只要是会喝酒的客人，谁又好拒绝！喝酒必劝酒，劝酒的理由比比皆是，劝酒的方式也千百种。当宾主双方几次共同举杯之后，陪客的主人们就开始各施高招，天花乱坠地劝。什么"初识酒"，什么"老乡酒"，什么"同行酒"，什么"部下酒"，什么"委托酒"，如此等等，实在劝不下去了，就用类比和激将。主人盛情，客人就难却了，结果不搞得双方酩酊大醉，也要弄得每个人语无伦次。

酒本来就是使人狂放不羁之物，请人喝酒，又要苛求人不要酒后失态，就太难了。所以，有不少人认为，醉之酒以观其德，此言甚好。

宋太宗时，孔守正官拜殿前都虞侯。一天，他在北陪园侍奉太宗酒宴，孔守正喝得酩酊大醉，就和王荣在皇帝面前争论起守边的功劳来，二人越吵越气愤，以致失去了下臣的礼节。侍臣奏请太宗将二人抓起来送吏部去治罪，太宗不同意，让人送二人回家。第二天，二人酒醒了，一齐到金銮殿向皇上请罪，太宗说："朕也喝醉了，记不得有这些事。"

太宗托辞说自己也醉了，既没有丢失朝廷的体面，而孔守正他们也知道因此而警惕自己，这岂不是两全其美吗？

曹参入了相府，一切都遵循萧何的约束，只是日夜痛饮醇酒，无所事事。凡是有宾客来见，说有话给他讲，都是一到相府，曹参就拿醇酒给他们喝。饮酒之间，一说有话要讲，他又马上说："饮酒，饮酒。"一直到大醉方休。来人始终找不到机会给他说什么。汉惠帝怪罪曹参不理政事，嘱咐他儿子中大夫曹窋，私下里叩问一下他父亲是怎么回事。一个休息沐浴日，曹窋回到家中，向曹参劝谏，曹参大怒，打了曹窋二百鞭。惠帝知道了，斥责曹参说："这和曹窋有什么关系？他是我派去劝你的。"曹参脱去官帽，向皇上认错，并说："陛下，你和高帝相比，谁更圣明呢？"皇上说："朕怎么敢和高帝相比呢？"曹参又说："陛下，您看我和萧何谁更有能力呢？"惠帝说："君似乎不及萧何。"曹参说："陛下说得对。高帝和萧何平定天下，一切法令都已经制定严明，而今陛下垂衣拱手，无为而治，我辈恪守职责，遵循高帝和萧何所定的规矩，只要没有遗失之处，不就可以了吗？"惠帝说："曹君，算你对吧！"

众所周知，酒是生活中最富有魅力的饮料。喜时喝酒，是助兴；悲时喝酒是浇愁。多数人不悲也不喜时喝酒，没别的原因，就是嗜好。酒能刺激中枢神经，使人兴奋，又能麻痹中枢神经，使人麻木。酒与诗、书、乐、画有着不解之缘，我国唐代诗人韩偓，在《醉着》这首绝句中写道：

万里清江万里天，一村桑柘一村烟。渔翁醉着无人唤，过午醒来雪满船。

酒醉而眠的畅快，真是令人回味，叹赏不已。诗人李白的《将进酒》，更是道尽千古风流的酒中豪气与真情：

君不见黄河之水天上来，奔流到海不复回。君不见高堂明镜悲白发，朝如青丝暮成雪。人生得意须尽欢，莫使金樽空对月。天生我材必有用，千金散尽还复来。烹羊宰牛且为乐，会须一饮三百杯。岑夫子，丹丘生，将进酒，杯莫停。与君歌一曲，请君为我倾耳听。钟鼓馔玉不足贵，但愿长醉不愿醒。古来圣贤皆寂寞，惟有饮者留其名。陈王昔时宴平乐，斗酒十千恣欢谑。主人何为言少钱，径须沽取对君酌。五花马，千金裘，呼儿将出换美酒，与尔同销万古愁。

同是杯中之情，有治国安邦之材，亦有酒囊饭袋之料。所以同是嗜酒之人，内容大不相同，有天才，也有蠢才，有官军，也有土匪，有清客，也有无赖，识人者不可不察。

8. 杂之以处而观其色

"杂之以处而观其色"，就是将考察对象放在男女杂处的环境里，看他是否好色。色在这里专指漂亮的女子。爱美之心人皆有之，但陷入"温柔乡"而不能自拔，于国于家于己都不利。不少封建统治者沉湎于女色不理政事。白居易在《长恨歌》中曾咏叹"君王从此不早朝"的景象，唐玄宗宠幸杨玉环姐妹三人，导致"六军不发无奈何"的局面。《尚书》说："玩人丧德，玩物丧志。"当然，作为一般人，没有"三宫六院"之忧，但我们也应以此为戒。

声色犬马，皆人之欲，声则为首。从科学角度来看，悦耳的声音有益身心，这道理可以说老少皆知。但历史上的唐明皇、陈后主却"因声误国"，最后落得个"商女不知亡国恨，隔江犹唱后庭花"的下场。究其然，是他们过分沉溺于靡靡之音中而不理国事。关于欲念上的事，绝对不要跌入其中，否则一味贪图享乐，便坠入万劫不复的深渊而不能自拔。一个人应有自制能力，抗拒欲念的诱惑。

常言道："英雄难过美人关。"人生中要经过几道关，金钱关、权力关、美色关等等。能否过这些关，就看一个人的素质如何、品质如何。品质高尚、素质较高的人，一般来说都能过好金钱关、权力关和美色关这些所谓的"关"，但也有一些意志薄弱者，思想素质较差者，一般来说是难过这些关的。我们不仅不反对男女间的正常往来和正常相处，同时我们还反对把男女只要在一起就视为关系不正常。但男女之间的正常关系是有一定的界限的，超过了正常的界限就是不正常的关系。而那些思想道德好的人，能够处理好男女之间的正常关系，绝不会因好色而"摔跤"。所以，识人，采取"杂之以处而观其色"是为上策。

9. 观其好恶而知短长

许多人在自己的行为中，都有一种习惯。有人喜欢散步，有人喜欢做清洁，有人喜欢看书，有人喜欢下棋、打牌，总之大千世界，各有一好。

在我们的生活中，几乎每人都有自己的习惯与爱好。人们有时会选择自己新的行为方向，但更多会保持一个始终如一的行为习惯与行为定式。你看，有那么多的人抽烟、喝酒；一次围棋比赛可以吸引成千上万的观众；而一场足球大赛可以让商店提前关门，人们纷纷提前下班，乃至为了一个球的得失捶胸顿足。

选择，意味着有取有舍。

没有什么别的行为比嗜好更能反映一个人的内在本质了。嗜好，不必考虑别人的眼色，不受他人或法律的制约。它完全是出于自愿的，所以，它最能暴露出一个人的深层心理。因为嗜好的范围几乎完全是自我的独有领域，它是不能强加于人的。

嗜好可以说是人的潜意识的最好流露。

玩物与嗜好所告诉你的，可以说是这个人的一切。它会给你讲出关于你感兴趣的那个人的优点、缺点，他的生命观、恋爱观、事业观等，你想知道的一切，它都会一五一十地告诉你，当然前提必然是你要善于观察。有些看起来不甚令人注意的行为习惯，也是一种嗜好，而且也许正是这个嗜好，将会告诉你一些本质性问题。

例如一个人，如果总是喜欢将一些心爱的东西不按常人的方式放在某个固定的位置，而是藏在某个不应当放的位置，那么你至少判断这个人与人交往时，注重内在的、深层的交流方式，喜欢与朋友保持一种很深的、内在的、不为外人所察觉的关系，而不是那种善于表面应酬、内心无所侧重的类型。再有，这样的人是不好欺负的，如果一旦被得罪了，他也许会以非常手段报复。

从千差万别、形形色色的嗜好中，可以发现和总结出其中的一些奥妙，一个出色的人类学家，每到一地，就可以立刻发现当地人的一些具有普遍性的行为取向与行为类型，由此，就可以得出一些令人拍案惊奇的结论。

那种认为嗜好不过是无足轻重的生活小节从而掉以轻心的人，往往会铸成大错。他们不但会丧失了解别人的一种契机，而且还常常会无意中伤害别人。

初次识人宜观其行为举止

乍见观人情态。

【译释】

初见某人则应注意其表现在外的行为举止。

"神"与"情"常被合称为"神情",似乎二者是一个东西或一回事儿,其实二者相去甚远,大有区别。"神"含于内,"情"现于外;"神"往往呈静态,"情"常常呈动态;"神"一般能久长,"情"通常贵自然。总之,精神是本质,情态是现象。曾国藩认为,"乍见观人情态",这是一个识人的捷径,尽管可能会有遗漏之处,但总能看个大概,可为进一步的观察做好准备。

解 读

识人难,有识人者与被人识者两方面的原因。作为识人者,初次见面往往受情绪干扰、感情偏见等诸多因素的影响;而被人识者又往往有复杂而多变的心态组合,会给辨别贤才的人带来困难,所以在观人情态的过程中一定要注意以下几点:

1. 不露声色地旁观

识人才者站在旁观者的立场上,可以平心静气,比较客观,能超脱地对人才进行多角度、全方位的观察；被观察者只有在缺少戒备心理，很少以取悦的心态进行"乔装打扮"时，呈现出来的才是比较纯朴的"真容"。

以旁观者的身份对一个人进行客观公正的观察时，才能收集到有关这个人的真实信息。其中要注意：

（1）嫉妒心强的人不可用。嫉妒心人人都有，但若过于强烈，就是严重的性格缺陷了。这种人，一不能用公平的眼光看待别人；二不能实事求是地对待自己。

（2）只知追求眼前之功，不管计策是否可行的人不可用。只追求眼前的蝇头小利，不顾长远的大利益，这是严重的短视行为。

（3）把任何事情都看得过于简单的人不可用。这种人大多志大才疏。办事情的态度极不认真、严肃，往往把简单的事情弄得一团糟。

（4）轻诺说大话的人不可用。这种人接受任务时大包大揽，真正做起来却一拖再拖，且能寻找种种借口，任何时候都有理由。

2. 面对面地直接观察

旁观法识人主要是旁观，而面对面地直接观察却要做正面接触，"识人之道"有七条：对人才提出问题，让其分辨是非曲直，以考察他的立场、观点和志向；提出尖锐问题使其理穷词少，以考察他分析问题的逻辑性、应变能力和敏感力；就某些重大问题，让其出谋划策，看他有无远见卓识和雄才大

略；交与其最艰巨的任务，讲明困难与危害，看他的胆识和勇气；与其开怀畅饮，看他的自我控制力及其品性；让其干有利可图的事，看他是否保持清廉本色；委托其办事，看他能否如期完成，信守诺言。与此同时还要注意以下问题：

（1）要注意隐密性。要让被考察者在无拘无束、自由自在中淋漓尽致地表现自己，真正做到"我就是我"。

（2）考察的目的要明确。识察人才要有明确的目的，不能随心所欲，想到什么就观察什么。只有针对性强，才能选出所需的人才。

3. 观察他周围的朋友

相人观友法之所以能够取得一定的效果，原因不外乎三个：

（1）物以类聚，人以群分。由于性格上的一致，人们往往自然趋于贴近；由于利益上的一致，而自然共同努力；由于所处环境的相同，而自然相互同情和帮助；由于事业追求的一致，而自然共同奋斗。正所谓："同恶相助，同好相留，同情相成，同欲相趋，同利相死。"

（2）人们交友是有一定选择的。在一般的情况下，人们总是选择那些年龄相近、性格比较一致的朋友；爱好相近、追求比较一致的朋友；文化教养相近、谈吐比较一致的朋友；处境相近、爱憎比较一致的朋友，等等。因此而造成群友的才德较为相近的情况。

（3）朋友之间有着重要的"同化效应"。由于各种特殊原因而造成某些年龄、性格、文化、爱好不尽相同的朋友相结交，但是，这些朋友群体频繁接触，甚至朝夕相处，自然形成一种"人际小环境"，其中品质、爱好相近的大多数人必然对"不大一致"的少数人产生重要的影响，以致逐步地同化少数人，此即所谓"近朱者赤，近墨者黑"。

正是由于上述三个原因，造成了大多数朋友之间的相近性和一致性。正如荀子所说："不知其子，视其友；不知其君，视其左右。"也应了管子所教："观其交游，则其贤、不肖可察也。"这正为我们知人提供了一个重要的方法，即"相人观友法"，这是初次直观识人的一个良方。

有大家风度，羞涩又何妨

【原典】

大家举止，羞涩亦佳。

【译释】

举止有大家风度的人，他的羞涩情态都显得优雅得体。

"大家"，指学识修养深厚渊博、举止庄穆大方、贴切得体之人。古有一语，最为传神："大人之风，山高水长。"其风貌情态除此八字外，再难找到更为贴切之词了。大家的举止，以不疾不徐、大方得体为要，非一时的装作虚饰所可比拟。比如气度豪放，一时之态可以虚饰，但终生不改其豪放，则是难之又难，不出于本性，是做不到的。

羞涩、内向型人的心理表现，也属一种女儿态，但与猥琐、小女儿家似的扭捏作态不可同日而语，而是见人脸红、不善交际，开口讷讷，虽如此，但情态仍安详静穆，娴雅恬淡，一动一静、一颦一笑皆不失大家风度，不落常人俗套。这种羞涩仍是一种佳相，即所谓"羞涩亦佳"。

解 读

害羞是人类独有的心理和情感表达方式，这种行为是人类文明进步的产物。除人类之外的任何低级动物，包括最接近人类的猩猩，也是绝对不懂得什么是害羞的。害羞是人类最天然、最纯真的感情现象，它是一种感到难为情、不好意思的心理活动，往往伴随着甜蜜的惊慌、异常的心跳，外在的表现就是态度不自然，脸上荡漾起红晕。相比于男人，女人更容易害羞。女人脸上的红晕，就是由害羞而绽放的花朵。女人害羞是一种美，是一种特有的魅力。

伟大的诗人泰戈尔曾经说："美的东西都是有色彩的。"那么世界上什么色彩最美呢？

每个人的回答可能都不一样，有的人会说表示热烈、喜悦、勇敢的红色最美，有的人会说表示庄重、醒目、高尚的黄色最美，有的人会说表示活泼、健康、平和的绿色最美，还有的人说蓝色、青色、紫色等最美。

羞涩朦胧，魅力无穷。害羞是一种蕴藉的柔情，更是一种柔情的蕴藉；害羞是一种含蓄的美，更是一种美的含蓄。

越是叫嚣得厉害，越是不成熟

【原典】

小儿行藏，跳叫愈失。

【译释】

不成熟的人愈是叫嚣得厉害，愈暴露无遗。

不成熟的人外在表现多种多样，其中最为突出的就是爱显摆，显摆自己博学多才，显摆自己无所不能。听不进好的意见或建议，一旦遇到别人反驳就寸步不让、针锋相对。在曾国藩看来，这些人越是这样就越显得他们不成熟，显得他们无知。

解 读

我国先哲孔子曾经说过："知之为知之，不知为不知，是知也。"他的话告诉我们这样一个哲理：在现实生活中，许多人不愿意说出"不知道"这三个字，认为那样做会让别人轻视自己，使自己很没面子，结果却适得其反。

一贯谦虚谨慎的曾国藩深知这一点，他说：细想古往今来，亿万年无有终期，人们生活在这中间，数十年只是须臾瞬息。大地数万里，不能穷极，人在其中休息游玩，白天犹如一间房子，晚上犹如一张卧榻。古人的书籍，近人的著述，浩如烟海，人们一生所能读的不过九牛一毛。事情复杂多样，

可以获得美名的道路也有千万条，人们一生中力所能及之事，不过如太仓一粟。知道上天悠悠无穷期，自己的生命非常短，那么遇到忧患和不顺心之事，应当稍稍忍耐以待其自消；知道大地的宽广，而自己在大地中占据的位置非常小，那么遇到荣耀名利相争之时，应当退让三分，以柔顺处之。知道古今人们的著述非常丰富，而自己的见识非常浅陋，那么就不敢以一己之见而自喜，应当择善而从，并以谦虚的美德而保持它。知道事情复杂多样，而自己所办的事情非常少，那么就不敢以功名自矜，应当思考推举贤才而一起去完成伟大功业。如果这样，那么自私自满的观念就可渐渐消除了。

曾国藩认为，一个人不论是智慧绝顶者，还是大仁大智者，都是有缺欠的，不可能完美无缺。相反，愚笨至极的人也有可爱之处。本着这样的想法，尤其是他认为自己属于"中材"，或接近于"笨"的一类，因而更注意吸取他人之长，以补一己之短。他的幕府就像一个智囊团，有什么疑难问题，都可以出高招，献良策。

在同幕僚长期合作共事的过程中，曾国藩经常以各种形式向幕僚们征求意见，在遇有大事决断不下时尤为如此。有时幕僚们也常常主动向曾国藩投递条陈，对一些问题提出自己的见解和解决办法，以供其选择。幕僚们的这些意见，无疑会对曾国藩产生重要影响，这方面的事例可以说是俯拾皆是。

如采纳郭嵩焘的意见，设立水师，湘军从此名闻天下，也受到清廷的重视，可以说是曾国藩初期成败之关键。1854 年，太平军围困长沙，官绅求救，全赖湘军。而羽翼尚未丰满的湘军能否打好这一仗，事关存亡之大。曾国藩亲自召集各营官兵多次讨论战守，又在官署设建议箱，请幕僚出谋划策。曾国藩最终采纳陈士杰、李元度的意见，遂有湘潭大捷。1860 年秋，是湘军与太平军战事的关键时刻，英法联军进逼北京，咸丰帝出逃前发谕旨令鲍超北援。曾国藩陷入极难境地：北上勤王属君国最大之事，万难推辞；但有虎将之称的鲍超一旦北上，兵力骤减，与太平军难以对峙，多年经营毁于一旦。曾国藩令幕僚各抒己见，最后采纳李鸿章"按兵请旨，且无稍动"的策略，渡过了一次危机。不久，下安庆、围天京，形成了对太平军作战的优势。而那些闻旨而动的"勤王军"，劳民伤财，却贻笑天下。其他如采纳容闳的意见，设"制品之器"，派留学生出国，使他成为洋务派的领袖。类似事例，不胜枚举。可以说，曾国藩是把众人的智慧为己所用的典型人物。他自己深得众人相助之益，也多次写信让他的弟弟曾国荃如法炮制。他还劝曾国荃"早早提拔"下属，再三叮嘱："办大事者，以多选替手为第一义。满意之选不可得，姑且取其次，以待徐徐教育可也。"其后曾国荃屡遭弹劾，曾国藩认为是他手下无好参谋所致。

与此相反，曾国藩拒绝幕僚的正确建议，而招致失败或物议鼎沸的事例也不少。如天津教案的处理，大多数幕僚通过口头或书面形式，直接对曾国藩提出尖锐批评，态度坚决，但曾国藩一意孤行，杀害无辜百姓以取悦洋人。其结果，"责问之书日数至"，全国一片声讨声，"汉奸"、"卖国贼"的称号代替了"钟鼎世勋"，京师湖南同乡，将会馆中所悬曾国藩的"官爵匾额"砸毁在地，几十年来积累的声望一日消失干净。曾国藩晚年对未听幕僚劝阻颇为后悔，"深用自疚"，"引为惭愧"。他在给曾国荃和曾国潢的信中说："天津之案物议沸腾，以后大事小事，部中皆有意吹求，微言讽刺……心绪不免悒悒。"

总体而言，曾国藩能够虚心纳言，鼓励幕僚直言敢谏，这与他在事业上取得的一些成功有很大关系。有人评论说：曾国藩"以儒臣督师，芟夷蕴崇，削平大难，蔚成中兴之业，因由公之英文钜武，蕴积使然，亦由幕府多才，集众思广众益也"。

古希腊著名哲学家苏格拉底也曾说过："就我来说，我所知道的一切，就是我什么也不知道。"苏格拉底以最通俗的语言表达了进一步开阔视野的强烈愿望。

如果一个人对自己不明白的问题加以隐瞒，不去向别人请教，在别人面前仍然不懂装懂，那他就是太无知、太虚伪了。人不懂并不可怕，可怕的是不懂装懂。在这个世界上，没有一生下来就上通天文，下知地理，晓古通今的人，人们都是在不断的学习探索中充实自己的。只有虚心向别人学习，不耻下问，才能不断进步。其实，对自己不知道的事情，坦率地说不知道，反而更容易赢得别人的尊重。

心理学家邦雅曼·埃维特曾指出，平时动不动就说"我知道"的人，不善于同他人交往，也不受人喜欢，而敢于说"我不知道"的人，则显示的是一种富有想象力和创造性的精神。埃维特还说，如果我们承认对某个问题需要思索或老实地承认自己的无知，那么我们自己的生活方式就会大大改善。这就是他竭力倡导的态度，人们可以从中受到教益。

凡是聪明的人，都明白"没有人知道一切事情"这个事实。他们面对不了解的事情能够坦然地说自己不知道，随后去寻找他们所欠缺的知识。承认自己不知道无损于他们的自尊，对于他们来说，"不知道"是一种动力，促使他们积极采取行动，进一步了解情况，求得更多的知识。

正因为人的心理通常是隐恶扬善的，所以人们会想尽办法来掩饰自己不知道的事情，宣扬自己所知道的事情。有时候，为了隐藏自己的弱点和无知，人们喜欢摆出一副不懂装懂的姿态，殊不知这样反倒给人一种浅薄的感觉。

一般人都有不想让别人看出自己弱点的心理，因此很难开口说"不知道"。其实，有时对自己不知道的事情坦率地说不知道，反而可以增加人们对你的信任和亲近。因为直截了当地说不知道，会给人留下非常诚实的印象，并且敢于当众说不知道，其勇气足以让人佩服。这样，对你所说的其他观点，人们会认为一定是千真万确的，因此对你也就会更加信任。

每个人的知识面都是有限的，学问上的精通是相对的，认知上的缺陷是绝对的。世上没有无所不知、无所不能的"全才"，尽管人们都在朝着这个方向努力。"知而好问然后能才。"聪明而不自以为是，并且善于向别人请教的，才能成才。敢于承认"不知道"，正是求得"知道"的基础；"不知道"的强说"知道"，自作聪明，自欺欺人，最终只会贻笑大方。

做人还是谦虚一点为好，有点自知之明才会有更大的发展空间。尤其是对于识人者而言更应如此。古人说："知人始己，自知而后知人也。其相知也，若比目之鱼；见形也，若光之与景也。其察言不失也，若磁石之取针，舌之取燔骨。"这就是说，知人必先自知，不了解自己，也就无法了解对方。人和人之间的相知，如比目鱼须相并而行，如光生而影见，不可或缺其中任何一方面。圣人察言，绝无失误，正如磁石吸引针，舌头吸炙骨。

有一句古谚语说得好，"你的知识并不重要，你是怎样的人才重要"。这就需要人努力地剖析自我、认识自我、省察自我、修炼自我，再现自我的良好形象。

人贵有自知之明。作为识人者，自知是非常重要的。老子说过："知人者智，自在者明。"只知彼，不知己，虽称得上是智者，但还算不上是明白人。识人者不但要尽可能了解他人，更应该充分地了解自己，清醒地认识自己，只有知己，方能知人。

细处论取舍

【原典】

大旨亦辨清浊，细处兼论取舍。

【译释】

观人要在大处分明清浊，小处观其行止，最后得出结论就可加以取舍。

解　读

心理学家莱恩德曾说过这样的话，他说："人们日常做出的各种习惯行为，实际反映了客观情况与他们的性格间的一种特殊的对应变化关系。"

在我们的日常生活当中，会自然而然地产生并形成一些具有某种特定意义的小动作。因为这是在不知不觉中形成的，具有很强的稳定性，因此，很难一下子就能改正过来。改正不过来，就随身携带，这就为我们通过这些小动作去观察、了解、认识一个人提供了方便。

两脚自然直立或并拢，把双手背在背后，这是一种充分表现出自信心理的姿态。

两手习惯插在衣服口袋里，并不时地伸出手来然后又插进去，两脚自然站立，此类型人的性格大多是比较小心谨慎的，任何事情想得都要比做得多，但由于想得过多，瞻前顾后，行动起来常常畏首畏尾，反而不能大刀阔斧，因此，最后的结果反倒大多数不会让自己太满意。在学习、生活和工作当中，这样的人大多缺少灵活性，为了避免风险，多用一些老套的方法去解决某些问题。这样的人害怕失败，是因为他们没有承受失败的良好心理素质，在挫折、打击和困难面前，他们往往怨天尤人、灰心丧气，而不从自己身上寻找原因。

在很多时候，除用语言之外，人们还习惯于用"点头"和"摇头"来表示自己对某一事物的看法是肯定还是否定。常常习惯于做这样动作的人，虽然很会表现自己，却也很容易引起他人的反感，产生不愉快的情绪，因为这种表示有些时候会被人误以为是敷衍。一般而言，常常摇头或点头的人，他们的自我意识都是很强的。一旦打算做某一件事情，就会非常积极地投入其中，并尽自己最大的努力。

一时忘记了某件事情，冥思苦想老半天也没有头绪，但在突然的一个瞬间想起来了，许多人都会拍一下脑袋，叫一声"想起来了"。还有，对于某一个问题陷入困境当中，一时想不到好的解决办法，突然之间有了灵感，也会做拍脑袋的动作。另外，就是做错了某一件事后，有所醒悟，对此表示十分后悔，也多会这样做。虽然同样是拍打脑袋，但部位却有不同，有的是拍打后脑勺，有的是拍打前额。拍打后脑勺多是处于思考状态，这种动作的最大目的就是为了放松自己，以想到更好的应对办法，而拍打前额，则多表示事情不管是好还是坏，至少已经有了一个结果。

有些人心里想的、嘴上说的、手上做的常常会很不一致，比如，对于某一件东西，其实他是非常想得到的，但当他人给予他时，他却拒绝。此类型的人大多数比较圆滑和世故，且能十分老练而又聪明地处理各种各样的人际关系。他们不到迫不得已时，是不会轻易地得罪别人的，即使得罪了，也会想方设法地去弥补，使之有挽回的余地。

常常触摸自己头发的人，其个性大多数是非常鲜明而又突出的，他们是非善恶总是分得相当清楚，且不肯有一点点的马虎和迁就。他们具有一定的胆识和魄力，喜欢标新立异，去做一些比较刺激、别人不敢做的冒险的事情。有此习惯的人会不时地取笑和捉弄他人一番。应该承认，他们当中有一些人

的文化素质和修养并不是特别高，但并不是绝对。

习惯用腿或脚尖使整个腿部颤动，有时还用脚尖或者以脚掌拍打地面，这样的人多很懂得自我欣赏，有一些自恋情结。但他们比较封闭和保守，在与人交往中会有所保留，并且不太容易与他人建立良好的关系。

在与人交谈时，几乎总是伴随着一些手势或动作，以对所说的话起解释、强调和说明、补充的作用，如摊开两手、拍打手心等。一般来讲，有此习惯的人，自信心都很强，具有果断的决策力，凡事说做就做，有一股雷厉风行的洒脱劲儿，很有气势。他们大部分属于比较外向型的人，在什么时候都极力想把自己打造成为一个核心人物。

很多时候，习惯做摊开双手的动作，意在表示很为难、很无奈，它似乎在告诉别人"我也无能为力，没有好的办法，你让我如何是好啊"的意思，同时可能还伴有耸肩的姿势，这从某个侧面说明了这是一个比较真诚、坦率的人，当自己无能为力时，可以直言相告，而不是虚伪地去努力掩饰。

在与别人交谈交往的过程中，自然地解开外衣的纽扣，或者干脆把外衣脱掉，此动作表示这个人在很多时候是相当真诚和友善的，说明他对交谈、交往的对象并没有持太多虚伪的礼节，因为在一定的场合，这样的动作极有可能会被误以为是对对方不尊重、不礼貌的行为，而他没有过多地注重这些，显然是并没有把对方当外人。至于那些一会儿把纽扣扣上，一会儿又解开的人，给人的感觉似乎就不太舒服。而这样的人又大多意志较不坚定，做事犹犹豫豫，迟疑不决，缺少果断的作风。

双手叉腰大多数是在十分气愤时所表现出来的一种动作，这种人的性格中多含有比较执着的一面，凡事追求完整和清楚，而不会在没有完全解决或弄清楚的时候就半途放弃。有时也可以是自己作为一个旁观者，观察某一件事或某一个人，含有一定要看个结果的心理。

当一个人用手摸后颈时，多是出现了悔恨、懊恼或是害羞的心理情绪，这种人多是比较内向的性格，遇到某些事情时，常会以一些动作来掩饰自己的情绪。

情态种种之——弱态

【原典】

有弱态,有狂态,有疏懒态,有周旋态。飞鸟依人,情致婉转,此弱态也。

【译释】

常见的情态有以下四种:柔弱之态、狂放之态、疏懒之态和周旋之态。小鸟依人,情致婉转,娇柔亲切,这就是弱态。

从成才角度看,以上四种,各有所长,弱态之人,不媚俗迎众;狂态之人,不哗众取宠;疏懒态的出于真性情,周旋态的举止圆滑中不失中正刚健,都可以有所作为,而被历史铭记。

情态以动为主,因此在鉴别人物时,情态只是考察的内容之一,犹如局部与整体的关系,局部有缺陷,整体尚好,大体不坏;局部虽佳,整体已坏,则难当用。犹如一株大树,枝丫坏死,而整株树仍有生命力,仍不失根深叶茂之美;如果大部坏死,虽余有一枝半丫的绿意,终失其整体的完美,叫人叹惜。

弱态之人性情以柔为主,温平和善,慈爱近人。从缺点上讲,流于优柔寡断,信心不足,少果敢独立之气,不能坚持个人意见,缺乏主心骨,言听计从惯了。如果有文人气质,又增加了一重多愁善感的女子之态,“细数窗前雨滴”,如果不彻底改变其信心不足的弱点,就只能跟在人后打下手,不能独当一面办事情。

他们的优点在于内心细腻、感受敏锐深刻细微,能注意到常人注意不到的细节，也善于从生活中发现美。这种人心思周密，做事周全，叫人放心，在许多细节问题上会处理得非常巧妙，非常有创意，可惜豪气不足，不适合做开创性的工作。适合从事文学艺术和慈善事业。

解 读

弱态的基本特征是"弱"，性情温柔和顺，平易近人。天生之弱态容易辨识，但生活中常见的弱态之人并非都是生来就弱，有些弱态是为了处世的需要，这种情况就需要细细推敲一番了。

有些人看上去平平常常，甚至还给人窝囊、不中用的弱者感觉，但这样的人并不可轻易小看他。有时候，越是这样的人，越是在胸中隐藏着高远的志向抱负，而他这种表面"无能"，正是他心高气不傲、富有忍耐力和讲策略的表现。这种人往往能高能低、能上能下，具有一般人所没有的远见卓识和深厚城府。

在中国古人的处世智慧里，要保全自己不受伤害和攻击，最好的办法是以退为进，隐于无形，即把自己放在一个弱小的位置上，不引人注意，自然不会遭小人妒忌陷害。这种弱态是古人处世智慧中一个很高的境界。曾国藩就很多次用这种办法来保护自己。

功高盖主，兔死狗烹。身为臣子的曾国藩深知身居高位的危险。曾国藩的一生中，屡获朝廷重任，对此，他除在一些家信中偶然表现出沾沾自喜外，更多的则是惕惧。如慈禧上台只十八天，便命曾国藩于钦差大臣、两江总督之外，统辖江苏、安徽、江西、浙江四省军务，所有四省巡抚、提督以下各官，均归节制，同时，曾国荃也以记名按察使"赏给头品顶戴"。

对于这种殊遇，曾国藩的感情是复杂而矛盾的。一方面，他感恩图报，正如他写给弟弟的信中所说："前此骆、胡、王、薛诸人，皆以巡抚赏头品顶戴，今弟以记名臬司获此殊恩，宜如何感激图报？"另一方面，他又深恐自己骤遭不测之灾，甚至杀身之祸。他写道："予自（十一月）十五至二十二日，连接廷寄谕旨十四件，倚畀太重，权位太尊，虚望太隆，可悚可畏！""日内思家运太隆，虚名太大，物极必衰，理有固然，为之悚惶无已。读陶诗《饮酒》诸篇，为之心折。"陶渊明在《饮酒》诗中说："衰荣无定在，彼此更共之。……寒暑有代谢，人道每如兹。"这位"结庐在人境"、闲适淡雅的陶渊明，竟然在千年后引起了身处千军万马之中的曾国藩的共鸣。

然而曾国藩并没有如陶渊明一样，"遂尽介然分，拂衣归田里"，而仍然在调兵遣将，用尽心机，日夜盘算着围攻天京的"大业"。他一只眼盯着太平军，另一只眼又不得不盯着满清朝廷。于是，他于十一月二十五日上疏说："臣自受任两江以来，徽州失守，祁门被困"，并且"受命年余，尚无一兵一卒达于苏境，是臣于皖则无功可叙，于功侧负疚良深"，"至于安庆之克，悉赖鄂军之功，胡林翼筹划于前，多隆阿苦战于后，并非臣所能为力"。他把自己无功受禄数落了一顿之后，又把攻克安庆之功完全算在满人多隆阿身上，而绝不提曾国荃，这实在是用心良苦。接着他又说，左宗棠"其才可独当一面"，朝廷可令他督办浙江全省军务，自己则"毋庸兼统浙省"。他这一奏请，一方面固然是信赖左宗棠，而自己"遥制浙军，尚隔越千里之外"，确有困难，另一方面也是对朝廷中新当权者的态度的一次试探。慈禧等人当然也看透了曾国藩的心计，在十二月十四日的上谕中，令他对节制浙江军务"毋再固辞"，并且说他"谦卑逊顺，具见悃忱真挚，有古大臣之风"，着实把他赞扬了一通。

自然，这并不能使曾国藩放下伴君如伴虎的那颗悬悬之心。所以刚过了春节，他又于同治元年（1862）正月初十日上疏再辞节制四省军务之命。他在奏折中写道："所以不愿节制四省，再三渎陈者，实因大乱未平，用兵至十余省之多，诸道出师人将帅联翩，臣一人权位太重，恐开斯世争权竞势之风，兼防他日外重内轻之渐。"他摆出一副悲天悯世的架势，以防止外重内轻的议论来消除朝廷的疑虑。其实，自咸丰军兴以来，团练四起，权在督抚，清代早已形成外重内轻的局面，而湘军在当时尤有举足轻重之势。这点，朝廷清楚，曾国藩更加清楚，只是薄薄的窗纸无须捅破，因为一方要利用另一方镇压太平天国，另一方则要利用对方的威势来保护"一荣俱荣，一损俱损"的整体利益，并为自己谋求进身求利之阶。正月二十三日的上谕说，"当此，江浙军务吃紧"之际，"若非曾国藩之悃忱真挚，亦岂能轻假事权"？甚至加封曾国藩为协办大学士。

但是，谨小慎微的曾国藩并没有因为朝廷的这么几句评语而放松对清廷态度的时时观察。天京城破以后，曾氏兄弟的威望更是如日中天，达于极盛。曾国藩不但头衔一大堆，且实际上指挥着三十多万人的湘军，还节制着李鸿章麾下的淮军和左宗棠麾下的楚军；除直接统治两江的辖地，即江苏、安徽、江西三省之外，同时节制浙江、湖南、湖北、福建，乃至广东、广西、四川等省也都在湘军将领控制之下；湘军水师游弋于长江上下，掌握着整个长江水面。满清王朝的半壁江山已落入他的股掌之中。他还控制着赣、皖等省的厘金和几省的协饷。时湘军将领已有十人位至督抚，凡曾国藩所举荐者，或道府，或提镇，朝廷无不如奏除授。此时的曾国藩，真可谓位贵三公，权倾朝野，一举手一投足而山摇地动。

在这样的时刻，这样的境地，曾国藩今后的政治走向如何，各方面都在为他猜测、设想、谋划。已经有统治中原两百多年历史经验的清王朝，自然不容高床之下有虎豹酣睡，只是一时尚忍容未发；不断有来自权贵的忌刻怨尤，飞短流长，也是意中之事；自然也有一批利禄之徒，极力怂恿曾国藩更创大举，另立新帝，以便自己分得一匙羹汁。何去何从的问题，当然也早在谙熟历史的曾国藩的思虑之中了。

他的办法，一是叫攻克金陵的"首功之臣"，统有五万嫡系部队、被清廷斥为"骤胜而骄"且有"老饕之名"的老九曾国荃挂冠归里。他说："弟回籍之折，余斟酌再三，非开缺不能回籍。平日则嫌其骤，功成身退，愈急愈好。"二是裁减湘军十二营，同时将赴援江西的江忠源、席宝田两部一万余人和鲍超、周宽世两部两万余人均拨给沈葆桢辖。这样，曾国荃所部仅剩几千人了。三是奏请停解广东、江西、湖南等省的部分厘金至金陵大营，减少自己的利权。综观三条，都是曾国藩的"韬晦"之计。他在金陵攻克前还"拟于新年（同治二年）疏辞钦差、江督两席，以散秩专治军务，如昔年侍郎督军之象，权位稍分，指摘较少"。

虽然后来曾国藩没有疏辞钦差大臣和两江总督，但上述三条措施正中清朝廷的下怀，使清朝廷骤减尾大不掉之忧，因而立即一一批准。

曾国藩深知"木秀于林，风必摧之，堆出于岸，流必湍之"的道理，同时，经过自咸丰二年（1852）年底开始的风风雨雨，他位已足够高，权已足够大，希望从此过着安稳舒心的日子。因而他才想着把权位退让些，责任减轻些，尽量远离风云叵测的政治旋涡。

曾国藩这种表面的"弱态"，是很高明的处世做事的手段。当拥有优势地位时，这样做可以避免过于引人注目，而当处于劣势的时候，就更是一种对自己的保护。

要求得发展，首先应该保全自己，自我保护是立足于世的第一步。然而从古至今，很多人都不懂得自我保护，尤其是一些位高权重、才华横溢、富可敌国之人，被自身耀眼的光芒所迷惑，没有意识到这正是祸害的起始。

纵观历史，看历代功臣，能够做到功盖天下而主不疑、位极人臣而众不妒、穷奢极欲而人不非的，实在是少之又少。最重要的原因是他们不懂得示人以"弱"，不明白放低姿态才是自我保护的最佳途径。反之，深谙此道的人，不管位有多高，权有多重，周围有多少嫉贤妒能的人，都能在危机四伏的世界中为自己保留一席之地。

情态种种之——狂态

【原典】

不衫不履，旁若无人，此狂态也。

【译释】

衣冠不整，不修边幅，恃才傲物，目空一切，旁若无人，这就是狂态。

情态狂妄之人，大多不满现实，以狂放不羁、恃才傲物、旁若无人为个性特征，为人耿介朴厚，有高人之风，但宽容不足，机巧圆润不足，因此为人行事自成一格，既不为他人所理解，也不肯屈尊去迁就他人。常显孤僻，因此能沉心于个人兴趣之中，钻研，发奋，持之以恒，终于有过人的成绩。历史上诸如郑板桥等一类人物，皆属此类。

解 读

曾国藩与左宗棠之间的恩恩怨怨历来被世人称道。曾国藩为人拙诚，语言迟讷，而左宗棠恃才傲物，属于典型的"狂态"。

左宗棠自称"今亮"，语言尖锐，锋芒毕露。左宗棠屡试不中，科场失意，蛰居乡间，半耕半读。咸丰二年（1852），已四十一岁，才由一个乡村塾师佐于湖南巡抚张亮基。咸丰四年（1854）三月又入湖南巡抚骆秉章幕，共达六年之久。曾、左虽非同僚，却同在湖南，常有龃龉。

左宗棠颇有识略，又好直言不讳。咸丰四年（1854）四月，曾国藩初次出兵，败于靖港，投水自尽未遂，回到省城，垂头丧气，左宗棠"从城中出来，到船上探望曾国藩，见他气如游丝，责备他说国事并未到不可收拾的地步，速死是不义之举。曾国藩怒目而视，不发一言"。咸丰七年（1857）二月，曾国藩在江西瑞州营中闻父丧，立即返乡。左宗棠认为他不待君命，舍军奔丧，是很不应该的，湖南官绅也哗然应和，这使曾国藩颇失物望。第二年，曾国藩奉命率师援浙，路过长沙时，特登门拜访，并集"敬胜怠，义胜欲；知其雄，守其雌"十二字为联，求左宗棠篆书，表示谦仰之意，使两人一度紧张的关系趋向缓和。

特别能显示出曾国藩的宽宏大度、不计前嫌的心境的，是咸丰十年（1860）对左宗棠的举荐。在这以前，曾国藩也曾举荐过左宗棠。例如，咸丰六年（1856）正月，曾国藩奏左宗棠接济军饷有功，因而，命左宗棠以兵部郎中用。左宗棠性情刚直，得罪了不少人，在湖南"久专军事，忌者尤众"，于是碰上了樊燮。樊燮乃永州镇总兵，此人私役兵弁，挪用公款。左宗棠为巡抚骆秉章代拟奏折，劾请将樊燮撤职查办。谁知樊燮受人唆使，向湖广总督官文反告左宗棠。这位满人官文较为迂腐，竟将这案子报到朝廷，朝廷因命考官钱宝青审讯，传左宗棠到武昌对簿。咸丰帝甚至密令官文，"如左宗棠有不法情事，可即就地正法"。此事，京城内外闻之者莫不震惊。骆秉章与湖北巡抚胡林翼均上疏力辩其诬。胡林翼的奏折中且有"名满天下，谤亦随之"的话。京中官员如侍读学士潘祖荫，与左素不相识，也上疏痛陈"天下不可一日无湖南，湖南不可一日无左宗棠"，官文似不可"引绳批根"。在这种情况下，咸丰帝才有"弃瑕录用"的旨意，肃顺也趁机以"人才难得"进言。官文接旨后，才不再催左宗棠对簿，草草了结此案。

很多事实都可以证明，如左宗棠般狂傲者多半都会受到挫折和打击，这种狂态不足为取。

通俗地讲，在现实生活中所谓的"狂态"，就是指一个人骄傲专横，傲慢无礼，自尊自大，好自夸，自以为是。这样的人在现实生活中还是经常能看到的。具有骄矜之气的人，大多自以为能力很强，做事比别人强，看不起他人。由于骄傲，则往往听不进去别人的意见；由于自大，则做事专横，轻视有才能的人，看不到别人的长处。

《劝忍百箴》中对于狂傲这个问题是这样说的：金玉满堂，没有人能够把守住。富贵而骄奢，便会自食其果。国君对人傲慢会失去政权，大夫对人傲慢会失去领地。魏文侯接受了田方子的教诲，不敢以富贵自高自大。骄傲自夸，是出现恶果的先兆，而过于骄奢注定要灭亡。人们如果不听先哲的话，后果将会怎样呢？贾思伯平易近人，礼贤下士，客人不理解其谦虚的原因。思伯回答了四个字：骄至便衰。这句话令人回味无穷。

确实是这样。现代人最大的问题，就是狂傲之气盛行。骄横自大的人，不肯屈就于人，不能忍让于他人。做领导的过于骄横，则不可能很好地指挥下属；做下属的过于骄傲，则会不服从领导；做儿子的过于骄矜，眼里就没有父母，自然不会孝顺。

狂傲的对立面是谦恭、礼让。要忍耐狂傲之态，必须是不居功自傲，自我约束。常常考虑到自己的问题和错误，虚心地向他人请教学习。

当然，虚心不是表面的恭敬，外貌的卑逊，而是发自内心地认识到狷狂之害，表现出发自内心的谦和。自我克制，明进退，常常能发现自己不如别人的地方，虚心接受别人的批评指正，虚以处己，以礼待人，不自是，不屈功，择善而从，自反自省，忍狂制傲。这样的人才值得称道和重用，日后也必可成大器。

情态种种之——疏懒态

【原典】

坐止自如，问答随意，此疏懒态也。

【译释】

想做什么就做什么，想怎么说就怎么说，不分场合，不论忌宜，这就是疏懒态。

解 读

中国人自古以来都把面子看得很重，那些"坐止自如，问答随意"，不顾别人面子的"疏懒态"之人，肯定是处处吃亏。

明太祖朱元璋出身贫寒，做了皇帝后，自然少不了有昔日的穷哥们儿到京城找他。这些人满以为朱元璋会念在昔日共同受罪的情分上，给他们封个一官半职，谁知朱元璋最忌讳别人揭他的老底，以为那样会失面子，更损自己的威信，因此对来访者大都拒而不见。

有位朱元璋儿时一块光屁股长大的好友，千里迢迢从老家凤阳赶到南京，几经周折总算进了皇宫，一见面，这位老兄便当着文武百官大叫大嚷起来："哎呀，朱重八，你当了皇帝可真威风呀！还认得我吗？当年咱俩可是一块儿光着屁股玩耍，你干了坏事总是让我替你挨打。记得有一次咱俩一块偷豆子吃，背着大人用破瓦罐煮，豆还没煮熟你就先抢起来，结果把瓦罐都打烂了。豆子撒了一地。你吃得太急，豆子卡在嗓子眼儿，还是我帮你弄出来的。怎么，不记得啦？"

这位老兄还在那喋喋不休唠叨个没完，宝座上的朱元璋再也坐不住了，心想此人太不知趣，居然当着文武百官的面揭我的短处，让我这个当皇帝的脸往哪儿搁。盛怒之下，朱元璋下令把这个穷哥们儿杀了。

其实，这位老兄并没有做错任何事情，只是过于老实地说出了几句大实话，而没有注意要给当今的一国之君留点儿面子。皇上在恼羞成怒的情形之下，又哪顾得上什么兄弟情谊，所以在待人处世中，必须注意要给别人留足面子，这也就是很多待人处世高手不轻易在公开场合批评别人的原因，宁可高帽子一顶顶地送，也不能戳到别人的痛处，让对方丢掉了面子。而且，如果你照顾到了对方的面子，对方也会给你面子，人与人之间的关系也会因此而更加和谐。

那么，对于那些被"疏懒态"所困的人，在待人处世中，怎样才能顾及别人的面子，处理好人与人之间的"面子问题"呢？

第一，要善于择善弃恶。在待人处世中要多夸别人的长处，尽量回避对方的缺点和错误，"好汉不提当年勇"，又有谁人愿意提及自己不光彩的一页呢？特别是如果有人拿这些不光彩的问题来做文章，就等于在伤口上撒盐，无论谁都是不能忍受的。

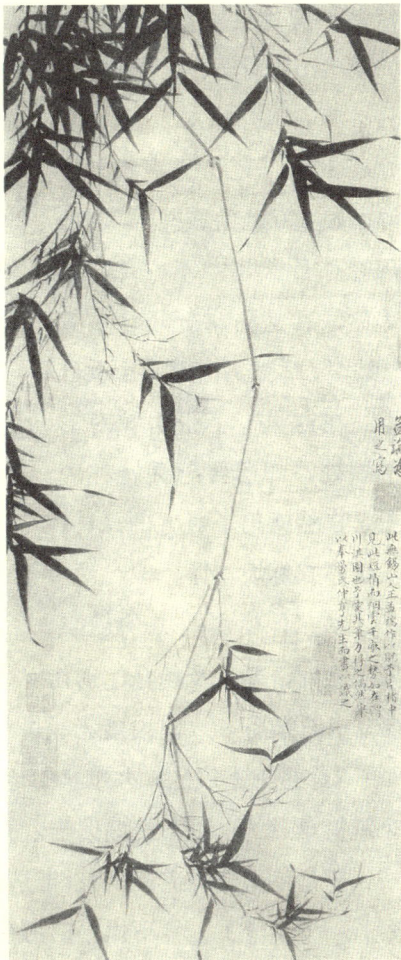

有一位年轻的姑娘长得很胖，吃了不少减肥药也不见效果，心里很苦恼，也最怕有人说她胖。有一天，她的同事小张对她说："你吃了什么呀，像气儿吹似的，才几天工夫，又胖了一圈儿。"胖姑娘立马恼羞成怒，"我胖碍着你什么了？不吃你，不喝你，真是狗拿耗子，多管闲事！"小张不由闹了个大红脸。在这里，小张明知对方的短处，却还要把话题往上赶，自然就犯了对方的忌讳，人家不找麻烦才怪。

第二，指出对方的缺点和不足时，要顾及场合，别伤对方的面子。有一个连队配合拍电影，因故少带了一样装备，致使拍摄无法进行。营长火了，当着全连战士的面批评连长说："你是怎么搞的，办事这么毛毛躁躁，就连上战场也装备不齐？"连长本来就挺难过的，可营长偏偏当着自己的部下狠狠批评自己，自然觉得大失面子，于是不由分辩道："我没带是有原因的，你也不能不经过调查就乱批评！"营长一下子懵了，弄不懂平时服服帖帖的连长怎么会这样顶撞他。事后，在与连长谈心交换意见时，连长说："你当着那么多战士的面批评我，我今后还怎么做工作？"从这个事例中不难发现，假如营长是背后批评，连长不仅不会发火，还会虚心接受批评。营长错就错在说话没有注意时机和场合。

第三，巧给对方留面子。有时候，对方的缺点和错误无法回避，必须直接面对，这时就要采取委婉含蓄的说法，淡化矛盾，以免发生冲突。古时候，吴国有个才子，名叫孙山。他与乡里某人的儿子一同参加科举考试。考完后，孙山先回到了家，那个同乡的父亲就向孙山打听自己的儿子是否考上了。孙山笑着回答说："解名尽处是孙山，贤郎更在孙山外。"孙山的回答委婉而含蓄，既告诉了结果又没刺到对方的痛处。如果孙山竹筒倒豆子，直告对方落榜，那么对方的反应就可想而知了。可惜的是，在待人处世中，我们周围许多人说话往往太直接，结果好心办了坏事。

此外，在与人交往的过程中，为了"面子上过得去"，还必须对对方有一个充分的了解，做到既了解对方的长处，也了解对方的不足。因为每个人都会有自己的个性和习惯，有自己的需求和忌讳，如果你对交际对象的优缺点一无所知，那么交际起来，就会"盲人骑瞎马"，难免踏进"雷区"，引起别人的不快。

俗话说得好，"打人不打脸，骂人不揭短"，如果说话办事做不到体谅他人和顾及别人的面子，那就永远不会有好人缘，更别说得到高看和重用了。

情态种种之——周旋态

饰其中机，不苟言笑，察言观色，趋吉避凶，则周旋态也。

【译释】

把心机深深地掩藏起来，处处察言观色，事事趋吉避凶，与人接触圆滑周到，这就是周旋态。

周旋态与疏懒态恰恰相反，这些人大多是人群中的佼佼者，不仅智商高，城府深，而且灵巧机警，谦虚忍让，善于控制自己的感情，随遇而安的本事很好，待人接物谨慎细心，应付自如，游刃有余，不仅在书海中有遨游的天才，也能在交际、官场中挥洒灵便，甚至有如神助。在黑白、官商、文武中都可找到自己的位置。解决问题能力强，适于独当一面。如果周旋之中别有一股强悍雄健气，则是难得的大人才。

解 读

周旋态最突出的优点就是谦虚忍让、屈伸适时，这些特点在时局对己不利的情况下是极其适用的。

中国古代经典著作《周易》提出"潜龙勿用"的思想，即在一定条件下，等待时机，卷土重来。孔子在《易系辞》中，则以尺蠖爬行与龙蛇冬眠作比喻，进一步解释什么叫"潜龙勿用"，他说："尺蠖之屈，以求伸也；龙蛇之蛰，以存身也。"宋朝的朱熹则进一步发挥这一思想，认为"屈伸消长"是"万古不易之理"。他提出，在时机未到之际，要"退自循养，与时皆晦"，要学会"遵养时晦"，即隐居待时。

明代冯梦龙在其著作《智囊》中，认为人与动物一样，当其形势不利时，应当暂时退却，以屈求伸，否则，必将倾覆以致灭亡。他说，智是术的源泉；术是智的转化。如果一个人不智而言术，那他就会像傀儡一样，百变无常，只知道嬉笑，却无益于事，终究不能成就事业。反过来，如果一个人无术而言智，那他就像御人舟子，自我吹嘘运楫如风，无论什么港湾险道，他都能通行，但实际上真的遇有危滩骇浪，他便束手无策，呼天求地，如此行舟，不翻船丧命才怪呢！蠖会缩身体，鸷会伏在地上，都是术的表现。动物都有这样的智慧，以此来保全自身，难道我们人类还不如动物吗？当然不是。人更应该学会保护自己，以期发展自己。

古时候，李耳比胡，禹入裸国而解衣，孔尼猎较，散宜生行贿，仲雍断发文身，裸以为饰。不知其中道理的人说："圣贤之智，也有其用尽的时候。"

知其缘由的人却说："圣贤之术，从来也没有贫乏的时候。"温和但不顺从，叫作委蛇；隐藏而不显露，叫作缪数；心有诡计但不冒失，叫作权奇。不会温和，做事总会遇到阻碍，不可能顺当；不会隐蔽，便会将自己暴露无遗，四面受敌，什么事也做不成；不会用诡计，就难免碰上厄运。所以说，术，使人神灵；智，则使人理智克制。

冯梦龙的屈伸之术说，通俗易懂，古今结合，事理结合，具有一定的说服力。纵观历史，很多历史人物，要想成就自己的事业，实现自己的理想，在必要的时候，大多使用屈伸之术，以保存自己，等待时机，以求东山再起，或另辟蹊径。历史同时也说明，善于使用屈伸之术，该屈则屈，该伸则伸，较好地掌握并运用屈伸辩证法，是许多历史人物成功的重要途径。

1. 用语言或行动掩饰自己

这种人，善于伪装，随机应变，以避敌人的耳目。三国时，刘备因镇压黄巾起义有功，被授予安喜尉。不久投靠了公孙瓒，代领豫、徐两州牧。用兵失败后，他投奔曹操，想借曹操的势力来保存自己，以图自己的宏志。他虽归附曹操，但心思却是另外一番，他并不是真心实意归附曹操的，而是不得已时的一种策略。但他又怕曹操识破自己的心思，便采取了示弱法，终日种菜，忙于田圃之间。不问国家大事，以此向曹操表示自己胸无大志，只是平庸之辈，从而想避开曹操的注意力，让自己更好地存在与发展。

刘备虽然不止一次寄人篱下，但他绝不是等闲之辈，而是胸怀大志之人。也正是从这点出发，曹操才收留了刘备。即使刘备整日种菜，装着不闻不问政治与军事，曹操也没看轻他。请他一起进餐共饮，正是这种看法的表现。应该说，曹操的看法是对的。但刘备却在思考问题的另一面：他胸有大志，但是实现自己远大抱负的时机还不成熟，如果过早地暴露或是被人察觉，政治抱负很可能就会化为泡影。因此，隐藏自己，不暴露自己的志向，是刘备的主要计策，他归附曹操，只是为了寻找一个暂时的立脚点，曹操请他一起进餐同饮，他便自然地想到怎样更好地保护自己，以求更好地立足和发展。

一天，曹操请刘备喝酒，曹操酒兴正浓，举杯痛饮，同刘备纵谈天下哪些人是英雄，刘备故意列举了一些平庸之辈，以掩饰自己，曹操指着刘备说："天下英雄，惟使君与我耳。"刘备一听说他是英雄，惊恐万分，连筷子都掉到了地上。此时恰好雷声大作，众人都抬头看天。曹操见刘备的脸上变色，筷子落地，忙问何故。刘备灵机一动，说自己胆小。"闻雷迅速应变"，巧妙地掩饰自己，瞒过曹操。《三国演义》中有诗以赞刘备："勉从虎穴暂栖身，说破英雄惊煞人。巧借闻雷来掩饰，随机应变信如神。"

2. 该忍耐的要暂时忍耐

历史上不少人物在其斗争失利时，为了保全自己，总是装死躺下，忍痛牺牲，克制自己，不露声色，以此麻痹敌人，乘机溜走，如刘秀对刘玄即是此种屈伸之典型。新莽末年，爆发了大规模的农民起义，南阳蔡阳（今湖北省枣阳西南）人刘演、刘秀兄弟乘机起兵，以重建汉朝为口号，招兵买马。后来加入了绿林军。其同族人刘玄初入平林兵，被推为更始将军，后来也与绿林军合并。公元23年刘玄称帝，年号更始。新莽王朝灭亡后，他迁都长安，很快便背叛起义，调转矛头杀戮农民军将领，刘秀之兄长刘演便被刘玄所杀。

按常理，刘秀肯定不会饶过刘玄，一定要找他算账，以报杀兄之仇。但

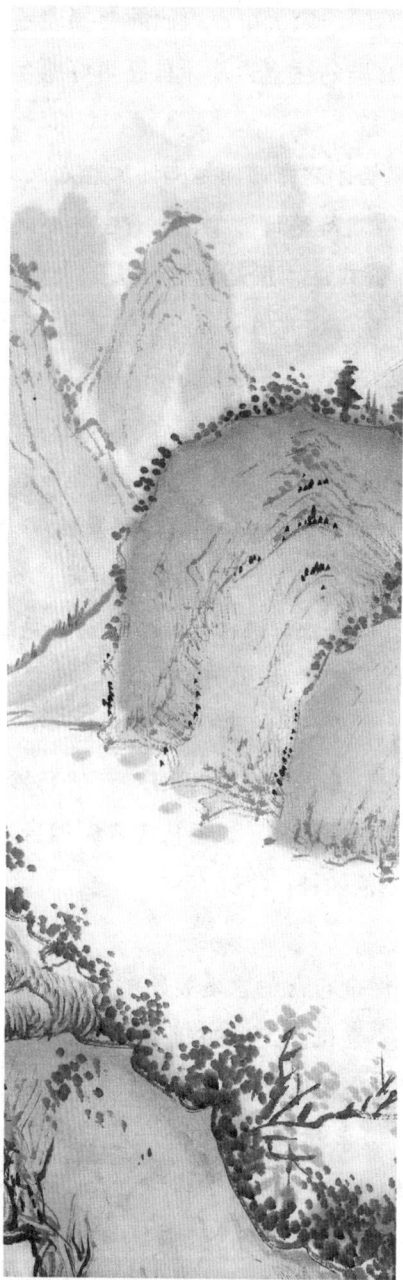

是，刘秀有自己的考虑。他非但没有找刘玄算账，反而在表面上不动声色，若无其事。朝见刘玄，仍然是和颜悦色，低声相应，根本就不主动提兄长被杀一事。他孝服不穿，丧事不举，言谈饮食犹如平时。难道他对刘玄加害其兄真的无动于衷吗？其实不是那么一回事。兄长本是有功之臣，因争权被杀，他的内心当然是愤愤不平，他为兄长难过，虽然白天表面上淡如平常，但夜晚枕席之上却常流着眼泪。他一定要完成兄长未完成的事业。可是，眼下他毕竟是刘玄的下属。如果他不能克制，质问刘玄，很可能会被杀害，与其兄长一样的下场。那还有什么宏图大志可言呢？为兄报仇的目的又怎能实现呢？况且自己也是有功之臣，在昆阳大战中，他率13骑突围求援，建立奇功，刘玄很清楚这一点。此时如果述说一下光荣历史，或许会讨好刘玄，增强他对自己的相信度。但刘秀却只字不提，自有他的高招。

刘玄见刘秀如此宽宏大量，良知发现，深感惭愧，便命刘秀为破虏大将军，封武信侯。公元23年，刘秀到河北一带活动，废除王莽苛政，释放囚徒，赢得民心。他以恢复汉家制度为号召，取得当地官僚、地主的支持，势力越来越壮大。刘秀觉得实现自己宏图大志的时机已到，便与刘玄决裂。镇压并收编铜马等农民起义军，力量不断壮大，经过长期斗争，终于打败刘玄，取得天下。公元

25 年称帝，定都洛阳，建立起东汉政权。至公元 37 年，统一全国。在位 32 年间，他先后 9 次发布释放奴婢和禁止残害奴婢的命令，多次下诏书免罪徒为庶民；减轻租税徭役，发放赈济，兴修水利；减四百余县，精简官吏，节省开支；抑制豪强，巩固中央集权，对稳定和繁荣社会经济起到了积极作用。

3. 利用别人的怜心

所谓取怜，即取得敌人可怜之心，使其不加害于己。这当然是一种假投降的政策。故意装出一副可怜的模样，低声下气奴相十足，委曲求全，以此来骗取敌人的信任，保全自己，以图大业。

春秋时，越王勾践（公元前 496 年—公元前 465 年在位）即位后不久，在夫椒（今江苏吴县西南）一役中遭吴反击，兵锋大挫，退保会稽山（今浙江绍兴）终于被打败。从此，越国成了吴国的属国。越王勾践兵败被俘，在吴国当了人质。人在吴国，深入危地，当然是凶多吉少，弄不好将招致杀身之祸。但考虑到整个越国的利益，为了报仇雪耻，他甘心在吴国做奴隶，忍辱偷生，以期早日回归越国，重

振民心，强国富民，消灭吴国。在吴国，他再也没有一点国王的威风，而是"身执干戈为吴王洗马"。他没有怨言，而是尽量将马洗干净，以讨好吴王夫差。他本是一国之君，为他人洗马，何尝愿意？但一想到国耻，人格的尊严就不考虑了。吴王重病时，他服侍汤药，并亲口尝粪。史称他"曲意以欢其心，尝粪以取其怜"。勾践之所以要这样做，无非是要利用吴王夫差的伪善，取得其同情。勾践这一招很有效，时间一长，吴王夫差还真的同情了勾践，不再让他在吴国当人质，而是决定释放勾践回国。为了进一步欺骗吴王夫差，他在临别之际，表示对吴王夫差依依不舍，满面流泪，感谢吴王的仁慈。可是，他一踏上国土，便恢复了原来的面目，如虎归山，他发誓要报仇雪耻，恢复越国的独立地位。于是，他卧薪尝胆，磨炼自己的意志；十年生聚，强国富民；操练军队，加强国防。后来，吴王发兵北上，在黄池（今河南封丘西南）大会诸侯，与晋争盟时，越王勾践认为时机已到，便乘虚袭吴，吴王夫差被迫回师，向越请和。但越王勾践志在灭吴，拒绝谈和。公元前473年，越军围攻姑苏（今江苏苏州），吴王夫差自刎而死，强大一时的吴国灭亡了，越王勾践实现了为国报仇雪耻的愿望。越王屈伸之术，深得韩非好评，韩非说："勾践入宦于吴，身执干戈为吴王洗马，故能杀夫差于姑苏。"

4. 以屈求伸

屈伸之术并不是宏图大志者的"专利"，在历史上，每当革命盛势，反动没落阶级的代表人物，总是乞灵于伪装，以屈求伸，进行垂死挣扎。清朝袁世凯即为其人。

1901年，洋务派首领李鸿章病危，临终时，他推荐袁世凯继位自己的直隶总督兼北洋大臣。1903年，清政府成立练兵处，任命袁世凯为会办大臣，主持训练新军，将"北洋常备军"扩编为六镇，他便成了北洋军阀的最高首领。1907年，他又调任为军机大臣、外务部尚书。这一切，引起清廷内部一些人的忌妒。1908年，摄政王载沣罢了袁世凯的职，叫他回家养病，并派了武弁"随身保护"。袁世凯在政治上处于劣势，但他没有气馁，没有自暴自弃，而是乘机养精蓄锐，以图东山再起。

袁世凯很清楚，随身而来的武弁实际上是朝廷派来监视他的，绝不是什

么"随身保护"。因此，他便特别款待武弁，平日里大鱼大肉，遇有过年过节则另外多加赏赐，给了武弁不少好处。俗话说："吃了人家的东西嘴短，拿了人家的东西手软。"武弁向上报告袁世凯的行踪表现时，便少不了几句美言，说他是如何安于隐居生活，如何感激朝廷的大恩大德，以使朝廷放松警惕。但袁世凯觉得这样还不够，为了进一步掩饰自己，他还饮酒作诗，持杆钓鱼，闲云野鹤，以示韬晦。并刻有《圭塘唱和集》，分赠给北京的亲友，在更大的范围内故意隐蔽自己，转移朝廷视线。但实际上他却一刻也没离开政治。他和庆亲王奕劻、北洋军中的各级将领以及英国公使朱尔典等人，始终保持着联系。徐世昌、杨度等人，则经常给他通报消息。他的大儿子袁克定是农工商部的参议员，及时了解北京情况并禀告其父。他家有电报房，他利用电报房跟各省的督抚通电往来。他的身边还有一批幕僚清客。当时，朝廷政局不稳，天下也不太平，这为袁世凯再度出山提供了极好的时机。所以，袁世凯饮酒作诗，泛舟钓鱼，只是为了欺骗政敌，其政治用心则是以屈求伸。

1911 年，孙中山领导的辛亥革命在武昌爆发，袁世凯再也沉不住气了。在英美公使的压力下，清政府又重新任命袁世凯为内阁总理大臣，兼湖广总督。从此，他施展反革命两面手法，既诱使革命派妥协议和，又挟制清帝退位，遂窃取"中华民国大总统"职位，在北京建立代表大地主、大买办阶级利益的北洋军阀政府。1915 年 12 月，袁世凯正式宣布恢复帝制，改年号为洪宪元年，但因各省因此宣布独立，不得不于 1916 年 3 月 22 日宣布取消帝制。同年 6 月 6 日，袁世凯在全国人民的一片讨伐声中忧惧而死，他虽然以屈求伸，争得了政治地位，但因他站在反历史、反人民的立场上，终被历史所淘汰，被人民所唾弃。

有缺点未尝不能成器

【原典】

皆根其情，不由矫枉。弱而不媚，狂而不哗，疏懒而真诚，周旋而健举，皆能成器；反之，败类也。大概亦得二三矣。

【译释】

这些情态，都是人的内心本色的外在表现，不由人任意虚饰造作。弱态之人若不曲意谄媚，狂态之人若能不哗众取宠，疏懒态之人若能坦诚纯真，周旋态之人若能强干豪雄，日后都能成为有用之材；反之，则是败类俗流。只要分辨出情态的大概状态，就能有二三成的把握看清一个人的将来。

以上四种情态都是人之根性，但并不是全部，只要有其他优点得以补偿，照样可以成大器。

解 读

清代思想家魏源指出："不知人之短，不知人之长，不知人长中之短，不知人短中之长，则不可以用人，不可以教人。"

事实上，人各有所长，亦各有所短，只要能扬长避短，天下便无不可用之人。从这个意义上讲，领导者的识人、用人之道，关键在于先看其长，后看其短。

唐朝柳宗元曾讲过这样一件事：一个木匠出身的人，连自家的床坏了都不能修，足见他斧凿锯刨的技能是很差的。可他却自称能造房，柳宗元对此将信将疑。后来，柳宗元在一个大的造屋工地上看到了这位木匠。只见他发号施令，操持若定；众多工匠在他的指挥下各自奋力做事，有条不紊，秩序井然。柳宗元大为惊叹。对这人应当怎么看？如果先看他不是一位好的工匠就弃之不用，那无疑是埋没了一位出色的工程组织者。这一先一后，看似无所谓，其实十分重要。从这个故事中是否可以悟出一个道理，若先看一个人的长处，就能使其充分施展才能，实现他的价值；若先看一个人的短处，长处和优势就容易被掩盖和忽视。因此，看人应首先看他能胜任什么工作，而不应千方百计挑其毛病。

《水浒》中的时迁，其短处非常突出——偷鸡摸狗成习。然而，他也有非常突出的长处——飞檐走壁的功夫。当他上了梁山，被梁山的环境所感化、改造，他的长处就派上了用场。在一系列重大的军事行动上，军师吴用都对他委以重任，时迁成了有用的人。看人首先要看到他的长处，才能把他的才干充分利用起来。

善于从短处看长处，又是识人的一个诀窍。唐朝大臣韩混一日接待了一位经别人举荐来求官的年轻人。韩混置酒设宴招待他，席间，此人表现出脾气有些古怪，不善言辞，不谙世故。通常，这种人不受喜欢，难被起用。然而，韩混却从他不通人情世故之短，看到他有铁面无私、不曲不阿之长，于是，便命他为"监库门"，即现在的仓库管理员。果然，自他上任之后，再无仓库亏损之事发生。

在用人所长的同时，要能容其所短。短处包括两个方面：一是人本身素质中的不擅长之处；二是人所犯的某些过失。一方面，越有才能的人，其缺陷也往往暴露得越明显。例如，有才干的人往往恃才自傲；有魄力的人容易不拘常规；谦和的人多胆小怕事，等等。另一方面，错误和过失是人所难免的，因此，如果对贤才所犯的小错也不能宽恕，就会埋没贤才，世间就几乎没有贤才可用了。西汉文学家东方朔在向汉武帝的奏疏中说："水至清则无鱼，人至察则无徒。"水太清，鱼就养不活；对人过于苛求，则不可能有可用之人。

但现实生活中，仍有些管理者试图寻找完美无缺的员工，他们眼中完美员工的形象总是品质、学识、眼界、身体、团队适应能力完美和一流。他们求全责备，很难有人合乎他们的要求，他们招聘来的人，往往是"全能型"的，没有明显的弱点，但却不是专业型的。

这些人在完成具体的工作时，不如那些虽有缺点，但在某个方面有优势的人发挥得更好。

而优秀的管理者在选用人才时，总是优先考虑这个人能做什么、能做到什么程度。

优秀的管理者知道，完人的标准也是在变化的，工业时代标准的完人，可能成为信息时代标准的废人；对工业时代来说是"无用"的，对信息时代来说可能是"优异"的。

所以他们在用人时，并不总是盯住员工的缺点，要去"消除"它；他们能够对无关紧要的缺点视而不见，专注于员工的特长，并且最大限度地发挥它。

世上没有完美的人。如果管理者只盯着下属的缺点，不能容忍有缺点的人，那么就只好无人可用了。缺点和优点往往是共生的，在此方面有优点，在别的方面就可能成为缺点，比如过分果断就可能是刚愎自用，过分谨慎而行可能就是优柔寡断。

知人善任作为一种领导艺术，就要本着"金无足赤，人无完人"的原则，不因为一个人有缺点和过失而与之失之交臂，不要让其觉得怀才不遇。古人都知道用人不求其备，论大功不录小过的道理。刘邦本人是个无赖，他所用的人大都是负有恶名，但都有一技之长，合起来就是一个整体，无往而不胜。刘邦用人只求独当一面而不要求文武齐备，这就是刘邦能得天下的原因吧。

一个管理者如果想让自己所用的人都没有弱点，那么他所领导的组织，充其量也只是一个平凡的机构。所谓完美无缺的人，因为由于追求全面和均衡，他们往往在某个方面钻研不深而成为实际上价值不大的人员。特别是在现代社会，学科门类众多，知识飞速更新，传统意义的"全才"已经不可能存在。"成功者都是偏执狂"，追求完美就意味着平庸，往往是某方面有缺陷的人才最后成了成功的人。

所以，管理者在使用人才时，要能容人之短，对于那些有缺点或有争议的人才也要大胆使用，使他们能充分发挥其才干，从而帮助自己取得事业的成功。

察人要恒态、时态相结合

【原典】

前者恒态，又有时态。

【译释】

前面说的几种情态是恒态，但这还不足以全面地观察一个人，还要结合时态，这也是情态的一种。

恒态，直解为恒定时的形态，具体地说，就是人的形体相貌、精神气质、言谈举止等各种形貌在恒定状态时的表现，在这儿主要是指言谈举止的表现形态。

观察一个人的恒态，对帮助评判他的心性品质有重要作用。

时态，与恒态相对，直解为运动时的形态，时态与人的社会属性、社会环境密切相关。人的活动，无不打上环境和时代的烙印。脱离时代与环境而独立生活的人是不存在的。连烽火岛上的鲁滨孙也用着其他人造的枪和火药。通过时态，能充分体察出人的内心活动。

古人由于各种局限，未能明确地提出"恒态"与"时态"相结合的方法，较多地注意了"恒态"而忽略了"时态"，因而缺陷不小。曾国藩在这方面则脱出了前人的框子而有所创建，明确提出"恒态"、"时态"的概念，由自发上升到自觉高度，在这方面比其他人前进了一大步。这也是曾国藩作为晚清重臣的过人之处。

古人并没能提出"恒态"、"时态"的动静结合方法，而《冰鉴》却弥补了其中的不足。实际上，恒态与时态相结合的方法，有辩证法的成分，能有效地避免机械主义的错误。

解 读

恒态注重于眼观，时态注重的是实践。识人的经验告诉人们：眼观不能完全代替实践，这是千真万确的。因为人的眼睛识人，由于种种原因可能会产生某些错觉，所以，要从根本上知人，只能通过实践，实践出真知。即要知人，要重在其实践，通过实践看其表现如何。日常生活中，一些人可以用花言巧语去骗人，但要用实践去掩盖自己的虚诈面目是很难的，假动作或许可以骗人于一时，但不可能骗人一世。

识人，要听其言，观其行。就是强调识人不仅要听其说得如何，更重要的是要看其做得如何，这就是我们所讲的实践。

听舆论对人的评价，对辨别贤佞虽有参考作用，但难以确定，因为舆论如出于别有用心而颠倒是非的人之口，好人可以说成坏人，坏人也可以说成好人。所以知人要务实，即要实事求是地弄清其人的行为，在事实面前，贤佞自可辨明。因此，看人要看其实践，从实践中就可知其人如何，实践是知人的标准。

《三国志·蜀书·魏延传》记载：魏延，字文长，义阳（今河南桐柏东）人。以部曲随刘备入界，屡有战功，升牙门将军。刘备任汉中王，迁都成都，物色重将镇守汉中，众论以为必是张飞，飞亦认为非己莫属，因刘备最信任的是关羽、张飞，而这时关羽在镇守荆州。可是，刘备却破格提拔魏延为督汉中镇远将军，领汉中太守。汉中位处前线，是蜀重镇，镇守汉中是独当一面，不用为众所称的虎将张飞，而是破格提拔一牙门将军负此重任，这大出人们意料之外，因而引起全军大惊。刘备大会群臣，问延："今委卿以重任，卿居之欲云何？"延答道："若曹操举天下而来，请为大王拒之；偏将十万之众至，请为大王吞之。"刘备赞许，众壮其言。

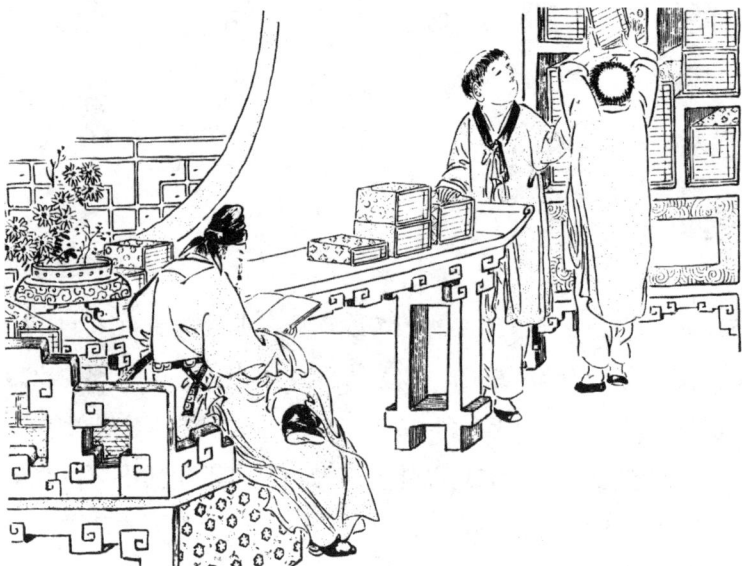

　　刘备以知人见称。刘备之所以知人，主要看其人在实践中如何。他选将用人也据此而定。刘备破格提拔魏延镇守汉中，是根据魏延在战争实践中的表现决定的。魏延出身行伍，是从实战中打出来的，他学到打仗的本领来自实战，也是以其卓越的战功获刘备赏识的。

　　在实践中识人，从根本上说，就是行为观察：听其言，观其行，这是古今中外识人方法之精华所在。

　　古人说，善观人者索其终，善修己者履其始。就是说，善于观察识别人的人必须考察其所观察对象行动的最后情况，善于自我修善的人必然始终如一。

　　总之，听言不如观事，观事不如观行。即听其说话不如看他做事，看他做事不如观察其德行。

不足与论情的两种人

【原典】

方有对谈，神忽他往；众方称言，此独冷笑。深险难近，不足与论情。

【译释】

与人交谈时神游他处的人缺乏诚意；大家都在言谈欢笑，而他却独在一处冷笑，这样的人深险难近，这样的两种人都不能与之建立情感。

"方有对谈，神忽他往"，正在与人交谈时，他却随便把目光转移到其他地方去，或者一个话题正在交谈中，他却突然把话题转到与此全不相干的另一件事上去，可见这种人既不尊重对方，又缺乏诚意，心中定有别情。

"众方称言，此独冷笑"，大家正谈得笑语嫣然、兴致勃勃之时，唯独他一个人在旁边冷眼观之，无动于衷，可见这人自外于众人，而且为人冷漠寡情，居心叵测。

以上两种情况均与正常情态相悖，不合常理。如果不是当时心中有什么其他急事，导致出现失常的表情，那么这种人多半是属于胸怀城府、居心险恶之人。这种人与他人建立良好友谊不容易，别人对他也会敬而远之。因此，曾国藩评论为"深险难近，不足与论情"。

解 读

在日常交往中，我们常遇到那些不露声色的人，他们城府极深，从不显露自己的本意。对于这种人，我们一定要保持高度警惕，例如，如果言论明显有利于某种人，那么就应知道谈话者试图蒙蔽别人；如果言论明显不利于某种人，那么就应该知道谈话者有意要陷害人；如果言论明显倾向于对某种人际关系不利，那么就应该知道谈话者有意在挑拨离间；如果言论明显避开某些人而不加评价，那么就应该知道谈话的人有意在压抑人才。

在社会中，小人常常采取不正当的手段和途径来取得上级的宠信，顺应上级个人的好恶谈论问题，以此谋求个人的超常利益。如果按他们的建议办事，很快获得了利益，但随之而来的是祸害。所以，高明的人从不用小人。

汉成帝刘骜登基后，皇太后王政君的众兄弟子侄，或是将军，或是侯爵，他们互相炫耀、声色犬马。她的三弟王曼很早就去世了，没有封侯。王曼的寡妻带着儿子王莽住在宫中。王莽城府极深，深不可测。他态度谦恭，生活俭朴，好学。他侍奉母亲跟寡居的嫂嫂，抚养亡兄的儿子，都十分尽心；他结交有才干之士，彬彬有礼；侍奉叔伯，委曲迁就。大伯父王凤，是军中最高统帅，患病时，王莽日夜在床前侍候，亲自尝药，王凤深受感动，临死前，向王政君、刘骜推荐，使王莽擢升为射声校尉，成为北军八大指挥官之一。不久，王莽又被提升为骑都尉、光禄大夫、侍中随从。

当时，卫尉淳于长，十分受宠，王莽认为他是自己前途中的障碍，因而在侍奉七叔王根时，攻击淳于长的隐私，后来报告皇太后与汉成帝。成帝认为，王莽首先揭发奸恶，忠心正直，突升他为大司马。

六年后，王莽大权在握，他用雷霆手段打击政敌，同时对三朝元老、宰相孔光毕恭毕敬。最后，凡是向王莽靠拢的，全部升迁；而冒犯王莽的，一律诛杀。

卑庸可耻之辈，不足与论事

【原典】

言不必当，极口称是；未交此人，故意诋毁。卑庸可耻，不足与论事。

【译释】

无论别人说什么都极口称是，对于还未交往的人就刻意诋毁，这两种人属于卑鄙庸俗可耻之辈，不能与之合作共事。

"言不必当，极口称是"，别人发表的观点和见解未必完全正确，未必十分精当，他却在一旁连连附和，高声称唱，一味地点头"是，是，是"。这种人如不是故意的，定是一个小人，胸无定见，意志软弱，只知道巴结逢迎，投机取巧讨好别人。这类人自然当不得重任。

"未交此人，故意诋毁"，不曾与人交往，对人家全然不了解，全是道听途说，加上自己的主观想象，就在人背后飞短流长，说人坏话，恶意诽谤他人，诬人清白。这种人多半是无德行的小人，无学无识，又缺乏修养，既俗不可耐，又不能自知。

解 读

曾国藩所言"卑庸可耻"之辈典型的特征就是口蜜腹剑，当面一套背后一套。口蜜腹剑是个典故，其始作俑者是唐朝的李林甫——典型的卑庸可耻之辈。

自唐玄宗登基以来，天下承平日久，玄宗逐渐不理政事。李林甫任宰相以后，将朝中贤能者一一挤出朝廷，天下人多有议论，唐玄宗却对李林甫一直极为信任。

天宝六年（747），唐玄宗下诏："天下之士，凡有一技之长者，可以参加廷事，合格者任以官职。"

李林甫闻诏，内心十分恐慌。自己的所作所为天下人共知，唯独深居宫中的唐玄宗未有所闻。如果让天下之士面见皇帝，必然会暴露无遗。为防止万一，李林甫只得硬着头皮向玄宗进言：

"陛下乃万乘之驱，选贤举能是臣子的事，何劳陛下亲自过问呢？何况，天下士人犹如茅草，不识礼度，只会狂言乱语，此等事情委托给尚书省长官就行了。"

唐玄宗李隆基一时没弄清李林甫的本意，还以为李林甫在为自己分担国事，心内大喜，便答应道："选贤之事由你去办，朕也就放心了。"

李林甫一听玄宗允诺，长长地舒了口气。退朝之后，李林甫召集自己的亲信，进行嘱咐："此次选贤之事，诸位尽力去办，但不可录用一人！"

这次考试，大诗人杜甫也满怀希望地参加了，但结果，杜甫和所有应试者竟无一人考中，充满希望的杜甫彻底绝望了，气愤之余，将痛恨见之于笔端，写下了"纨绔不饿死，儒冠多误峰"的诗句。

李林甫却厚颜无耻地将此恶作剧作为捞取恩宠的资本，急不可待地上奏：

"启奏陛下，天下之士无一合格者，都是些卑贱平庸之人。自陛下登基以来用人有方，使得野无遗贤，实在是可喜可贺之事。"

唐玄宗听罢哈哈大笑，对李林甫的奉承媚谀之词感到顺耳。

为了进一步巩固自己的权势，李林甫大耍各种手段。有敢于在朝廷言政事者，一律贬斥，有的甚至遭杀身之祸。这样一来，天子耳目不灵，对朝廷以外之事根本不晓。其他官员也成了持禄养闲之人，看李林甫的眼色行事。

一次，一个官员不畏李林甫的权势，上书评议朝中大事，结果被李林甫贬职。李林甫为了防止再出现此类事情，便威胁其他大臣："今明主在上，你们听命于上就可以了，还有什么可议论的呢？君等难道不见厩中之马乎，终日无声，则有丰美的食物；一鸣，则黜之矣。"自此以后，朝中大臣不敢再有谏之者。

压制朝中大臣的同时，李林甫还施计堵塞外放官员的升迁之路。开元时期，像薛讷、郭元振、张嘉贞、张说、萧嵩、杜暹、李适之等人，都因为在边地立下功劳，而后入宫相天子，均为难得的人才，这也是唐朝选相的一条重要原则。李林甫对于守边的儒臣特别是其中功劳卓著者极为嫉恨，唯恐他们出将入相，对自己构成威胁，便向玄宗上奏：

"以陛下之雄才大略，治国有方，国富民强。然夷狄未灭，一直是朝廷大患，而今守边之将皆文臣，这些人贪生怕死，不懂战事，遇敌不能身先士卒，于守边无益，不如用蕃将。蕃将生而勇武有力，自小养于马上，长于战事，这是他们的天性。陛下若欲灭夷狄，威加四海，委蕃将以重任，他们必然感恩戴德，为陛下卖命，夷狄则不足虑也。"

唐玄宗听了李林甫的上奏，感到很对，就高兴地答应了。实际上，这是李林甫专权用事的又一个奸计。在唐朝，蕃将是没有资格任宰相的，这样，李林甫便能安安稳稳地当他的宰相，再也不用害怕文臣立功于边陲了。

细心洞察最接近你的人，就会成功地避免许多你意想不到的损失。而错误地识人最终会带来恶果。

我国古代的两大名相管仲和王安石就曾为我们作出过表率。管仲辅佐齐桓公时，齐桓公曾向他介绍身边最为忠诚的三个臣子：第一个为了侍候帝王

自阉为太监；第二个追随君主十五年不曾回家探亲；而第三个更为厉害，为了给皇上滋补身体，竟把自己的儿子杀了做羹。管仲听说，就劝齐桓公把这三个小人赶出朝廷，理由是他们虽貌似忠诚，却违背了正常人的感情，可见居心不良。另一位名相王安石在变法期间屡受非议，有一个叫李师中的小人乘机写了篇长长的《巷议》，说街头巷尾都在说新法好，宰相好，为王安石变法提供雪中送炭般的舆论支持。但王安石一眼就看出了《巷议》中的伪诈成分，于是开始提防这个姓李的小人。

生活中往往有两面三刀者，就是采取各种欺骗方法迷惑对方，使其落入陷阱，达到自己的企图。

在当代，也不乏当面一套背后一套口蜜腹剑的阴谋家。他们就在我们的周围，有时，他们看到你直上青云，就会逢迎拍马专捡好听的话讲；有时，他们看到你事事顺心、进展神速，就会在背后造谣生事向上层人物进谗言，陷你于不利；有时欺骗、谎言、圈套从他们头脑中酝酿成"捆仙绳"套在你身上，使你翻身落马；有时，他们看到你堕入困境则幸灾乐祸，趁机打劫。所有这一切，我们岂能不防呢？

人们之所以受到接近自己的人的伤害，重要的一点就是不善于识人，错把小人当君子，误把骗子当朋友。在现实生活中，尽管那些居心叵测的人善于伪装自己，但由于其本身之意在于存心害人，所以不论他伪装得多么巧妙，总会露出马脚。可以通过他的言谈举止及处理问题的具体方式等诸方面来观

察他的人品。当发现你身边的人十分虚伪、奸诈，那么你必须采取适当的防范措施。在一般情况下，只要你经常注意多方面观察与你接近的人，就会发现许多你在平时所不易觉察到的东西，会很清楚地了解到你身边的人对你的真实态度，而不至于在危险即将来临时全然不知，甚至还把加害你的人作为亲密的朋友对待。

优柔寡断之人，不足与谈心

【原典】

漫无可否，临事迟回；不甚关情，亦为堕泪，妇人之仁，不足与谈心。

【译释】

做事拿不定主意优柔寡断的人，为不相干的事大动感情的人，像这样的人不值得与他推心置腹。

"漫无可否，临事迟回。"生活中有一类人，他们优柔寡断、畏畏缩缩，做事只知因循守旧，而不知人有创新，陈规当除。因此，他们既缺少雄心壮志，又没有什么实际才干，动手动脑能力都差。遇事唯唯诺诺，毫无主见，喜欢推卸过错，不敢承担责任，不敢挑工作重担。因而，他们什么见解也没有，什么事也做不成，徘徊迟疑，犹豫不决，空老终身。

"不甚关情，亦为堕泪。"指生活中那类多愁善感的人，他们内心世界很丰富，也非常敏感，见花动情，闻风伤心，如病中的小女人，软弱憔悴。凡遇事情，不论与自己相不相关，都一副泪眼汪汪的样子，一副病中女儿态。

曾国藩对以上两种情况一言评之为妇人之仁。这个评断正确与否，贴切与否，精当与否，可以讨论。但文中所指的两种类型之人确实存在于生活中，要与这种人交谈共事，的确很让人为难。须眉丈夫，整天如小女人一样扭捏垂泪，这种人能办什么事情？没有意志、没有头脑，全凭"夫君"做主，能有成就吗？因而作者说，不足与之谈心。

解 读

生活中，很多看似平庸的人，由于具有坚定的信念，由于他们的果敢坚决，最终成了人群中的佼佼者。而很多有才华的人却空有满腹文章，空有一身本领，依然在原地踏步。他们时时给人以无限的期望，然而结果却总是让人失望，这都是因为他们如妇人般优柔寡断、畏畏缩缩。

一个人发现自己处于紧急关头，必须立刻做出决定的时候，尽管他明明知道从自己所有的经验和知识来看，那一定不是一个成熟的决定，但他必须这样认为：他正在做一个当时情况下他所能做出的最佳决策和行动。人生中许多重大的决定都是这样做出的。

只有独立自主、相信自己，才能形成立刻行动、雷厉风行的做事风格。一个人永远都不要让反复思考使自己摇摆不定，从这边到那边，又从那边回到这边，老是在左右之间徘徊，试图平衡所有的考虑，做很多的无用功。决定一旦做出，就是最终的、不可动摇的，然后全力以赴，将决定付诸行动，即使有的时候会犯错误，也比那些永远在考虑、权衡、磨蹭的人要强。迅速做出决策的习惯养成之后，长此以往，决策时的信心将逐渐产生出一种新的独立的精神力量。

果断的人，能够迅速、敏捷、坚定地做出决策的人，他的追随者才会对他抱有信心，人们通常也会把他置于信任的位置。没有人愿意看到在责任重大的关键位置上有一个优柔寡断、经常拿不定主意的人。

下面我们看一个纽约州选举州长的故事。一位知识丰富、天资聪慧而又颇受欢迎的候选人，被主持任免工作的政党领袖们视为最佳人选。当晚在举行任命会议之前，他们在餐桌上见面了。这位候选人的口味特别挑剔，他在每道菜上都要犹豫半天。

"先生，需要野味吗？"点完菜后，服务员又问道。

"你们有哪些野味呢？啊，鹌鹑！给我来鹌鹑吧——哦，不！这里有野鸡啊。如果方便，还是要点野鸡。"

当服务员走了以后，他没有说什么，却表现得十分焦躁不安。随后，野鸡上来了，他嘀嘀咕咕道："我想我还是都要了吧。来一只鹌鹑。对，两种都来点儿。"

但是，当两个盘子放在他的面前的时候，他极其不高兴地把它们推到一边，大声喊道："全部拿走！我一点野味也不想吃了。"

当晚餐结束后，他离开了餐厅。一种几乎没有异议的看法在餐桌上形成了。

"不行，先生们，"一位领导人说，"这个人是这样犹豫不决，他连自己吃什么都不能立即做决定，缺少当纽约州州长必备的素质。我们需要的是这样的人，他作为州长，以后可能是总统，他可以有别的什么缺点，但是千万不能在做决定时因为不必要的犹豫和耽搁而遭弹劾。"

根据情态交朋友

【原典】

三者不必定人终身。反此以求，可以交天下士。

【译释】

前述三种情态虽不能定下一个人的终身命运，而若能避开以上三种人而求之，就可以遍结天下朋友了。

中国古代对人的性格、气质等都有所研究，但没有形成完整统一的体系，多散见于各种著述之中。俗语说："江山易改，本性难移。"是不是一成不变呢？不是。曾国藩体情察意，明确认识到性情气质不是固定永恒的，都是会有所变化的。更深一步说，作者已经明确认识到一个人的性格性情、人格情操、言谈举止，跟他的命运好坏没有直接的对应关系，不会决定人的终身命运。验之社会现实生活，可以发现，一个奸邪的小人却能身居高官显位，而一个正人君子却功名难求；贤相良将常常过早身首异处，巨奸大恶往往能够得享永年。"善有恶报"，"恶有善报"，屡见不鲜，不算什么怪事，因为社会生活太复杂了，没有固定不变的公式。

"反此以求，可以交天下士。"古人讲求学以致用。三种"时态"分析已毕，又该如何呢？知道这个道理，那么在生活中可以去发现那些为人真诚，不饰虚伪，勇敢果决，敢作敢为，立场坚定之士，与他们交朋友、共谋大事，可以成功。反之，则不可与其交往，以趋吉避凶。这实际上是衡量、检验选择人的标准，以此来评判所遇之人，自然可以确定哪些能成为亲密战友，哪些能同甘共苦，哪些人只能敬而远之，以此结交天下之士，可保无误。

解 读

曾国藩一生能够左右逢源或绝处逢生，与他知人识人，能在身边网罗一批有真才实学的朋友有很大的关系。

在与曾国藩长期交往的朋友中，有一个人特别值得注意，他就是刘蓉。

刘蓉系湘乡人，字孟容，号霞轩，少年自负，三十多岁了还未中秀才。县令朱孙诒惊叹其才，私下让他的父亲督促他就试，赴县试，举为首名，始补生员。道光十四年（1834），曾国藩初次相识刘蓉，相语大悦。随即与郭嵩焘、刘蓉三人拜帖称兄道弟，以后曾国藩又多次拜访他，十分友善。

道光十九年（1839），刘蓉闲居在家，曾国藩从京会试归里时，曾专程到乐善里去看望他，勉励他攻读史书，勤奋写作。几年后，曾国藩在京收到他的一封信，见其学业大进，激动不已，他在道光二十三年（1843）六月初三的日记中写道："临日接霞轩书，恳恳千余言，识见博大而平实，其文气深稳，多养道之言。一别四年，其所造遽已臻此，对之惭愧无地，再不努力，他日何面目见故人也！"道光三十年（1850），刘蓉养晦深山，将其室取名"养晦堂"，曾国藩得书后，欣然为他作《养晦堂记》："吾友刘君孟容，湛默而严恭，好道而寡欲。自其壮岁，则已泊然而外富贵矣。既而察物观变，又能外乎名誉。于是名其所居曰'养晦堂'，而以书抵国藩为之记。"曾国藩对刘蓉性格的刻画，足见两人交谊笃厚。此外，曾国藩还作《怀刘蓉》诗，诗中云："日日怀刘子（谓刘蓉），时时忆郭生（嵩焘）"；"我思意何属，四海一刘蓉"；"他日余能访，千山捉卧龙"。

咸丰元年（1851），刘蓉参加乡试，得榜首，曾国藩知道后很高兴，在家信中说："霞轩得县首，亦见其犹能拔取真士。"咸丰二年（1852）五月二十八日，刘蓉之母谭氏弃世；八月，曾国藩亦以其母于六月二十日去世回籍奔丧。当两人相遇于湘乡县城时，悲感交集，相对而泣。

曾国藩到京城做官后，也没有忘记这位同乡，诗文往来不断，并誉之为"卧龙"。曾国藩在《寄怀刘孟容》一诗中表达了他对刘蓉深切的眷念之情：

清晨采黄菊，薄暮不盈筐。

宁知弟昆好，忍此四年别。

四年亦云已，万事安可说？

昔者初结交，与世固殊辙。

垂头对灯火，一心相媚悦。

炯然急难情，荧荧光不灭。

涟滨一挥手，南北音尘绝。

君卧湘水湄，辟人苦局阓。

怀念之余，他们之间更多的是书信往返，相互讨论学问之道。道光二十三年（1843），曾国藩在《致刘蓉》一书中，初步阐发了他对文以载道、文道并重的基本主张。他在这封信中说，我今天论述学术的见解，主要是受了你的启发。道光二十五年（1845），曾国藩又在《答刘蓉》的书信中进一步阐发了程朱理学之义，批驳了王阳明的致良知说。在这封信中，曾国藩首先说明在两年之内收到刘蓉三封来信，一直未作回复的原因是由于性本悚怠，对学问研究不深，怕见笑于好友。进而他又指出："伏承信道力学，又能明辨王氏之非，甚盛甚盛。"其意是说，在你的启发之下，我才"了略陈大凡，吾子取证而裁焉"。毫无疑问，曾国藩学业的长进，离不开好友刘蓉的启发帮助，两人之间的关系在共同志趣下愈益深化。曾国藩对刘蓉的敬重之情在诗文中也常能反映出来："夜夜梦魂何处绕？大湖南北两刘生。"

当曾国藩奉命办团练坚辞不出之时，刘蓉还专门写了书信一封，劝曾国藩不能仅"托文采庇身"，应以"救世治乱"为己任。

刘蓉与曾国藩有同乡挚友之谊，故敢于抛开情面，肝胆共见。针对国家和平时期与多事之秋的形势不同，刘蓉批评曾国藩应从远略、大局着眼，不能只看自己声望日起，就沾沾自喜，或者以文自娱，不忧天下；更不能上章言事，不管采纳与否，而且塞其责。他先以韩愈、黄庭坚的文学成就作比，再举欧阳修、苏轼的多采华章为例，指出这些虽可彰名千古，但时代不同，时势不同，有志者不仅如此，而应有陆贽、范仲淹那样的志量，才能成就千古传诵的事业。文中针对妇人之德与君相之德的重大区别，规诫曾国藩不能拘泥于妇人之仁，而当行"仁"于天下。文末举项羽功高而不赏，终失韩信等事例，劝他赏功以维系天下豪杰之心。所有这些都对曾国藩产生了直接而深远的影响。

常言道："物以类聚，人以群分。"同样志趣的人，因为他们价值观相近，所以才能走到一起来，即"同声相应，同气相求"。性情耿直的人就和投机取巧的人合不来，喜欢酒色财气的人也绝对不会跟自律甚严的人成为好友。因此人们常说观察一个人的交友情况，大概就可以知道这个人的品性和素养了。

林肯也曾说过一句话："从某种意义上说，你选择了什么样的朋友，便选择了什么样的人生。"

一般来说，有益处的交友有三种情况，有害处的交友也有三种情况。同正直的人交友，同诚信的人交友，同见识广博的人交友，这是有益的三友。同惯于走邪道的人交友，同善于阿谀奉承的人交友，同惯于花言巧语的人交友，这是有害的三友。

《礼记》上说："与君子交朋友，就像进入了芝兰花圃，时间长久了，就闻不到它的芳香，就是与它同化了；与小人交朋友，就像进入了鲍鱼铺子，时间长久了，就闻不到它的臭气，也是与它同化了。"所以交正人君子为朋友，就可以说是一生的幸福；交邪恶小人为朋友，就可以说是一生的祸害。因此，交朋友不得不慎重地审度与选择。

近朱者赤，近墨者黑。谯周说："交友的方法，最要紧的是清楚明白，沾染上了红色就变为赤色，沾染上了蓝色就变成了青色。"又说："交朋友得到了门道，就是千里同好，稳固得像胶漆一样；交朋友不入门道，就会同室操戈，形同水火。"

交朋友贵在以道相合，以义相聚，以信相守，以心相应；贵在互相敬重、互相信赖、互相体谅、互相爱护、互相帮助。而最要禁忌的是，以权势、利害相交。正如《史记》中所说："以权势、利害相交合的朋友，权势倾倒，利害已尽，必然疏远。"

以势力相交的朋友，势力倾倒就会绝交；以利益相交的朋友，利益没有就会疏散；以富贵、功名相交的朋友，富贵、功名的利害相同就会结合，富贵、功名的利害相背就会离开。唯有以道义相交，性情相交，肝胆相交，真诚相交，才会深切长久，才不至于被富贵、贫贱、患难、利害所分离。

看来，进什么样的圈子，交什么样的朋友，确实是个大问题。

三国时蜀主刘备就是一个十分善于选择朋友的人。如果当初没有他在桃园与关羽、张飞结为兄弟，又在隆中三顾茅庐选择卧龙诸葛亮，就很难三分天下，建立蜀汉帝业。

一个人选择什么样的朋友，对自己的思想、品德、情操、学识都有很大的影响。俗话说："近朱者赤，近墨者黑……近贤则聪，近愚则聩。"古人很重视对朋友的选择。孔子曰："君子慎取友也。"品德高尚的人，历来受人推崇，也是人们愿意结交的对象。而品德低劣的人，却常常被人所鄙视，当然也不排除"臭味相投"的"酒肉朋友"。

实际上，每个人不管自觉或不自觉，他们交朋友总是有所选择，有自己的标准的。明朝学者苏竣把朋友分为"畏友、密友、昵友、贼友"四类，如此划分便可明白；畏友、密友可以知心、交心，互相帮助并患难与共，是值得深交的：那些互相吹捧、酒肉不分的昵友，口是心非，当面一套，背后一套，有利则来，无利则去，还有可能乘人之危损人利己的贼友，那是无论如何也不能结交的。

英国科学家法拉第说："如果你想了解你的朋友，可以通过一个与他交往的人去了解他。因为一个饮食有节制的人自然不会和一个酒鬼混在一起；一个举止优雅的人不会和一个粗鲁野蛮的人交往；一个洁身自好的人不会和一个荒淫放荡的人做朋友。和一个堕落的人交往，表示自身品位极低，有邪恶倾向，并且必然会把自身的品格导向堕落。"一句西班牙谚语说："和豺狼生活在一起，你也能学会嗥叫。"

即使是和普通的、自私的人交往，也可能是危害极大的，可能会让人感到生活单调、乏味，形成保守、自私的性格，不利于勇敢、刚毅、心胸开阔的品格的形成，甚至很快就会变得心胸狭窄、目光短浅、丧失原则性，遇事优柔寡断，安于现状，不思进取。这种精神状况对于想有所作为或真正优秀的人来说是致命的。

与那些比自己聪明、优秀和经验丰富的人交往，我们或多或少会受到感染和鼓舞，增加生活阅历。

与优秀的人交往，就会从中吸取营养，使自己得到长足的发展；与品格高尚的人生活在一起，你会感到自己也在其中得到了升华，自己的心灵也被他们照亮。

如果马克思没有选择恩格斯这位真诚的朋友，他恐怕就不会在社会科学领域里建立起他的理论学说，也就不会有伟大的著作《资本论》。

朋友之间的行为总是互相影响。善行总是产生无数的善行，就像一块石头投入水中，会产生波纹，而这些波纹又会产生更大的波纹，如此连绵不断，直至最后一道波纹抵达岸堤。

志同道合，情趣相投，是择友的一个标准。志向不同，情趣有别，友谊是不可能长久的，早晚会分道扬镳。"管宁割席"的典故就是个典型的例子，管宁热衷于读书做学问，而华歆则热衷于官场名利，两人缺乏做朋友的共同思想基础，割席而坐是必然的。

"朋友多了路好走"，朋友多，好朋友越多，我们受益越多。学无止境，学问再大的人也有不懂的东西。与其出淤泥而不染，何不从一开始就择其善者而从之？孔子说："三人行，必有我师焉。"圣人尚且如此，我们在结交朋友时，也应尽量选择有学识的人。

当然，水至清则无鱼，人至察则无徒。对朋友也不能求全责备，自己本来就是不完美的，朋友又是双向的。如果人人都要求结交比自己有学问的人为友，那么到头来只能是谁也没有朋友。正所谓"尺有所短，寸有所长"，朋友相交贵在有所补益，有所予、有所取才是"交往"。

古人的择友之道，我们可以借鉴，但不能照抄照搬，也不要为其所拘束，对友人过于苛刻。择友的标准各有不同，也应该从个人实际出发，慎重选择，急来的朋友，去得也快，所以朋友可多交，不可滥交。

智慧要义

曾国藩所言"情态"，是一个很宽泛的概念，囊括了一个人外在言行和内心思想的方方面面。在识人用人时，不管是面对君子，抑或是小人，只要细察情态，则其心可知。

孔子认为：君子懂得的是义，小人懂得的是利；君子想的是道德和法度，小人想的是乡土和恩惠。他曾经给小人定下五大罪状，并据此诛杀了鲁国大夫少正卯。孔子任鲁国司寇时，上任七天就诛杀了少正卯。他的学生子贡对他说："少正卯是鲁国的名人，您刚上任就杀了他，有人认为是不是太过分了？"孔子说："普天之下，有五种人罪大恶极，小偷、强盗还不在其中。第一种是心怀叛逆而又阴险狡诈的；第二种是行为邪恶而又顽固不化的；第三种是言语虚伪而又善于诡辩的；第四种是探听国家的阴暗面，而且记得很多，到处宣扬的；第五种是附和错误的上司而获得恩宠的。这五种罪恶够上一条，就免不了被君子诛死。少正卯正是这种五毒俱全的人，他待在哪里，就在哪里拉帮结派；他的言论足以文过饰非，迷惑他人；他控制了权力就足以谋反叛乱，自立为王。这种人就是人中的奸雄啊，怎么可以不杀呢？"他还引《诗经》上的诗句慨叹："真令人忧心如焚啊，我恨透了这些小人；小人成群结党，这就值得忧虑了！"

春秋时齐国的晏婴在《晏子春秋》中对君子和小人的行为曾做过更为具体的评述。叔向向晏子问道："正直之人的道义，邪恶之徒的行为，到底是怎么样的呢？"晏子回答说："正直的人身居高位之后，不徇私情，不谋私利。对国家来说，这种人是值得培养的，而他们也是不会忘记国家恩情的。得志了，他们就辅佐国君，使国君体恤人民；窘困时，就教化人民，使人民顺从国君的领导。侍奉君主，按礼仪行事，忠心耿耿，不计较爵位俸禄；不任用他们，他们就坦然离开，毫无怨言。他们在交朋友的时候，注意对方的身份，行为合乎道义，绝不做不正当的事情。看法不周，就交换意见，而不恶意攻击，更不会到君王面前诋毁别人。不用苛刻的手段对付人民来换取尊贵的地位。所以，这种人被君王重用就能够使人民安居乐业，在人民中间做事就能使君王受到人民的尊重和拥护。所以他们能得人心而君王对他们也深信不疑。为君王办事，绝不搞歪门邪道。因此，得重用时，不玩物丧志，不被任用的，也不忘正心修身，这就是正直之士的行为。而那些邪恶奸诈的人就大不相同了：做了高官就残害人民，在下面做事，就违逆君主意志；侍奉国君，就献媚迎合而不尽忠心，交朋结友，无原则地凑合，不干好事。以阿谀乖巧的手段谋取私利，与奸诈之徒结党营私，养肥自己。夸耀自己的权势俸禄来凌驾于人民之上，用铺张礼仪、装饰门面的手段来哗众取宠，招摇过市。不被重用时，就轻率地议论朝廷；与朋友相处不融洽时，就在他们背后诽谤。所以，他们在朝廷为官，老百姓就担忧，在下面做事，就危及君王。因此，让这种人辅佐君王，简直是罪过；这种人和谁交朋友，谁就要大祸临头。这种人得到重用，会带来耻辱，任其发展会破坏刑律。所以，这种人在朝为官就要滥杀无辜，在下行事就要谋害君王。因此，和这种人交往，就会受到玷辱，任其发展作乱，就会危及社稷安全。这就是邪恶奸佞之人的行为。"

刘向在《说苑·臣术》篇中，依据对人臣的行为和心术的轩轾，将人臣分为十二大类，即圣臣、良臣、忠臣、智臣、贞臣、直臣、具臣、谀臣、奸臣、谗臣、贼臣和亡国之臣。刘向的人臣之术议论精辟独到，在古代典籍中实不多见。刘向认为：作为臣子应当遵从君王的旨意行事，还要将办事的结果向君王报告，不能自作主张，独断专行。坚持正义而不无原则地附和他人，不用不正当的手段谋取尊贵的地位，他们所作所为必然有益于国家，必然有助于辅佐君王治理国家。所以，他们不但能使自己生前地位尊贵，而且还会泽及子孙，福荫后人。臣子的行为有"六正"、"六邪"之分，行为符合"六正"就非常荣耀；行为属于"六邪"之列的就是耻辱。荣耀或耻辱就是得福或招祸的开端啊！那么，什么是"六正"，什么是"六邪"呢？

　　"六正"的第一类，是指能在事情开始之前或在未见端倪的时候，就能够预见到将产生的结果，尤其是在有关存与亡、得与失的重大问题上，能够防患于未然，在坏事发生之前及时止住，使君主超出众人之上，立于显赫荣耀的地位，天下人都称颂他，能这样做的人，就是"圣臣"了。第二类，虚心诚意向君王进言，献计献策，并疏通进谏渠道，用礼义奉劝君王，对君王讲述长远的国策，弘扬君王的美德，纠正他的缺点。事业成功之后，将成就归功于君王，绝不自吹自擂，夸耀自己的功绩。这样的臣子就是"良臣"。第三类，不顾自身地位低微，身体有病，废寝忘食地为国家操劳。为了举贤荐能，不厌其烦地列举古代贤人禅让等美德，处理问题按君王意旨行事，这样做是为了有利于治国安邦。这样的臣子就是"忠臣"。第四类，对事情的成败利钝有着敏锐的洞察力，善于早做准备，防患于未然，堵塞漏洞，断绝祸根，变不利为有利，使事情向好的方面转化，让君王放心，根本用不着担忧发愁。这样的臣子就是"智臣"。第五类，遵命守法，忠于职守，谦恭礼让，绝不无功受禄，还能将君王的赏赐转让他人，不接受馈赠礼品。衣冠简朴整洁，饮食节约俭朴。这样的臣子就是"贞臣"。第六类，当国家混乱，国君昏庸，而别人对国君的所作所为不敢劝阻之时，敢于冒犯君王天威，批评其错误行为，不顾自身安危，只

要换得国家安定，哪怕是粉身碎骨，也毫不后悔。这样的人就是"直臣"。以上谈的是"六正"的表现。

"六邪"指的是以下六种人：第一种人，心安理得地做官而无所用心，贪图富贵，一味经营自家产业谋取私利，而置国家大事于不顾，有知识不肯用，有良策不肯献，有能力不愿出。君王如饥似渴地需求治理国家的高见和良策，而他却不肯尽一个仁臣的职责。他追逐自在，庸庸碌碌，混迹于普通人之中，随波逐流，还不时窥测方向，见风使舵。这样的人就是"具臣"。第二种人，君王说的话，他都说好，君王做的事，他都说行，背地里摸清君王的爱好是什么，立即奉献上去，使君王赏心悦目，让君王收留，与之往来，寻欢作乐，根本不考虑这样做的恶果。这种人就是"谀臣"。第三种人，内心相当阴险，但貌似恭谦，处处谨小慎微，花言巧语，嫉贤妒能。对于自己想举荐的人，就夸耀他的优点，却把他的缺点隐匿起来；对于自己想排斥的人，就大肆宣扬其过错，却把他的优点掩盖起来，致使君王由于胡乱行事、用人失察、赏罚不当而号令不行。这样的人就是"奸臣"。第四种人，智谋足以用来文过饰非，辩才足以用来游说撞骗，说反话，换词语，精心修辞，写成文章，对内，离间骨肉

亲情；对外，挑起妒忌，搅乱朝廷。这种人就是"谗臣"。第五种人，利用权势，独断专行，打着国家大事的招牌，重其所亲，轻其所疏，结党营私，掠夺财富，以此来显示声威，扩大势力。更有甚者，还擅自伪造君王的诏令来显耀自己尊贵。这样的人就是"贼臣"。第六种人，诬陷忠良，助长邪气，使君王陷于不仁不义的境地；纠结朋党，狼狈为奸，蒙蔽君王。在朝廷上巧言令色，净说好话，朝廷之外又出尔反尔，当面一套，背后又是一套，使人黑白不分，是非颠倒，长此下去，致使君王的恶名传遍全国乃至邻国。这样的人，就是亡国之臣。以上讲的就是"六邪"。

贤良的臣子一言一行恪守的是"六正"的准则，绝不会有"六邪"的行为出现，所以才会使得朝廷之中安定团结，天下大治。

可以说，认识"六正"与"六邪"，是为了帮助我们清楚地对正直与奸佞作辨识或划分。

情态篇的智慧，就是告诉我们要善于从情和态两个方面认识人的本质，从人的外在表现和内心世界的流露探其真实性。

须眉第五

人们常说"须眉男子",这就是将须眉作为男子的代名词。须眉辨人是容貌辨人的衍生。《冰鉴》认为,察看人之须眉,可以知道对方的健康、气质、品性等很多信息,从而辨别他是不是可用的贤士。

透过须眉看男人

【原典】

"须眉男子"。未有须眉不具可称男子者。"少年两道眉，临老一付须。"此言眉主早成，须主晚运也。然而紫面无须自贵，暴腮缺须亦荣；郭令公半部不全，霍膘骁一副寡脸。此等间逢，毕竟有须眉者，十之九也。

【译释】

人们常说"须眉男子"，就是将须眉作为男子的代名词。古人说："少年两道眉，临老一付须。"这句话是说，一个人少年时的命运如何，是要看眉毛的相，而晚年境遇怎么样，则以看胡须为主。但是也有例外，脸面呈紫气，即使没有胡须，地位也会高贵；两腮突露者，就算胡须稀少，也能够声名显达；郭子仪虽然胡须稀疏，却位极人臣，富甲天下；霍去病虽然没有胡须，只是一副寡脸相，却功高盖世。但这种情况只是偶然碰到，毕竟有胡须有眉毛的人占男人中的绝大多数。

解 读

"眉"如同日月之华彩，山峦之花木一样，是一个人的健康状况、性格气质、贵贱聪愚的表面特征。古人认为：眉以疏朗、细平、秀美、修长为佳。形状就像悬挂的犀牛角和一轮新月。眉毛细软、平直、宽长者是聪明、长寿、尊贵的象征。而眉毛粗硬、浓密、逆生、散乱、短促、攒缩者，是愚蠢、凶顽、横死之相。从美学的角度看，也是前者是美的，后者是丑的。

眉在审美中的意义很重要，更被古人作为人生命运的一个重要参照系，归纳为以下几点：主兄弟姐妹的多少、命运以及兄弟姊妹之间关系的好坏；主父母的关系和命运；表现一个人的天资、禀赋及性格特征等与生俱来的东西；主寿命的长短；主官禄的有无和贫富状况。总而言之，"眉"对于人的命相十分重要。一个人的健康、个性、秀美、威严都通过眉毛显示出来。"少年两道眉"就是说看一个人有没有成就，是愚昧还是聪明，进而判断他事业的成败，命运的好坏。凡是眉相好，使人显得英俊秀挺，聪明伶俐，最容易给人留下美好又深刻的印象。从而增加施展抱负和实现自我的机会，使其可能少年得志，所以，曾国藩认为"眉主早成"。

中国医学认为："须"属肾。性阴柔而近水，故下长而宜垂。为什么一个人命运和胡须有关系呢？其原因

大概是这样的：大凡胡须丰满美丽者，是因为肾水旺、肾功能强。而肾旺是一个人身体健康和精力旺盛的重要原因和必不可少的条件。身体健康，精力旺盛，意志力常常也很坚定，工作起来得心应手。经过日积月累，到了中晚年，事业就有所成。再者，在传统社会中，以多子多孙为贵。肾是生殖系统的根本，肾水旺，肾功能强，自然容易多子，多子就容易多孙，而多子多孙意味着多福，至少当时的人这么认为。所以，曾国藩认为"须主晚运"。

人的眉毛、胡须都只是人体毛发这个整体中的一个部分。既然是整体中的一个部分，那就应该相顾相称，均衡和谐。眉虽"主早成"，仍要须"苗大丰美"，否则难以为继。不能善始善终，即便有所成，也怕是维持不了多久。再说，眉强须弱，毕竟有失均称，面相便不和谐。"其貌不扬"就这样形成了。胡须虽主一个人的老来运气，但还是需要得到眉毛的照应。不然，就如同久旱的秧苗，迟迟才有雨露浇灌滋润，其果实也不会圆满。总之，阴阳须和谐，须眉要相称，古人相诀中所谓"五三、六三、七三，水星罗计要相参"，就是这个意思。

"紫面无须自贵，暴腮缺须亦荣。"古人认为，"紫面"之人是属于金形人带火相，因金的颜色是白的，火的颜色是红的，紫色则是火炼之金，这是宝色。因此，作者才认为"紫面无须自贵"。再从现实生活以及生理学的角度来看，"紫面"者一般气血充沛，性情刚烈，从事某项事业往往有成，并因此而"贵"。腮为口的外辅，口为水星，腮自然也属水，暴腮之人，水必有余。从前面的论述可以知道：水多者"贵"。所以，暴腮之人即使胡须稀少不全，也当富贵。

眉毛中的秘密

【原典】

眉尚彩，彩者，梢处反光也。贵人有三层彩，有一二层者。所谓"文明气象"，宜疏爽不宜凝滞。一望有乘风翔舞之势，上也；如泼墨者，最下。倒竖者，上也；下垂者，最下。长有起伏，短有神气；浓忌浮光，淡忌枯索。如剑者掌兵权，如帚者赴法场。个中亦有征范，不可不辨。但如压眼不利，散乱多忧，细而带媚，粗而无文，是最下乘。

【译释】

眉崇尚光彩，而所谓的光彩，就是眉毛梢部所显露出的亮光。富贵的人，他眉毛的根处、中处、梢处共有三层光彩，当然有的只有两层，有的只有一层。通常所说的"文明气象"指的就是眉毛要疏密有致、清秀润朗，不要厚重呆板，又浓又密。远远望去，像两只凤在乘风翱翔，如一对龙在乘风飞舞，这就是上佳的眉相。如果像一团泼散的墨汁，则是最下等的眉相。双眉倒竖，呈倒八字形，是好的眉相；双眉下垂，呈八字形，是下等的相。眉毛如果比较长，就得要有起伏，如果比较短，就应该昂然有神，眉毛如果浓，不应该有虚浮的光；眉毛如果淡，切忌形状像一条干枯的绳索。双眉如果像两把锋利的宝剑，必将成为统领三军的将帅，而双眉如果像两把破旧的扫帚，则会有杀身之祸。另外，这里面还有各种其他迹象和征兆，不可不认真地加以辨识。但是，如果眉毛过长并压迫着双眼，使目光显得迟滞不利；眉毛散乱无序，使目光显得忧劳无神；眉形过于纤细带有媚态；眉形过于粗阔没有文秀之势，这些都是属于最下等的眉相。

解 读

眉毛位于两只眼睛之上，就像一对亲兄弟，因此，眉毛长得是否对称，容易让人联想到兄弟是否和睦，与人的关系是否融洽。一个人眉毛长得是否对称，与他的性格和能力有一定关系。古人经常根据眉毛的长短来判断人的寿命的长短，这是很难加以论证的。虽然我们不可拘泥于此，但这也从另一个侧面反映了通过观察眉毛我们能得到更多的信息。

古人认为，看眉识人，一看浓淡，二看清杂，三看眉形。一般来说，眉毛清秀疏淡，是福禄尊贵；眉毛浓厚粗杂，是低贱贫苦。

古人认为，下列眉形为好：眉毛长垂，高寿；眉长过目，忠直福禄；眉如弯弓，性善富足；眉清高长，声名远扬；眉秀神和，得享清福；眉如新月，善和贞洁；眉角入鬓，才高聪俊。

概括地说，眉毛宜长、宜秀、宜清、形宜等。长则寿高，秀则福禄，清则聪颖，弯则善洁。识眉识人认为下列眉形为坏：眉短于目，性情孤僻；眉骨棱高，多有磨难；眉散浓低，一生孤贫；眉毛中断，兄弟离散；眉毛逆生，兄弟不和；眉不盖眼，孤单财败；眉交不分，年岁难久；短促不足，漂流孤独。

概括地说，眉忌短、忌散、忌杂。短则贫寒，散则孤苦，杂则粗俗。

所谓粗眉毛，就是人们常说的浓眉毛。包括浓眉毛在内的各种各样的人，从性格上可以分成积极型和消极型两大类。浓眉毛的人属于积极型，给人留下的印象常常是个性很强。与此相对，淡眉毛的人给人留下的印象往往相反。

从日常观察中，我们会看到这种现象，多数男性的眉毛是直线型，与前面所说的浓眉毛一样，也属于积极型。那么，那些长着近似于女性的曲线型眉毛的男性的性格又是怎样的呢？他们大多具有女人的气质。由于种种后天的人为因素能改变人的眉毛的形态，我们只有在人们尚未采取人为措施前来研究眉毛与性格的关系，才能得出准确的结论。

眉毛有光亮，显示这个人的生命力比较旺盛。通常的情况是这样：年轻人的眉毛都比较光润明亮，而老年人的眉毛往往比较干枯而缺乏光彩。这就是因为年轻人生命力旺盛，而老年人生命力开始衰退。

眉毛的光亮可以分为三层：眉头是第一层，眉中是第二层，眉尾是第三层。层数越多，等级越高，给人的印象越好，因此，人们认为眉毛有光亮的人运气特别好。

眉毛有气象、有起伏，给人一种文明高雅的感觉。眉毛短促而有神气，也给人一种气势。如果眉毛太长而缺乏起伏，就像一把直挺挺的剑，就会让人觉得过于直白。这种人的脾气比较火暴，喜欢争强好胜，一辈子都是自己把自己搅得不得安宁。如果眉毛太短，甚至露出了眉骨，又缺乏应有的生气，会给人一种单薄的印象。

眉毛长而有势的人会成功，正如古人所说的"一望有乘风翱翔之势"。可以这样说，这种眉毛具备了光亮、疏朗、气势和昂扬的优点，给人留下一种很好的印象。人们认为，这种人把"立德、立功、立言"全占了。一个人即使只有其中一项，也会叫人刮目相看。

在观察一个人的时候，观察他的眉毛是非常有必要的，尤其是在眉毛运动的时候，下面让我们具体分析一下，这对把握一个人的心理是有帮助的。

皱眉所代表的心情可能有好多种，例如：惊奇、错愕、诧异、快乐、怀疑、否定、无知、傲慢、希望、疑惑、不了解、愤怒和恐惧。

一个深皱眉头忧虑的人，基本上是想逃离他目前的处境，却因某些原因不能如此做。一个大笑而皱眉的人，其实心中也有轻微的惊讶成分。

两条眉毛一条降低、一条上扬。它所传达的信息介于低眉和扬眉之间，半边脸显得激越、半边脸显得恐惧。眉毛斜挑的人，心情一般处于怀疑状态，扬起的那条眉毛就像是提出一个问号。

眉毛打结，指眉毛同时上扬及相互趋近，和眉毛斜挑一样。这种表情通常表示严重的烦恼和忧郁，有些慢性疼痛的患者也会如此。急性剧痛产生的是低眉而面孔扭曲的反应，较和缓的慢性疼痛才会产生眉毛打结的现象。

眉毛的内侧端拉得比外侧端要高，而成吊梢眉似的夸张表情，一般人假如心中并不那么悲痛的话，是很难勉强做到的。眉毛先上扬，然后在几分之一秒的瞬间内再下降，这种向上闪动的短捷动作，是看到其他人出现时的友善表示。它通常会伴着仰头和微笑，但也可能自行发生。眉毛闪动也常常见于一般的对话中，作为加强语气之用。每当说话时要强调某一个字的时候，眉毛就会扬起并瞬即落下，好像不断在强调："我说的这些事都是很惊人的！"

胡须与眉毛之间玄妙的关系

【原典】

须有多寡，取其与眉相称。多者，宜清、宜疏、宜缩、宜参差不齐；少者，宜光、宜健、宜圆、宜有情照顾。卷如螺纹，聪明豁达；长如解索，风流荣显；劲如张戟，位高权重；亮若银条，早登廊庙，皆宦途大器。紫须剑眉，声音洪壮；蓬然虬乱，尝见耳后，配以神骨清奇，不千里封侯，亦十年拜相。他如"辅须先长终不利"、"人中不见一世穷"、"鼻毛接须多滞晦"、"短髭遮口饿终身"，此其显而可见者耳。

【译释】

胡须，有的人多，有的人少，无论是多还是少，都要与眉毛相和谐，相匹配。胡须多，应该清秀不俗，疏朗不杂且长短错落有致。胡须少，就要润泽光亮，刚健挺直，气韵十足，并与眉毛、头发等相匹配。胡须如果像螺丝一样的弯曲，这人一定聪明，目光高远，豁然大度。胡须细长的，像磨损的绳子一样到处是细弯小曲，这种人生性风流倜傥，气质华贵却没有淫乱之心，将来一定能名高位显。胡须刚劲有力，如一把张开的利戟，这种人将来一定居高官，掌重权。胡须清新明朗，像闪闪发光的银条，这种人必定是年轻有为，少年得志而为显赫之人。以上这些都是仕途官场上的大材大器的人物。如果人的胡须是紫色，眉毛形秀和势长，声音洪亮粗犷。或胡须弯曲蓬松、轩宇昂扬，而且有时还长到耳朵后边去，这样的胡须，再有一副清爽和英俊的骨骼与精神，即使封不了千里之侯，也能当十年的宰相。其他胡须，如下巴和两腮首先长出胡须，则对一个人的前途终究没有好处。人中没有胡须，一辈子受苦受穷。鼻毛连接胡须，命运多舛，前景黯然。短髭长得遮住了嘴，则终生挨饿，缺衣少食。这些胡须的凶相是显而易见的，这里无须详细加以论述。

解读

胡须与眉毛的关系，总结起来有两方面的内容：相称与相合。

相称，指胡须与眉毛之间相互顾盼，相互协调，显得匀称、均衡，使整个人的面容呈完美之相。相称为有成之相，反之则为无成之相。

相合，指合五行形局，若合五行正局则为上相，反之则为下相。《五行形相》称："金不嫌方，木不嫌瘦，水不嫌肥，土不嫌矮"等，均合五行正局，为上相。《灵山秘叶》云："口上曰髭，口下曰须，在颐曰胡，在颊曰髯。""多在不欲丛杂，少在不欲焦萎。"本段开头也说"须有多寡，取其与眉相称"，由此，我们能感到相称原则的重要性以及地位。

相术认为，胡须的多少与须相的好坏没有因果关系，也没有正比例或反比例的关系，而是着重指出：胡须不管多与少，都必和眉毛相称。也就是眉毛多的话，胡须也要多，眉毛少的话，胡须也要少。只有这样，才称得上是佳相。为什么胡须的多或少，须相的有成与无成，和眉毛的关系这么大呢？因为眉毛和胡须属于同类，都是人体的毛发，此其一也；胡须和眉毛同位于人的脸部，都是面部的重要组成部分（当然是专指男性），此其二也；第三则是取其水火既济或水火未济之意，也就是胡须和眉毛相称为既济，不相称为未济，既济是上相，未济是下相。

多者要"清"，"清"就是清秀、清朗、清雅、清爽，就是不浊、不乱、不俗、不丑。要"疏"，"疏"就是疏落、疏散、疏朗，就是不丛杂、不淤塞。要"缩"，"缩"就是弯曲得当，不直、不硬。要"参差不齐"，就是有长有短，长短配合得当，错杂有致，不要整齐划一，截如板刷。这种多而清、疏、缩、参差不齐的须相，不管眉毛的多或少，都能和眉毛相称。若眉毛多，这种须相可与之形成一定的反差，若眉少，这种须相则可从"神"上与之协调一致。因此，作者说，"多者，宜清、宜疏、宜缩、宜参差不齐"。

少者要"光"，"光"就是不枯、不涩，就是润泽、光亮。要"健"，"健"就是不萎、不弱、不寒不薄，就是要刚劲、康健、坚挺。要"圆"，"圆"就是不呆、不滞、不死板，就是要圆润、生动、飘逸。要"有情照顾"，"有情照顾"就是与眉毛、头发相称，不孤独。

对多者和少者提出的"四宜"要求，其依据和标准就是相称原则。眉相的四个条件就是弯长有势，昂扬有神，疏爽有气，秀润有光，其中的弯长、昂扬、疏爽、秀润是因主体的不同而提出的具体要求和标准。也就是说：眉毛长要弯长，眉毛短要昂扬，眉毛浓要疏爽，眉毛淡要秀润，而有势、有神、有气。有光则是对于人类各类主体，也就是各种各样的眉毛的共同要求和通行标准。

"卷如螺纹"，指人的须相如同大江大河奔腾之势，在转弯或汇合处时激起的旋涡，即象其势，有此须相的人高瞻远瞩，心胸宽大，胆识过人。所以说其人"聪明豁达"。

"长如解索"，是指人的须相如同江河之水源远流长，波涛起伏。又如破

挽之绳索身多小曲，即象其形。如此须之人爱美好色、风流倜傥却不淫乱，所以说其人"风流荣显"。

"劲如张戟"，是指须相如两军对阵时的剑拔弩张之气势，有这种须相的人，有魄力、有胆识、有作为，必能成大器，所以说这样的人"位高权重"。

"亮若银条"，是指须相如生命初成，生命力旺盛，气色润朗，一片生机，即象其气。这样的须相，主人文秀多才，超凡脱俗，所以说其人"早登廊庙"。

当然，这四种须相不一定能决定某人"聪明豁达"、"风流荣显"、"位高权重""早登廊庙"，但至少有一点可以肯定，这四种须相都是身体健康的表现，其原因是中国医学认为须相上佳，表明精力充沛。

"紫须剑眉，声音洪壮"，这样的配合叫金形得金局。"蓬然虬乱，尝见耳后"，是气宇轩昂，威德兼具之相。此二者本为佳相，如能配以清奇的神和骨，乱世可成霸才，顺世能为良相。

智慧要义

曾国藩在《冰鉴》须眉篇中认为，一个人的眉须之美在于眉与须的相称相合。眉是重点，须是辅衬。所以，在最后我们结合古人的相关论述，对以眉相人再着重做一些总结性的补充。

总地来讲，古人对眉毛有四条要求：有势，即"弯长有势"；有神，即"昂扬有神"；有气，即"疏爽有气"；有光，即"秀润有光"。一个人的眉毛如果符合这几项要求，那当然是属好的眉相。这样的眉毛既反映了其人身体健康，看上去也很漂亮，在以上四个条件中以"光"最为重要。一个人的眉毛若能有光彩，就如同珠宝熠熠生辉，如果黯然失色，好比珠宝年久无辉。而所谓"光"就是本篇所强调的彩，所以作者在本篇开门见山地提出"眉尚彩"。

毛发有亮光，是一个人生命力的显现和标志，年轻人的毛发通常都很光润明亮，老年人的毛发，却多是干枯无光，原因就是前者的生命力比后者的生命力要旺盛得多。鸟兽的羽

毛在末梢处都能显示其光亮，特别是珍禽异兽，比如虎豹、孔雀之类，更是光彩照人，鲜艳夺目。似乎动物皮毛的光亮，也能显示其在动物中的位置和层次。

"彩"有三层，就是根处一层，中处一层，梢处一层，层数是富贵的等级标志。"贵人有三层彩，有一二层者"，这句话是在强调富贵也有等级之分。最高贵者其眉毛共有三层彩，有二层彩和只有一层彩的分别为中贵和小贵。

人体毛发的蜕变，即由多变少，由浊变清，这是人类由茹毛饮血的野蛮时代进化到文明阶段的标志。也是所谓文明气象最显著的特征之一。既为文明时代的人，就应该有颇具文明气象的双眉。其眉毛就要像作者所说的那样，"宜疏爽不宜凝滞"。这里的"疏爽"就是"清秀"的表征，而"凝滞"则是"俗浊"的表征。人的相（无论是眉相，还是面相、体相）贵"清"而忌"浊"。所以，人的眉毛要有文明气象，首先就要"疏爽"。

疏爽和凝滞有两种情况，一是眉自身或为疏爽或为凝滞；二是两眉之间的关系或为疏爽或为凝滞。前者如龙眉，轻清眉，柳叶眉，卧蚕眉，新月眉，清秀眉等，为疏爽，而扫帚眉，小扫帚眉，鬼眉等则为凝滞；后者如龙眉，剑眉，轻清眉，清秀眉等为两眉之间关系疏爽，而交加眉，八字眉等，则是两眉之间关系凝滞。

"一望有乘风翱翔之势"，这种眉，乃是势、光、神、气四美兼具之眉，疏爽之至，清秀之极。这样的人，即便不能富贵福寿俱全，至少也能占其一二；即使不能"立德，立功，立言"这三种"不朽"全占完，也能据其一项。所以这种眉毛才是上佳的眉相。远远望去，如龙凤在乘风翱翔飞舞。所以，有此眉相的人大富大贵，禄厚寿长。如龙眉，剑眉，新月眉就属于此上等眉相。

泼墨，就是形同倒在地上的墨迹，其形当然是乱七八糟、丑陋不堪的。鬼眉、尖刀眉、扫帚眉的表象也是涣漫散乱的，就如同"泼墨"般难看，而这些眉的本质是血旺贪淫，主人生性凶狠、愚昧、鲁莽，并有杀身之祸。当然，是为"最下"。

"倒竖"之眉，指眉相成倒八字，主人性格坚毅，有理想有抱负，勇于进取，具备了成就大业的所有心理品质。当然容易成功，所以属"上也"。但万物都有其限度，过则不美。这种眉如飞扬无度，使眼显得低陷无气，则多为好高骛远，心比天高之徒。小事不愿做，大事又做不了，终无成就。

"下垂"之眉，就是眉相形同"八"字，这种人性格懦弱，为人卑劣，多是行为猥琐，贫贱低下之人。所以谓之"最下"。

"长有起伏"，指眉粗清秀有起伏。主人性格稳健，清贵高雅。有这种眉相的人，既能享受富贵，而且寿命也长。相反，如果眉毛过长却没有起伏，直得像箭一样，则为人脾气火暴、逞强斗狠，有这种眉相的人，最终不得好死。

"短有神气"，这"短"是指眉毛相对于面部显得较短，前面的"长"也是指眉毛相对于面部显得较长，眉毛短又缺乏神气，就使眉相显得急促又露肉，丑陋又单薄，是一副孤寒贫穷之相，主人夭折。相反，如果"短而有神气"，那么，眉毛短的缺陷就可以由神气来补救，这就是常说的以神补形。

这里做一点说明：古代汉语常将句子的成分省略许多。当时的人习以为常就不以为然，但今天看来，有些成分不能省略，否则，整个语句就令人费解了。如"长有起伏，短有神气"这两句中，均省略了一个"宜"字。应该是"长宜有起伏，短宜有神气"。因为从上下文分析来看，"长有起伏"并非说只要长就必定有起伏，而是眉毛长了，要有起伏才好。"短有神气"与这一样。

两眉要清秀、平直、润泽才好，若两眉带浮光（而不是光彩，灵光之光）则是带杀之象，是阴气过盛的表现，主人凶灾不断，所以，相学家才说"浓忌浮光"之语。

"淡忌枯索"，眉毛如像干枯的绳索，主病苦缠身，一生穷困。

《石室神异赋》说："铁面剑眉，兵权万里"，《龟鉴》说："双眉如帚，决死之囚"，这些都是从气质上来论人的眉相，以决吉凶。"如剑者掌兵权"，因为人有剑眉，看上去就很威严英武，有将帅之气。"如帚者赴法场"，扫帚眉主兄弟相克，容易反目为仇，终究不是好的眉相。

双眉压眼者，散乱者，细而带媚娇，粗而无文者，或是终生不得志，或是劳累烦者，或是操贱业，或是凶顽之徒。所以，这四者，当然属眉相中的"最下乘"了。

声音第六

人的声音各有不同，有的洪亮，有的沙哑，有的尖细，有的粗重，有的薄如金属之音，有的厚重如皮鼓之声，有的清脆如玉珠落盘，字正腔圆，有的人身材矮小，声音却非常洪亮，即日常所说的"声若洪钟"，有的人生得高大魁梧，说起话来却细声细气，有气无力。《冰鉴》认为人之声音由心而起，是人内心活动的晴雨表。听声知人，便由此而来。

闻其声如见其人

【原典】

人之声音，犹天地之气，轻清上浮，重浊下坠。始于丹田，发于喉，转于舌，辨于齿，出于唇，实与五音相配。取其自成一家，不必——合调，闻声相思，其人斯在，宁必一见决英雄哉！

【译释】

人们说话的声音，犹如天地之间的阴阳五行之气，有着清浊之分，清亮的声音轻缓而上扬，而浑浊的声音则是沉重而下坠。声音是从丹田处开始启动的，在喉头声带处发出声响，随着舌头的不同转动，在牙齿处转化成清浊不同的声音，最后从嘴唇发出来，这恰好与宫、商、角、徵、羽五音相对应。每一个人说话的声音都各具特色，要能辨别出这一个体特征，而不必强求一定要完全与五音相符合。只要听到声音就会想到这个人，这样就会闻其声而知其人。听到一个人的声音就如见到此人一样，而不一定非得见到这个人，才能看出他究竟是个雄才大略的人还是个平庸无为的人。

解 读

人生于天地之间，声音各有不同，有的洪亮，有的沙哑，有的尖细，有的粗重，有的薄如金属之音，有的厚重如皮鼓之声，有的清脆如玉珠落盘字正腔圆，有的人身材矮小，声音却非常洪亮，即日常所说的"声如洪钟"，有的人生得高大魁梧，说起话来却细声细气，有气无力。古人对这些情况加以总结归纳，得出了一些规律。

实际上，现代生理学和物理学已经证明，声音的生理基础由肺、气管、喉头、声带，口腔、鼻腔三大部分构成，声音发生的动力是肺，肺决定气流量的大小，音量的大小主要由喉头和声带构成的颤动体系决定，音色主要取决于由口腔和鼻腔构成的共鸣器系统。声音是物体振动空气而形成的，也是听觉器官耳的感觉。声音的音量有大小之分，音色的美异之别另有音高、音长之分。

说话者，假如气发于丹田（人脐下三寸处），经胸部直冲声带，再经由喉、舌、齿、唇，发出的声音与仅用胸腔之气冲击声带而来的声音，气度不一样，节奏不一样，效果也有悦耳与沙哑的差别。声带结构不好，发出的声音不会动听，但假如经由专门的发声练习，是可以较大程度地改善声音效果的。

丹田的气充沛，则发出的声音沉雄厚重，这是肾水充沛的征象，可知其人身体健壮。而发于喉头、止于舌齿之间的根基浅薄的声音，给人虚弱衰颓之感，显得中气不足，这也是一个人身体虚弱、自信心不足的外在表现。

其实，声音可细分为声与音两个概念，既可由声来识人，又可由音来识人，但在实际运用中，通常都是用两者结合来识别人的心思的。

有这样一个故事：

春秋战国时期，郑国有个大臣叫子产。一次，他带人外出视察，忽然听到有妇人悲伤地痛哭。随从们希望能救助那位痛哭的妇人，不料子产却下令拘捕了那个妇人。随从们很是纳闷，不解地问子产为什么要这样做。

子产说："那个妇人的哭声没有一丝哀痛之情，一定另有隐情。"

经过审讯，结果证实了子产的判断是正确的，原来这位妇人谋害了自己的丈夫，在这里假装悲伤痛哭。

子产正是凭借其超常的判断力和洞察力，才听出妇女哭声中的虚假。他闻声辨人的技巧已经非常高明了。

人们的声音，由于健康状况的不同、生存环境的不同、先天禀赋的不同、后天修养的不同等而有所区别。因此，声音在一定程度上表现着一个人的文化和品格——他的雅与俗、智与愚、贵与贱（这里指人格修养）、贫与富。

245

古人历来比较重视声音，认为声音是考察人的一个组成部分，在深入观察和研究的基础上，按照阴阳五行的原理，把声音分为：

金声：特点是和润悦耳。

木声：特点是高畅响亮。

水声：特点是时缓时急。

火声：特点是焦灼暴烈。

土声：特点是厚实高重。

《礼记·乐记》云："凡音之起，由人心生也。人心之动，物使之然也。感于物而动，故形于声。声相应，故生变。"对于一种事物由感而生，必然表现在声音上。人的声音随着内心世界的变化而变化，所以说，"心气之征，则声变是也"。

声音不但能与气结合，也和心情相呼应。因为声音会随内心变化而变化：内心平静，声音就平和；内心清顺畅达时，就会有清亮和畅的声音；内心渐趋兴盛之时，就有言语偏激之声。这样就可以从一个人的声音判断一个人的内心世界。有关这方面的知识，《逸周书·视听篇》讲到的四点值得研究：内心不诚实的人，说话支支吾吾，这是心虚的表现；内心卑鄙乖张的人，心怀鬼胎，因此声音阴阳怪气，非常刺耳；内心宽宏柔和的人，说话声音温柔和缓，如细水长流，不紧不慢；内心诚信的人，说话声音清脆而且节奏分明，这是坦然的表现。

当今心理学也认为，不同的声音会给人不同的感受，有以下几种类型：

音低而粗。这类人较有作为、较现实，或许也可以说是比较成熟潇洒，较有适应力。

声音洪亮。此类人精力充沛，具有艺术家气质，有荣誉感，有情趣，热情。

讲话的速度快。此类人朝气蓬勃，活力十足，性格外向。

外带语尾音。这类型的人，精神高昂，有点女性化，具有艺术家的气质。

以上这四种类型的声音，不论在交易还是说服的工作上，都具有较为积极的作用。

同样，也有会产生负面作用的声音。如：

鼻音。大部分人都不喜欢这种声音。

语音平板。较男性化、较沉默、内向冷漠。

使人产生紧张压迫的声音。这类人很自傲，喜欢以武力解决争端。

当然，以人的声音来判断人的命运不一定正确。曾氏在本段尾又说道，"不必一一合调"，那自是又有不合规律一说了。重要的还在于"闻声相思"，一个"思"字，说明闻声识人不可呆板行事，得视具体情况而定。

《冰鉴》中所讲的是由人的音质和音色来判断人的命运，如能结合人的语言共同断之，应更全面。语言是思维的结果，由语言可以发现一个人思维方式的特点。

冰鉴全鉴

"声"与"音"的区别

【原典】

声与音不同。声主"张"，寻发处见；音主"敛"，寻歇处见。辨声之法，必辨喜怒哀乐；喜如折竹，怒如阴雷起地，哀如击薄冰，乐如雪舞风前，大概以"轻清"为上。

【译释】

声与音是有着很大区别的。声是由于发音器官的启动而产生的，可以在发音器官启动的时候听见；而音在发音器官的闭合之时产生，在发音器官闭合的时候能感觉到它。辨别声的方法首要的是辨别发音之人的喜怒哀乐。人在欣喜之时发出的声，宛如翠竹折断，清脆悦耳；在愤怒之时发出的声，就如平地一声惊雷，豪壮有度；哀鸣之声则如击碎一块薄冰，凄切悲伤；而欢乐时所发之声就如雪花在空中飞舞，宁静洒脱。总之，均以清脆、飘逸为最悦耳之声。

解 读

"声音"，在现代是一个词，一般不把它分成"声"和"音"来讲。而《冰鉴》分两段来分别论述"声"与"音"的特点。

《冰鉴》认为，"声"与"音"的区别是：人开口之时发出来的空气振动产生"声"，此时空气振动的密度大、质量高，发音器官最紧张；闭口之后，余下来仍在空气中振动而产生的是"音"，此时空气振动密度已经减小，发音器官已松弛下来，是"声"传递的结果，为"声"之余韵，正如平常人们所说的"余音绕梁"。《冰鉴》用"声主'张'，寻发处见；音主'敛'，寻歇处见"这句话来表述这个意思。

人有喜怒哀乐在语音中必然有所表现，即"如泣如诉，如怨如慕"。因此，由音能辨人之"征"，即心情状态。

《冰鉴》中说："辨声之法，必辨喜怒哀乐。"前面谈到，人的喜怒哀乐，必在声音中表现出来，即使人为地极力掩饰和控制，但都会不由自主地有所流露。因此，通过这种方式来观察人的内心世界，是比较可行的一种方法。

那么"喜怒哀乐"又有什么具体的表现呢？

"喜如折竹"，竹子由于它自身的韧脆质地特点，"折竹"就有哗然之势，既清脆悦耳，又自然大方，不俗不媚，有雍容之态。

"怒如阴雷起地"，阴雷起地之势，豪壮气迈，强劲有力，不暴不躁，有容涵大度之态。

"哀如击薄冰"，薄冰易碎，但破碎之音都不散不乱，也不惊扰人耳，有悲凄不堪一击之象，但不峻不急，有"发乎情，止乎礼"之态。

"乐如雪舞风前"，风飘雪舞，如女子之临舞池而衣带飘飘，不胜美态，雪花飞舞之时，轻灵而不狂野，柔美而不淫荡，具有飘逸的潇洒之态。

从声音中听出贵与贱

【原典】

　　声雄者，如钟则贵，如锣则贱；声雌者，如雉鸣则贵，如蛙鸣则贱。远听声雄，近听悠扬，起若乘风，止如拍琴，上上。

【译释】

　　所发之声雄浑刚健，像钟声一样激越洪亮、充满阳刚之气则为最佳，如果发出的声像敲锣之声一样浮泛无力，则显得卑贱；如果发出的声温文尔雅，若像鸡鸣一样清秀悠扬则显高贵，若像蛙鸣一样喧嚣空洞则显卑贱。发出的声远远听来刚健激越，而近处听来却又温润悠扬，起声的时候如乘风般飘洒自如，悦耳动听，止声的时候又如高手抚琴，雍容自如，这才是所发之声中的最佳品。

解　读

　　曾国藩所言声音之贵贱尽管有其道理，但也不可一概而论，否则就可能有失偏颇。不过，从人的话语中听出人的个性特征，倒是有可能的。

　　曾国藩奉命办团练，招揽人才之时，"湘乡奇伟非常之士，争自创磨立功名，肩相摩，指相望"。罗萱是最早应募到曾门的人之一。传说当时每天都有百十人到营中报名，曾国藩一一召见，问询长短，稍有才能的人都留了下来。一天，曾国藩已召见多人，倦极不见客。正在似睡非睡时，忽听外面有吵声，起身向窗外一望，但见一位身材不高、只穿一件单衣的青年人被守门人拦住。青年人声音朗朗，气质非凡，但任凭他怎样讲，守门人仍不放行。青年人也不气馁，大有不见曾国藩不罢休的气势。正在僵持之际，曾国藩推门而出，并喊住守门人，对罗萱说："听君的声音爽朗圆润，必是内沉中气，才质非凡之人。"遂将罗萱引入上宾之位，两人叙谈起来。随后，曾国藩立即决定让罗萱掌管书记，日常文牍往还的工作也一并交给了他。

罗萱，字伯宜，湘潭人。父汝怀，道光十七年（1837）拔贡，曾任芷江学训导，候选内阁中书，以学行闻于时，著有《湖南褒忠录》。罗萱生有夙慧，工诗文书法，能传其父学。为诸生，屡列优等。倡导经世之学，领湖南诗坛风骚数百年、著名的封疆大吏贺长龄，以"家风不可及"闻名遐迩的新化邓显鹤、沈道宽等对他都很器重。

曾国藩率湘军东下时，罗萱以亲老欲辞，但曾国藩写信请他入府，并说："今专足走省，敬迓文旆，望即日戒涂，惠然遄臻，无为曲礼臆说所误。蟪蛄裹沙而不行，於菟腾风而万里。士各有志，不相及也。千万千万！祷切祷

切！"咸丰五年（1855）曾国藩入南昌，重整水师；后进屯南康，设置楚师三局，制造弹药武器，又设船厂，建南湖水师。时年四月，罗萱随曾国藩经吴城入南康。

咸丰五、六年（1855—1856）间，是曾国藩处境最困难的时期。军马倥偬，而客居江西，兵饷皆不宽足，又受太平军石达开部不时攻袭，常常是停泊船上，不用说安生休息，性命也时有不保。为了取得朝廷的信任，还必须经常奏报军中缓急。而罗萱上马操剑，下马走笔，兼具文武，形影不离，是难得的人才。曾国藩每有上疏，罗萱皆操笔如流。有时"警报骤逼，势危甚"，罗萱也"甘心同命"。又时常调解诸将之间的矛盾，使各当其意以去。咸丰六年（1856），翼王石达开入江西，攻陷瑞、临、袁、吉、抚、建诸郡，省城孤悬。罗萱领湘军三千人攻建昌，城即破，但太平军援军忽至，都司黄虎臣战死，城未攻下。于是曾国藩又令其攻抚州，将至，又得知曾国华、刘腾鸿等自鄂援江攻瑞州，曾国藩又令他自抚州赴瑞合攻。在瑞州，罗萱与刘腾鸿等与太平军展开了殊死战，八战皆捷，取得了瑞州战役的胜利。随后，罗萱以久在军中，遂向曾国藩乞假归湘中。

罗萱是喜欢贡献才智又不愿仕进的人，回到家乡后，专心读书，想以写作终其生，地方大员及同乡亲朋不断召其入幕，他均婉言谢绝。同治七年（1868）十一月，既是同乡挚友又很钦佩罗萱的黄润昌奉命入黔，与记名布政使席宝田会同镇压起义。黄润昌再三请求，罗萱入军营掌文案，兼理营务处。每天白天出外领队作战，夜晚笔削奏牍。

黄润昌原受曾国荃的赏识，咸丰九年（1859）被召入安徽军营。次年，在攻复安庆中，黄润昌成功地策动了程学启反叛，后帮李鸿章立足上海，咸丰十一年（1861），又招抚皖南太平军。同治三年（1864），因随攻金陵，加布政使衔。

黄润昌得檄令已是腊月，黔省极为寒冷，罗萱到营后随即开赴清溪。清溪是原邓子垣的军所。安营扎寨后，罗萱和黄润昌设水师、作战守，做大举进攻的准备。湘军进入黔境后，先后攻克铜仁、遵义等五郡，而南路进攻受阻。同治八年（1869）三月，黄润昌、罗萱遇伏战死。黄润昌年仅 29 岁，罗萱年 43 岁。

罗萱相貌温雅，文翰流美，而性极恬退，从军十余年，不趋便营利，亦不图仕进，至死还是个知府。著有《仪郑堂文笺注》二卷，《粤游日记》一卷，《蓼花斋诗词》四卷。

罗萱一世英名，曾国藩凭声识人果然自有其道理。

人类有自己的语言，这是人类和动物相区别的主要特征之一。人在说话时是在进行思想的交流，同时也是心理、感情的流露，其中，语速的快慢、缓急直接体现出人的感情状态和心理特征。

声音在不知不觉中变小者为内向型人，讲话的时候窃窃私语，或仿佛耳语一般，小声嗫嚅的人，一定是属于内向型的人。

内向型的人常常会在无意识之中跟他人保持一定的距离，而且还会采取内闭式的姿势，那就意味着"我不希望你能了解我的心事"以及"不想让初次见面的人一下看穿我的心意"，当然，也就不会畅所欲言了。

内向型的人对他人的警戒心特别强烈，而且认为不必让他人知道与自己有关的事情。正因为如此，他连自己应该说的话也懒得说出口，一心想"隐藏"自我，声音当然也就会变成嗫嚅了。

　　这样的情况不仅是在一对一的聊天时如此，在会议上的发言也是如此，由于他并不想积极说出自身的看法，以致欲言又止，变成了喃喃自语似的，声音很小，又很缓慢。说话的时候，常常不是明确而直截了当地讲出来，总是喜欢绕圈子，使听的人感到焦躁不安。这样的人即使是对于询问也不会做出明确的答复，态度优柔寡断。

　　内向型的人对他人的警戒心理固然相当强烈，但是内心几乎都很温和，为了使自己的发言不伤害到其他人，总是经过慎重考虑之后再说话，同时又担心自己发表的意见将造成跟他人的对立。

　　由于胆怯又很容易受到伤害，而且过度害怕错误以及失败，只好以较微弱的声音娓娓而谈，或许他认为这种说话方式最安全。

　　但是，对于能够推心置腹的亲友以及家属就不一样了，对于这一类尤为亲近的人，内向型的人都会解除警戒心，彼此间的距离也会被拉近。

254

说话速度稍快，说起话来仿佛在放鞭炮似的，几乎都属于外向型的人。

外向型的人善于交流，能说会道，且言语流畅，声音的顿挫富于变化，一旦想到什么事情，就会毫不考虑地说出来，有时又会把自己的身体挪近他人，说到眉飞色舞的时候，口沫横飞，甚至会把他人的话拦腰一"斩"，以便贯彻自己的主张。

即使还不到此种地步，这种人说话的方式仍然显得周到而且清晰，即使是对于初次见面的人，他也能够以亲切的口吻与之交谈，脸上浮着微笑，不时地点头。

当对方的意见、想法等跟他要说的意思一致的时候，他就会随声附和道："就是啊……就是啊……"并且眨动着眼睛，因为对外向型的人而言，跟他人同感，一唱一和之事，乃是至上的快乐。

外向型的人跟别人碰面的时候，只要彼此交谈，就能够使他的性格更为鲜明。所以，话一说到投机处，就无法控制，不断地涌出更多的话题，好似有取之不尽的"话源"似的，有时话题变得支离破碎，无法再度接合，他仍然会喋喋不休。因为对他而言，"开讲"本身就是一件极为快乐的事情。

外向型的人能够在毫不矫揉造作之下，以开玩笑的口吻介绍他自己。有时是自己的可笑之事，他都敢于说出来，博得对方一笑，因为他是个直肠子，什么事情都不隐瞒，不在乎大家都知道他的事。

即使事后自己也认为"说得太过火"，他也不会表示后悔。正因为他具有不拘泥于小节的性格，对于过去的事情很少去计较或者后悔，有时他甚至会忘记自己说过的事情，一旦对方提醒，方才搔着头说："哦！我那样说过吗？"

正因为如此，他喜欢想到哪儿就说到哪儿。乍看之下，这种人似乎轻率而欠缺考虑，事实上，他们懂得配合对方的说话速度，一面看着对方，一面交谈，同时更能够缓急自如、随机应变地改变话题，为的是不想扫对方的兴，因此，我们可以说，这种类型的人很善于社交式的交谈。

总而言之，外向型的说话方式都很注意一个目标，那就是给周围的人营造快乐而轻松的气氛，这是因为他们喜欢跟周围的人一起欢笑的缘故。

大言不张唇，细言不露齿

【原典】

"大言不张唇，细言不露齿"，上也。

【译释】

人们常说，"高声畅言却不需大张其口，低声细语也牙齿含而不露"，这是发声中的较佳者。

"大言不张唇"（严格地说，这是不可能的，应该是"大言却不张大唇"）是谨慎稳重，学识深厚，养之有素的表现；"细言不露齿"，表明其必温文尔雅、精爽简当、成熟干练。曾国藩的意思很明确：说话时的嘴巴动作也可反映出一个人内在的性格。

解读

　　"好马长在腿上，好人长在嘴上"，这恰当地说明了嘴巴对人有着十分重要的作用。这句话有两层含义：一是说人的嘴长得好看，正如女子长有好看的嘴会被称为樱桃小口，强调的是嘴巴的视觉效果；二是嘴巴能花言巧语和雄辩，就像战国时期的苏秦，他就凭借自己的一张嘴巴，完成了游说六国的任务。当然，这里最主要的还是第二层含义。

　　谈吐清晰、口齿伶俐的人。这种人，一般能说会道，给他人的第一印象是嘴上功夫了得。这种人通常会有两种不同的极端，要不才华横溢，要不啰里啰唆。前者能够靠着自己丰厚的知识底蕴，说出的话有根有据，不容辩驳，口若悬河；后者则截然相反，他们说的话虽多，却是长篇累牍，词不达意，但他们也有敏捷的思维、机智灵活，在交往过程中没有半点迟钝和呆板，拥有极为广泛的社会关系。

嘴巴常抿成"一"字形的人。这种嘴形是在要做出重要的决策，或在事态紧急的情况下常有的嘴形。这类人一般都比较坚强，具有坚持到底的顽强精神，面对困难不会临阵退缩，而是一个劲儿地想战胜对方。他们较倔强，每件事都经过深思熟虑才采取行动，这时候谁也阻挡不了他们。他们有"不到黄河心不死，不到长城非好汉"的心理，所以较有可能获得成功。

说话时用手掩嘴的人。这种人属于腼腆型的人，不会将自己轻易地或过多地呈现在众人面前。尤其是他们在陌生人或关系一般的人面前会一言不发。他们比较保守，在与人进行交往的过程当中，极力掩饰自己真实的感受。掩嘴的另外一个意思，还表明可能是自己做错了某一件事情而自我掩饰，张嘴伸舌头也有这方面的意思。

口齿不清、说话迟钝的人。这种人一般性格比较孤僻，在语言表达方面缺乏训练，不喜欢人多的地方，经常独处，这样的人若想获得很大的成就，可谓不易。

不过，这种人也可能属于"不鸣则已，一鸣惊人"的类型。有一句名言说

得好：沉默的人总是最危险的人。在别人夸夸其谈的时候，他们通常是沉默寡言，但在脑中却不停地进行着思考，他们说话不多，但大多是"一鸣惊人"。

牙齿咬嘴唇的人。这种人交谈时常有的动作是上牙齿咬下嘴唇、下牙齿咬上嘴唇或双唇紧闭。他们给人的感觉就是他们在聚精会神地交谈，聆听对方的谈话，同时在心中仔细揣摩话中的含义。他们一般都有很强的分析能力，遇事虽然判断迟缓，但一旦形成决定，则会滴水不漏。

嘴角上挑的人。这种人性格外向，机智聪明，能言善辩，善于和陌生人主动打招呼，并快速地进入亲切交谈的角色。他们胸襟开阔，有包容心，对曾经伤害过自己的人并不记恨。有着非常良好的人际关系，在最困难的时候常常能够得到他人的支持与帮助，属于"吉人自有天相"的人。

粗卑俗陋之声

【原典】

出而不返，荒郊牛鸣。急而不达，深夜鼠嚼；或字句相联，喋喋利口；或齿喉隔断，嗫嗫混谈：市井之夫，何足比较？

【译释】

如果发声像荒郊旷野中牛之孤鸣，虚浮而无余韵；或者像夜深人静时老鼠偷吃东西时发出的"咯咯吱吱"声，急切而不畅达；或者说话时一句紧跟一句，急促却又语无伦次；或者说话时口齿不清，吞吞吐吐，如鸟鸣般嗫嚅，含糊而不能辨其声。这几种都属于市井中人的粗鄙俗陋之声，又怎么能和以上几种声音相比呢？

荒郊旷野，一牛孤鸣，沉闷散漫，有声无韵，粗鲁愚妄之人，其"声"大抵如此；夜深人静，群鼠偷食，声急口利，咯咯吱吱，尖头小脸之人，其"声"与此相似。至于"字句相联，喋喋利口"，足见其语无伦次，声无抑扬，其人必幼稚浅薄，无所作为；"齿喉隔断，嗫嗫混谈"，足见其吞吞吐吐，不知所云，其人必怯懦软弱，一事无成。以上"声"相，当然属于下等，所以曾国藩才不屑一顾地说："何足比较！"

解 读

一般来说，初次见面的时候，声音往往会给对方留下很深的印象。有些

261

人的声音轻缓柔和，有些人的声音带有沉重威严感。人们一般会根据记忆中的声音去认识别人。总的来说，声音能够表现出人们的性格、人品等特性，从脸部表情、动作、言辞无法掌握对方心态时，常常可从声调去体验他情绪的波动。

具有温和沉稳声音的人，一般情况下，这种类型的人办事慢条斯理，常常是这种情况：上午有气无力，下午却变得活泼起来。他们富于同情心，不会坐视受困者而不理。刚开始或许难以交往，但性格比较忠诚，因此朋友虽少却精。

若女性的音质柔和、声调低，那么她们大多性格内向，会随时顾及周围的情况而控制自己的感情，同时也渴望表达自己的观念，因此应该尽量顾及她们的感受。

另外，如果男性的声音比较温和沉着，那么他们乍看上去会显得老实，其实也有其顽固的一面，他们往往固执己见，绝不妥协，不会讨好别人，也不轻易相信别人。

具有高亢尖锐声音的人，一般情况下比较神经质，对环境反应强烈，会因为房间变更或换张床就睡不着觉。他们富于创意与幻想力，讨厌向人低头，说起话来滔滔不绝，常向他人灌输己见。面对这种人不要给予反驳，在一定程度上满足其虚荣心可以让他感觉很好。

在男性中，如果声音较为高亢尖锐，那么他们的个性比较狂热，容易兴奋也会很快感到疲倦。这种人对女性会一见钟情或贸然地表白自己的心意，往往会使对方大吃一惊。高亢声音的男性一般都从年轻时代便透露出其鲜明个性。

如果发出这种声音的是女性，那么她们的情绪一般会起伏不定，对人的好恶感也非常明显。这种人一旦执着于某一件事时，往往顾不得其他。这种人会轻易说出与过去完全矛盾的话，且并不以为意。

在人们的语言中，除了音感和音调之外，语言本身的韵律也能够透视人心的感情因素。

一般来说，成功的政治家、企业家等，在掌握言谈的韵律方面，都有自己的独创之处。就是这种细节性的处理方式，才能够使他赢得社会或下属的尊重和信任。

说话速度慢的人，一般都性格沉稳，他处事做人一般是那种十足的慢性子。

如果话题沉闷、冗长，要有相当时间才能告一段落的情况，说明谈论者心中必潜藏着唯恐被打断话题的不安。唯有这种人，才会以盛气凌人的方式谈个不休。至于希望尽快结束话题交谈的人，也有害怕受到反驳的心理，因此经常会让对方有意犹未尽的感觉。

另外，若一个人总是滔滔不绝谈个不止，那么他有可能是目中无人，也有可能是喜欢表现自己。这类人的性格十分外向，但不会很讨人喜欢。

从说话的情形中看人

【原典】

音者，声之余也，与声相去不远，此则从细曲中见耳。贫贱者有声无音，尖巧者有音无声，所谓"禽无声，兽无音"是也。凡人说话，是声散在前后左右者是也。开谈多含情，话终有余响，不唯雅人，兼称国士；口阔无溢出，舌尖无窕音，不唯实厚，兼获名高。

【译释】

音，是声的余韵。音跟声相去并不远，其间的差异从细微的地方还是可以听出来的。贫穷卑贱的人说话只有声而无音，显得粗野不文雅，圆滑尖巧的人说话则只有音而无声，显得虚饰做作，俗话所谓的"鸟鸣无声，兽叫无音"，说的就是这种情形。普通人说话，只不过是一种声响散布在空中而已，并无音可言。如果说话的时候，一开口就情动于中，而声中饱含着情，到话说完了似乎还有余响，则是温文尔雅的人，而且可以称得上是社会名流。如果说话的时候，口阔嘴大却声未发而气先出，口齿伶俐却又不矫造轻佻，这不仅表明其人自身内在素养深厚，而且预示其人还会获得盛名隆誉。

解 读

曾国藩说"声"和"音"是有区别的，而这种区别跟音质和音色似乎并无太大的关系，这种区别更多取决于当事人说话时表现在外的各种情形。

在现实生活、工作、社会交往当中，细心观察和聆听对方说话的情形，可以比较准确地把握对方的心理活动。

善于倾听的人，大部分是富有自己缜密的思维、独特的思想，而又性情温和、谦虚有礼的人。他们或许并不太能引起别人的注意，但通过一段时间的交往，一定会得到别人的依赖与尊重，他们善于思考，虚心好学，是值得信任的朋友。

能说会道的人，大多反应速度快，思维比较敏捷，随机应变的能力强。他们善于交谈，与他人讲大道理，以显示自己的圣明。该类型的人圆滑世故，处理各种各样的问题都非常老练，他们在绝大多数时候会很招人喜欢，由此人际关系会很不错。

在说话中常带奇言妙语者，他们大多比较聪明和智慧，具有一定的幽默感，比较风趣，而且随机应变能力强，常会给他人带去欢声笑语，很招他人的喜欢。

在谈话过程中转守为攻者，多心思缜密，遇事能够沉着冷静地面对，随机应变能力强，能够根据形势适时地调节自己。他们做事一向稳重，从不做没有把握的事情，总是首先保证自己不处于劣势，然后再追求进一步的成功。

在与人交流的过程中，能够运用妙语反诘的人，不但会说，而且还会听，当发现形势对自己不利的时候，能够及时抓住各种机会去反击，从而使自己处于主动的地位。

善于根据谈话的进行，适时地改变自己言谈的人，大都头脑比较灵活，能够在极短的时间内，准确地分析自身的处境，然后寻找恰当的方式求得解脱。

言谈十分幽默的人，多感觉灵敏，胸襟豁达，心理健康，他们做事很少死板地去遵循一定的规则，甚至完全是不拘一格。他们十分灵通、圆滑，显得聪明、活泼，很多人都愿意与他们交往，他们会有很多的朋友。

在谈话过程中，常常说一些滑稽搞笑的话以活跃气氛的人，待人比较亲切和热情，并且富有同情心，能够顾及他人的感受。

在与人谈话期间，善于以充分的论证论据说服他人的人，大多是相当优秀的外交型人才。他们能够通过自己独特的洞察力，使自己占据一定的主动地位，使他人完全按自己的思路走，以赢得最后的胜利。

自嘲是谈话的最高境界，善于自我解嘲的人多有比较乐观、豁达、超脱、调侃的胸怀和心态。

在谈话中善于旁敲侧击的人多能听出一些弦外之音，又较圆滑和世故，常做到一语双关。

在谈话中软磨硬泡的人，多有较顽强的性格，有一股不达目的誓不罢休的精神，一直等到对方实在没有办法，不得不答应，才罢手。

在谈话中滥竽充数的人，多胆小怕事，遇事推卸责任，凡事只求安稳太平，没有什么野心。

避实就虚者常会制造一些假象去欺骗、糊弄他人，一旦被揭穿，又寻找一些小伎俩以逃避、敷衍过去。

固执己见者从来听不进他人的意见和建议，哪怕他人是正确而自己是错误的。

当然，要真正做到听其言识其本质，仅仅把握对方的一时的心理活动是远远不够的。那么怎样才能真正做到"听其言，识其人"呢？

第一，"兼听则明，偏听则暗"。即指不能偏听一人之言，而应多听众人之言；不能只听其一面，而应多方征求，兼而察之。

第二，"听话听音，锣鼓听声"。这是一句俗语，但富含哲理，即听话不可仅听其表面，也不可"左耳进，右耳出"，一听而过，而应听其实质，听其含义。而要如此，必须加以具体分析。这样，无论是真话、假话、直话、绕话，旁敲侧击之话，还是含沙射影之话，都可以听出一些味道而了解其真意。

第三，听其言而察其人。语言无论怎样表达，都在一定程度上反映了一个人的性格和品质。一般而言，经常说真话的人必是为人忠诚，实事求是之人；经常说假话的人，必是巧伪奸诈之人；直来直去说话的人，必是性格直爽，心直口快之人；说话词意不明的人，必是唯唯诺诺之人；说一些朴实无华但富含哲理之言的人，必是很有思想、很有见地之人。因此，说话，实质上是一个人品性、才智的外露，只要考察者出于公心，从一个人的说话，定能有所发现。例如，三国时，陈琳曾在一篇檄文中把曹操骂得狗血淋头，但

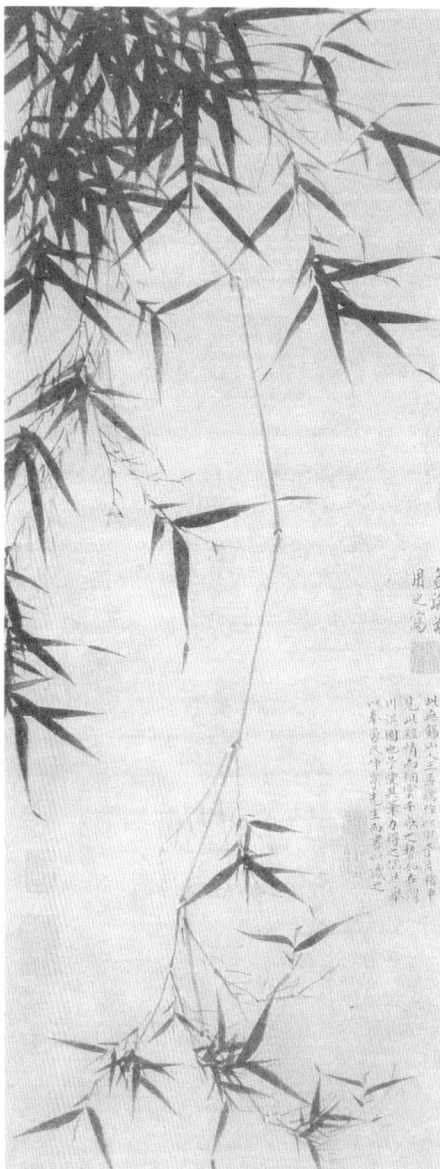

曹操却从中发现陈琳是一位很有才华的人，后来予以重用。张辽被曹操捕获，对曹操破口大骂，曹操却从中发现张辽是位性格直爽的忠勇之士，而当场释放，委以重任。而吕布虽武艺超群，但一见曹即跪地求饶，其声甚切，但曹一听其言，复忆其行，即知其是反复无常、贪生怕死之人，当即处死。可见，"言为心声"，只要慎听，是能听出一些名堂来的。

当然，"知其心，而听其言"，与"轻言重行，综核名实"并不矛盾。这里强调的是察人，不排斥"察言"，"察言"是察人的一个方面。而"察言"又与"信其言"不同，"信其言"是有条件的，"事莫贵乎有验，言莫弃乎无证"，"如其心而听其言"，"有证"之言、"知其心"之言可信，而无证之言，不"知其心"之言，非但不可信，还应从反面去理解它。

"齐桓公兼听用管仲"的做法就很值得我们借鉴。

据《史记·齐太公世家》记载，齐襄公当政时，因醉杀鲁桓公，他的弟弟公子纠和小白因怕受到牵连，所以分别同其师傅管仲、鲍叔牙到鲁国和莒国避难。

齐国国君被刺杀后，齐国诸位大夫商议立君之事。这时高奚等人暗中派人到莒国召回小白，商议让其继位。鲁国人听到死讯后，也发兵送公子纠回齐国继位，并命管仲率领军队阻拦小白回国。在进军的路上，管仲与小白的人马相遇，管仲向小白射了一箭，恰中小白的带钩，小白装死而骗过管仲，躺在车中立即奔回齐国，继承了君位，是为齐桓公。小白即位后，发兵攻打鲁国，在乾地将鲁兵打败，并送信给鲁国国君道："子纠是我的哥哥，不忍亲手杀他，请鲁国把他杀了。召忽、管仲是我的仇人，请你们交给我把他们剁成肉酱，否则，我就围攻鲁国。"鲁国害怕，便在笙渎杀了公子纠，召忽自杀，管仲自请囚禁。

齐桓公发兵攻打鲁国，原想杀死管仲，以报一箭之仇。为此，鲍叔牙对齐桓公说："我跟您已经很多年了，今天您被立为国君，这是非常荣幸的事情。国君的地位虽然很崇高，但是我没有本领再帮助您提高地位和荣誉了。如果仅仅治理齐国，有高傒和我两个人的辅佐就足够了。如果您要称霸诸侯，那非有管仲不可。论本领，他比我大很多，所以管仲在哪个国家，哪个国家的地位就会提高，你可千万不能错过这个机会呀！"齐桓公非常奇怪地反问道："管仲亲自用箭射过我，差点使我丧命，我们怎么还可以用他呢？"鲍叔牙听后哈哈大笑，并对桓公说："这就是他忠于自己主人的最好表现。如果您能宽恕他，重用他，他也一定会像侍奉公子纠一样地侍奉您。"于

是齐桓公听从了鲍叔牙的劝告，便使用"佯召管仲欲报仇"的计谋，将管仲要回齐国。

管仲回到齐国以后，齐桓公不记一箭之仇，拜管仲为相国，而鲍叔牙则为副手。管仲执政后，与鲍叔牙、隰朋、高傒同心协力治理国家，改革内政，整顿军制，发展经济，救济贫穷，选拔贤才，使齐国很快强大起来。到公元前656年，齐国威望大大提高，齐桓公终于取得了霸主地位。

齐桓公与管仲本有一箭之仇，欲将其剁成肉酱方解心头之恨。但经鲍叔牙的举荐，说明齐国要想称霸于诸侯非管仲辅佐不可的道理后，具有雄才大略的齐桓公不仅不杀管仲，而且委以重任，让其执掌国政，实在是胆识过人。如此这样，不懂得"兼听则明"的道理是断然办不到的。

要做到"兼听则明"，在听言观行中，需注意以下几点：

一是众人观察。孟轲有这样一段名言："左右皆曰贤，未可也；诸大夫皆曰贤，未可也；国人皆曰贤，然后察之，见贤焉，然后用之。左右皆曰不可，勿听；诸大夫皆曰不可，勿听；国人皆曰不可，然后察之，见不可焉，然后去之。"（《孟子·梁惠王下》）他告诫人们对贤者下判断时，

一定不能只凭个人一隅之见，而要听群众意见；之后，还要"察之"，要看其是否果真如此，勿为不负责任的"闲言碎语"或"恶意中伤"所离间。李觏也认为，不能仅凭"一人之举"，而需众人"共举"（《李觏集·安民策》）。

金世宗完颜雍曾说过："朕之取人，众所与者用之，不以独见为是也。"（《金史·世宗纪中》）即我选用人才时，大家都推荐的才使用，我并不认为个人的看法都是对的。

二是长期观察。李觏认为对德才的确定，不能只凭一时的表现，而需经较长时期的考察，要"日观其德，月课其艺。贤邪非一时之贤，久居而不变，乃其贤也。能邪非一时之能，历试而如一，乃其能也"（《李觏集·安民策》）。

三是全面观察。西汉邹阳认为，识别评价人才要"公听并观"（《西汉文·邹阳狱中上梁王书》），从各方面进行观察，德才资全面衡量；观其主旨，不求微功细过。

四是责求实效。苏轼认为，根据实绩判断能力的强弱才是正确的知人之法。"得人之道，在于知人；知人之法，在于责实。"（《苏东坡全集·议学校贡举状》）

智慧要义

《冰鉴》声音篇的识人用人要义也很明显：音乃心声，辨声取人。在此，我们仍然结合古人的相关论述做个总结。

《礼记·乐记》云："凡音之起，由人心生也。人心之动，物使之然也。感于物而动，故形于声。声相应，故生变。"对于一种事物由感而生，必然表现在声音上。人外在的声音随着内心世界变化而变化。

《大戴礼记·少间篇》记载："商汤通过声音选取人。"《文王官人篇》"六征观人法"中有"听声处气"的办法。刘劭《人物志·九征篇》亦曾经涉及声音取人之法，这里按先后排列如下：

《文王官人篇》认为，天地最初的元气产生万物，万物产生后自然有各种声音，而声音有刚烈有柔和，有的混浊，有的清脆；有的美好，有的丑恶，而刚柔、清浊、美恶都产生于声音本身。心性华丽的人，发出的声音就流宕发散；心性柔顺贞信的人，发出的声音就柔顺而有节制；心性卑鄙乖戾的人，发出的声音就嘶哑而丑恶；心性宽缓柔顺的人，发出的声音温和而又美好；贞信之气中正简易，仁义之气舒缓和悦，智能之气简练悉备，勇武之气雄壮直率。因此要聆听人发出的声音，来判断其气质类型。

《人物志·九征篇》认为：容貌颜色的变化动作，是由于心气的作用，而心气的外在表现则是声音的变化。人的气息结合则形成声音，声音和旋律节奏相适应，有的声音听起来有中和平缓的气象，有的声音听起来清雅流畅，有的声音听起来回旋荡漾。

人的声音，如同人的心性气质一样，各不相同。通过人的声音而判断人的心性气质，这样一来，人的聪慧愚笨、贤能奸邪就可以判断出来了！成年人固然可以通过声音判断人的道德品行，即使是婴儿小孩，精血虽未充实完备，但是其才气性情的美好丑恶，也很容易被有识之士看破。

《春秋左氏传》记载鲁昭公二十八年，伯石刚生下来时，子容的母亲去告诉婆母说："大伯母生了一个儿子！"婆母要去看望，走到厅堂时，听到伯石的声音便掉头而回，说："是豺狼一样的声音！狼子野心昭然若揭，这恐怕要亡掉羊舌氏家族了！"于是没有看望伯石，而后来杨食我（即伯石）果然帮助祁盈覆灭了羊舌氏宗族。又记载，楚国司马子良生下儿子越椒，子文说："这孩子长得虎背熊腰，而发出的声音如同豺狼一般，如果不杀掉他，将来他一定毁掉若敖氏家族！"子文的预测后来也被证实。

《晋书·桓温传》记载，桓温生下来不满一周，太原人温峤看见桓温说："这孩子骨相奇特，容貌非常，再让哭一声看看！"等听到桓温的哭声，温峤便说道："这真是一个英雄人物！"后来桓温果然以雄武之才专擅东晋朝政，甚至想窃取东晋的江山，这都是明显的例证。

听声察音尽管不能准确全面地看清一个人，但是我们大家都熟知的事实是：男人生性气质刚强，所以声音就舒缓粗壮；女子生性气质柔和，所以声音就温润和蔼、美丽媚人；年龄大的人心力已衰耗殆尽，所以其声音就松弛和缓；而婴儿幼童心气刚刚充实饱满，所以其声音就迅疾爽脱，其他的以此类推，也可以大致了解了。

气色第七

气与命相对，色与运相配。气色这一概念在中国的传统文化中一直占有很重要的地位。据此，曾国藩在《冰鉴》里认为，人以气为主，气在内为精神，在外为气色，气与色是表里性的一组概念。曾国藩还强调，气色的存在形式和类型角度从某种程度上来说是变化不定的，所以在通过气色观人识人时应持变化的观念，而不能做机械式的判断。

面部气色，显其命运

【原典】

面部如命，气色如运。

【译释】

如果说面部象征并体现着人的命，那么气色则象征并体现着人的运。

解 读

面部体现着人的命运，气色体现着人的运势。在由表象识人的方法中，由气色观人虽不及由精神、神态等方面观人重要，但也是一个很好的辅助观察手段。

据记载，商容和殷商百姓观看周朝军队进入商都朝歌时，看见毕公来到，殷商百姓便说："这真是我们的新君主啊。"

商容却说："不可能是，他虽然威严但面呈急躁，所以君子遇到大事都呈诚恐之色。"

殷商百姓看到太公姜尚到来，都说："这应该是我们的新君主了。"

商容却说："这也不是，他的颜色相貌，像虎一样威武雄壮，像鹰一样果敢勇武。这样的人率军对敌自然使军队勇气倍增，情况有利时勇往直前，所以君子率军对阵要敢于进取。"

当看到周公旦来到时，殷商百姓又说："这应该是我们的新君主了。"

商容摇头，说："这也不是，看他的容颜气色，脸上充满着欢欣喜悦之气，他的志向是除去贼人，这不是天子，大概是周朝的相国；所以圣人为民首领应该有智慧。"

最后，周武王出现了，殷商百姓说："这肯定是我们的新君主。"

商容说："是的，他为海内百姓讨伐昏乱不道的恶君，但见恶不露怒色，见善不现喜气，颜貌气色十分和谐，所以他肯定是我们的新君主。"

一般来说，人的面部气色忌青色，也忌白色，青色常常出现在眼的下方，白色常常出现在眉梢附近。但是青色和白色出现在面部又有不同的情况：如果是由于心事忧劳而面呈青色，这种青色一定既浓且厚，犹如凝墨；如果是遇到飞来横祸而面呈青色，这种青色则一定轻重不均，状如浮烟；如果是由于嗜酒贪色而疲惫倦怠面呈白色，这种白色一定势如卧羊，不久即会散出；如果是由于遇到大灾大难而面呈白色，这白色一定状如枯骨，充满死气。还有，如果是青色中带有紫气，这种气色出现在金形人的面部，此人一定能够飞黄腾达；如果是白润光泽之色，这种气色出现在金形兼土形人的面部，此人也

会获得富贵。这些都是特例，就不在此论述了，而最为不佳的气色为以下四种：白色围绕眼圈，此相主丧乱，黑色聚集于额尖，此相主参革；赤斑布满两颊，此相主刑狱，浅赤凝结地阁，此相主凶之。以上四相，如果仅具其一就会前程倒退败落，并且接连遭灾遇祸。

"惨怿之情在于色"，即通过对一个人"色"的观察，可以看出他情感的表现。因色是情绪的表征，色悦者则其情欢，色沮者则其情悲。

色，主要是指人的面色："夫声畅于气，则实存貌色；故诚仁，必有温柔之色；诚勇，必有矜奋之色；诚智，必有明达之色。"气流的通畅发出了声音，一个人的性格则会在相貌和气色上有所流露。所以，仁厚的人必有温柔的貌色，勇敢的人必有激奋的气色，智慧的人必有明朗豁达的面色。

总之，仁善厚道之人，有温和柔顺之色；勇敢顽强之人，有激奋亢厉刚毅之色；睿智慧哲之人，有明朗豁达之色。

禀气而生，见之贤愚

【原典】

大命固宜整齐，小运亦当亨泰。是故光焰不发，珠玉与瓦砾同观；藻绘未扬，明光与布葛齐价。大者主一生祸福，小者亦三月吉凶。

【译释】

大命是由先天生成的，但仍应该与后天遭遇保持契合，小运也应该一直保持顺利。所以如果光辉不能焕发出来，即使是珍珠和宝玉，也和碎砖烂瓦没有什么两样；如果色彩不能呈现出来，即使是绫罗和锦绣，也和粗布糙布没有什么二致。大命能够决定一个人一生的祸福，小运也能够决定一个人几个月的吉凶。

解 读

自然界中容易感染影响人、物的，莫过于气；而一个人有威仪、有风度，也可以成为别人的楷模。所以人的威仪风采可以感染影响他人的，就是气象。

《近思录》说："孔子是天地之间的元气；颜回则像春天一样和煦温暖；而孟子身上有一种肃秋杀气。孔子的气象无所不包，而颜回遵从孔子的教诲，像是愚笨似的，但却是一种自然和谐的气象，可以做到不说一句空话而感人无穷；孟子则是才情毕露，这也是时代使然。孔子，如天地一样；颜回，像和风一样；而孟子则是气象如泰山一样威严。"《人谱类记》记载：程颐、程颢在伊川，气象极其严峻肃整，但是有点刻板迂腐而不可接近；只有明道先生程颢和蔼平易而又不失一身正气，颇得孔子的家法。一天，明道先生与弟弟程颐同到一所寺庙，明道先生由左门进去，弟弟经右门进去，跟随明道先生从左门进去的数以百计，跟随弟弟从右门进去的寥寥无几。程颐十分感慨地说："这正是我不如家兄的地方啊！"

古人认为，人禀气而生，气有清浊、昏明、贤鄙之分，人有寿夭、善恶、贫富、贵贱、尊卑的不同，这些由气能反映出来。气旺，则生命力强盛；气衰，则生命力衰弱。生命力旺盛与否，与他日常行事的成败有密切联系，生命力不强，难以顽强地与困难作斗争，自然难以成功。生命力旺盛，则能长期充满活力、精神焕发，是战胜困难，取得成功的必要条件。但是气的旺衰，与人之好动好静并不一样。好静好动与性格有关，与气则无直接联系。

"色"，就人体而言，指肤色，或黑或白，且有无光泽。古人认为，色与气的关系是流与源的关系，色来源于气，是气的外在表现形式，气是色之根本，气盛则色佳，气衰则色悴。如果气有什么变化，色也随之变化，古人合称为"气色"。大家知道，人生病，其气色不佳，就是"气色"之说的一种表现。

古人有关"气色"有两组重要概念：

一是主色与客色。

主色，就是先天之色，自然之色。古人认为，先天之色随五行形相而生而现，且终生不变，五行之色与五行形相对应起来，金为白色，木为青色，水为黑色，土为黄色，火为赤色。这五种颜色是基本的肤色，实际中也会有一些变化，只要与五行形相相配，就是正色，就是吉祥之色。

客色，就是后天之色，随时间变化，四季、晨昏均有不同表现。以客色来定吉凶，自然是随时间、方式、部位而定，没有什么恒定的规律。古人的"气色"，更多的是指这种变化不定的客色。

二是吉色与凶色。

吉凶祸福是古代预测学要预知的重要内容，是阴阳学的价值指向。吉色与凶色又称正色与邪色，吉色代表吉祥顺利，凶色兆示凶险恶祸。合五行之色的为吉，不合的为凶。主要依据五行肤色而定。客色则依十二地支所在部位而定。

"大命固宜整齐"，意指人的智慧福泽应当比例均衡，不宜失调。如果失调，不平衡，则智者往往早夭，福者往往庸愚，这种状态自然谈不上好命。"小运亦当亨泰"，亨泰，在《周易》中有"元亨利贞"之说，泰有"天交地泰"之名，亨泰就是吉利顺畅之意，意思是说小运流年如应顺和通泰，方才是好。如果小运偏枯晦滞，也易早夭，或元气不足，难当福贵。犹如有钱却不会花之人，守着巨大财富，却享受不到人生富足的乐趣。

现实生活中确有这种情形，聪慧者早夭，多福者平庸。唐代诗人王勃临死前数月，在滕王阁上所作的《滕王阁序》中说"时运不济，命途多舛"，而他死时才27岁，如能"大命整齐"、"小运亨泰"，则可福寿双全、名声高重了。

气色旺，自然有光泽闪烁。作者用了两个比喻来说明这个问题。珠玉自比瓦砾珍贵百倍，因为它有闪烁悦目之光焰，如果失去了美丽的光泽，与瓦砾还有多大区别呢？丝绸锦织，如果失去它明艳光滑的色泽，与平常的葛布又有多大区别呢？人之气色旺，则有光泽。失去光泽，还能说气色旺吗？那么其人之命运自不可言"好"了。

古人认为，气色对人之命运有非常重要的影响，从大处说，可推测一生的祸福；从小处讲，也能主三五个月的吉凶。大处者，是与生俱来，不会轻易变化的；小处者，是临时而发，随时而变，或明或暗，变动不居的。因此，曾国藩说"大者主一生祸福，小者亦三月吉凶"。

色为外气，气为神表

【原典】

人以气为主，于内为精神，于外为气色。

【译释】

气是一个人自身生存和发展的主要之神，对内在的生命表现为人的精神，外在形式表现为人的气色。

解 读

人以气为自身的主宰，气在内体现为人的精神，在外表现为人的气色。

气色这一概念在传统文化中是非常重要的。气与命相对，色与运相配。要注意的是，"命运"一词当是"命"与"运"的合称，"命"是先天生成的，不易改变，"运"是后天的，有可能改变。人分多种，有命好运佳者，此为上上者；有命好运不佳者，主一生有成，但非常不顺利；有命不好但运佳者，主一生顺利，但成就不会太大；有命不好运不佳者，则一生坎坷，终无所成。

曾国藩在《冰鉴》里认为，人以气为主，气在内为精神，在外为气色，把气与色看作表里性的一组概念。更重要的是，从气色的重要性、存在形式和类型角度来说明气色变化不定，在观察气色时应持变化的观念，不能作机械式的判断。

"人以气为主"，是说"气"对人非常重要，处在主宰、根本的地位；"于内为精神，于外为气色"，是说"气"有一内一外两种存在形式，内在存在形式是精神，外在存在形式为气色；换句话说，观察气，既要观察内在的精神，又要观察外在的气色，这两句话实际上指出了观察气的门径，也指明了精神与气色的实质。

在传统相学中，"气色"是分为"气"和"色"两个概念的。刘邵在《人物志》一书中就把"气"和"色"分开来识别人才。

他认为，"躁静之决在于气"，即通过一个人的"气"的观察，可以看出他是好动型的或是好静型的，因为气之盛虚是一个人性格的表现，气盛者则其人好动，气虚者则其人好静。

通过对一个人声音的识辨，也可以识人："夫容之动作，发乎心气，心气之征，则声变是也。夫气合成声，声应律吕：有和平之声，有清畅之声，有回衍之声。"其意思是说，外表的动作，是出于人的心气。心气的象征又合于声音的变化。气流之动成为声音，声音又合乎音律。有和平之音，有清畅之音，有回荡之音。

古代善于识人者，往往能够从成败之外看到人才的长处，这是最难能可贵的。而庸人却只能以成败论英雄，如此一来，必然会错失未显达时的管仲、张良。管仲在未佐齐桓公时，什么都不成功；张良未遇刘邦时，刺杀秦始皇也不成功。这是因为事情的成功会受到许多偶然因素的干扰，运气好时，瞎猫也能撞上死耗子；运气不好则天才也难成功。观察人才，应仔细考察其做事的方法和手段，即便他这次未成功，但可以知道他的特点，是胆大心细？是计划周密？还是凭偶然性完成了这项任务？计划周密、胆大心细的人，即便这次不成功，下次也会成功。有的人才能很高，只因为时机不成熟，才能一直得不到发挥，如果只以成败论英雄，就很难真正发现有才能的人。

古代将帅用人，着重考察人物的心性才能，不要待他把事做定之后再下结论，只持初端就可做判断。许多成功者在事情还没有完成之前，潇洒自如，胸有成竹，在进行中就能信心十足地把握住未来的发展方向，即使有困难、

有压力，但心中分寸已经安定，也会有挥洒自如的外在表现和乐观的信心，以这种心态来引导事业，其前景是可以期望的。而愚才做事之前却没有雄心，使人提心吊胆、惴惴不安。这也是观时识人所必须掌握的。

人才自古不嫌多，其中大半都未识。从前太冥主宰不周山，河水冲进那里的山洞里，山石将要裂开了，老童走过这里便为之担心，并告诉太冥说：山将要崩裂了。太冥听了大怒，认为这是妖言。老童过去又把这话告诉了太冥的侍臣，侍臣也大怒道："山怎么能崩裂呢？只要有天地，就会有我们的山，只有天崩地裂，山才会崩裂！"便要杀害老童，老童惊愕而逃。不久共工用头触那山，山的主体便像冰一样崩裂开了，太冥逃走，后来客死于昆仑山的废墟，他的侍臣也都失去了他们的家园。太冥在危时不能识人于忠，终于得到了应有的下场。

当然，聪明的领导者一般都能够随时随地了解人的特性并识之用之。如曾国藩在长沙期间，与郭嵩焘、刘蓉深交。任京官时，又广交友朋，以文会友。如吴竹如、窦兰泉、冯树堂、吴子序、邵意西等友人，这些人才后来都成为了他幕府中的重要人物。他在礼部复试时，因欣赏"花落春仍在"的诗句而识拔了俞樾，又在朝考阅卷时看中了陈士杰。后来，他们对曾国藩的事业都有过很大的帮助。因此，正如他所说，"今日所当讲求者，惟在用人一端耳"，站在治国兴邦的高度，人才是关键问题，而当时的官吏在用人过程中大多退缩、琐屑、敷衍。"但求苟安无过，不求振作有为，将来一有艰巨，国家必有乏才之患。"可惜天下英才处处埋没，不亦痛乎？

躁静之决，多在气色

【原典】

有终身之气色，"少淡、长明、壮艳、老素"是也。有一年之气色，"春青、夏红、秋黄、冬白"是也。有一月之气色，"朔后森发，望后隐跃"是也。有一日之气色，"早青、昼满、晚停、暮静"是也。

【译释】

气色有多种形态，有贯穿人的一生的气色，就是"少年时期气色纯清稚嫩，青年时期气色勃兴光洁，壮年时期气色旺盛丰美，而老年时期则为朴实平和"。有贯穿一年的气色，就是"春季气色为青色——木色、春色，夏季气色为红色——火色、夏色，秋季气色为黄色——土色、秋色，冬季气色为白色——金色、冬色"。有贯穿一月的气色，就是"每月初一日之后如枝叶盛发，十五日之后则若隐若现"。有贯穿一天的气色，就是"早晨开始复苏，白天充盈饱满，傍晚渐趋隐伏，夜间安宁平静"。

解 读

气为"至精之宝"，与人的健康状况和命运的塞滞顺畅息息相关，由气能知人命运；气又有人心人性的指示作用，由人之气能看出人的性格优劣和品德高下，即"气乃形之本，察之见贤愚"。人以气为主，气在内为精神，在外为气色，气色变化不定，即在观察气色时应持变化的观念。

人一生要经历漫长的路程，大致说来有四个时期：幼年时期、青年时期、壮年时期、老年时期。在各个阶段，人的生理和心理发育及变化都有一定差异，有些方面甚至非常显著。表现在人的肤色上则有明暗不同的各种变化。这就如同一株树，初生之时，色薄气雅，以稚气为主；生长之时，色明气勃；到茂盛之时，色丰而艳；及其老时，色朴而实。人与草木俱为天地之物，而人更钟天地之灵气，少年之时，色纯而雅；青年之时，色光而洁；壮年之时，色丰而盛；老年之时，色朴而实，这就是人一生几个阶段气色变化的大致规律。人的一生不可能有恒定不变的气色，以此为准绳，就能辩证看待人气色的不同变化，以"少淡、长明、壮艳、老素"为参照，可免于陷入机械论的错误中去。

人的生理状态和情绪，常常随季节和气候的变化而变化，而这种内在变化就会引起气色的变化，所以随着季节不同、气候变化，人的气色也不同。所谓"春青、夏红、秋黄、冬白"，是取其与四时气候相应所做的比拟。应该说，这种比拟颇为准确：

春季，草长莺飞，百花盛开，绿色遍野，春情萌发，人类的生存欲望，此时最为强烈。按照五行之说，春属木，木色青，于人则为肝，春季肝旺，所以形之于色者为青，青色，生气勃勃之色也。

夏季，赤阳高照，天地为炉，人类的情绪，此时最为激动。五行上夏属火，火色红，于人则为心，心动则气发，气发于皮肤呈红色。

秋季，风清气爽，天高云轻，万木黄凋，人类受此种肃杀之气的感染，情绪多凄惶悲凉。秋属金，金色白，"金"为兵器，"白"为凶色，虽然得正，却非所宜。宜黄者，以土生金，不失其正，而脾属土，养脾以宜气，所以说"秋黄"。

冬季，朔风凛冽，侵入肌骨，秋收冬藏，人类生活，此时趋于安逸，冬属水，水色黑，于人则为肾，肾亏则色黑，不过其色虽得正，却非所宜。宜白者，以金生水，不失其正，而固肾以养元。

"一月之气色"，随月亮的隐现而发，初一之后，气色如枝叶之生发，清盛可见，十五之后，气色就若隐若现，如月圆之后，渐渐侵蚀而消失。

"一日之气色"，则因早、中、晚气候的变化而有小范围的变化，大致上是早晨气色复苏，如春天之草绿；中午气色饱满充盈，如树木之夏茂；傍晚气色渐隐渐伏，如大地之秋黄；夜间气色平静安宁，即秋收冬藏之意。

观色识人法的记载还见于刘劭所撰《人物志·八观篇》："所以忧惧害怕的颜色大都是疲乏而放纵，热燥上火的颜色大都是迷乱而污秽；喜悦欢欣的颜色都是温润愉快，愤怒生气的颜色都是严厉而明显，嫉妒迷惑的颜色一般是冒昧而无常。所以，当一个人说话特别高兴而颜色和语言不符时，肯定是心中有事；如果其口气严厉但颜色可以信赖时，肯定是这个人语言表达不是十分畅敏；如果一语未发便怒容满面时，肯定是心中十分气愤；将要说话而怒气冲冲时，是控制不了的表现。所有上述这些现象，都是心理现象的外在表现，根本不可能掩饰得了，虽然企图掩饰遮盖，无奈人的颜色不听话啊！"

"色"还是一个人情绪的表现，"色"愉者其情欢，"色"沮者其情悲。也有不动声色之人，需从其他角度来鉴别他们的情绪状态。

"色"的含义比较广泛，它是一个人的气质、个性、品格、学识、修养、阅历、生活等因素的综合表现，与肤色黑白无直接联系。

另外还有一种通过察言观色辨别君子小人的办法，大家也可以简单地了解一下：

喜怒不形于色，宠辱不惊于身，处危难之际而仍然能够性情闲适畅朗，听到赞誉或诋毁时能够颜色不变，以天下之兴衰治乱为己任，先天下之忧而忧，后天下之乐而乐，这样的人是高居上位的君子；愤怒而不至于放肆，得意而不至于忘形，从不猜测将来人生、事业的得失取舍，更不因此而忽喜忽怒；不揣度未来己身的荣宠和耻辱，更不因之欢欣忧戚，这样的人是身居下位的君子；喜怒哀乐都由感情，恩人仇人界线分明，喜欢玩弄权术欺上瞒下，固执迂腐，骄傲放纵，喜欢同类、排斥异己，患得患失，色厉而内荏，羞于谈及自己微贱时的小事，害怕别人提及自己未发达时的经历，这样的人是在上位的小人；一有风吹草动就惊慌失措，遇到事情就慌里慌张，风风火火，喜欢卖弄自己的长处，害怕提及自己的缺点，别人附和自己就十分欢喜，反对自己就愤怒非常，想到自己可能荣华富贵就神思飞扬，将要升至高位时便颜色大变，这样的人是身居下位的小人。

在日常生活中，我们不妨学习一点"察言观色"的技巧，这对我们来说是相当有益的。

观色望气，可知其命

【原典】

科名中人，以黄为主，此正色也。黄云盖顶，必掇大魁；黄翅入鬓，进身不远；印堂黄色，富贵逼人；明堂素净，明年及第。他如眼角霞鲜，决利小考；印堂垂紫，动获小利；红晕中分，定产佳儿；两颧红润，骨肉发迹。由此推之，足见一斑矣。

【译释】

对于追求科名的士人来说，面部气色应该以黄色为主，因为黄色是正色、吉色。如果有一抹黄色的彩云覆盖在他头顶，那么可以肯定，这位士子必然会高中状元；如果两颧部位各有一片黄色向外扩展，如两只翅膀直插双鬓，那么可以肯定，这位士子封爵受禄已经为期不远；如果命宫印堂呈黄色，那么可以肯定，这位士子很快就会大富大贵起来；如果明堂部位即鼻子白润而净洁，那么可以肯定，这位士子必能科考入第。如果眼角即鱼尾部位红紫二色充盈，其状似绚丽的云霞，那么可以肯定，这位童子参加小考，必然能够顺利考中；命宫印堂，有一片紫色发动，向上注入山根之间，那么可以肯定，此人经常会获得一些钱财之利；如果两眼下方各有一片红晕，而且被鼻梁居中分隔开来从而互不连接，那么可以肯定，此人定会喜得贵子；如果两颧部位红润光泽，那么可以肯定，此人的亲人必然能够立功显名。由此推而广之，一个人的面部气色与他的命运之间的关系就可以窥一斑而知全豹了。

解 读

《逸周书·官人》认为："民有五气：喜、怒、欲、惧、忧。喜气内蓄，虽欲隐之，阳怒必见；欲气、惧气、忧悲之气皆隐之，阳气必见。五气诚于中，发形于外，民情不可隐也。"

它说明，人的各种感情总会在外部有所流露，即使想隐瞒也不会完全隐瞒得住，因此还是可以通过外部表情了解一个人的思想的，除了少数心计很深的阴谋家和喜怒不形于色的人之外，对多数人都可采用这种观察办法。

曾国藩指出："诚智必有难尽之色，诚仁必有可尊之色，诚勇必有难慑之色，诚忠必有可亲之色，诚洁必有难污之色，诚静必有可信之色。"智、仁、勇、忠、洁、静等几种优秀品德在表情上都能看出来。"质浩然固以安，伪蔓然乱以烦。虽欲改之，中色弗听，此之谓观色。"有浩然正气者其表情总的来说都显得稳固安然，弄虚作假者其表情总的来说都显得杂乱烦躁，脸色发黄。虽然有人会竭力用假象隐瞒其真实感情，但却不是很容易做到的，因此观色还有一定作用。

孟子曾提出一种"观眸观察法"，即通过观察一个人的眼睛了解一个人的真实思想。他说："存乎人者，莫良于眸子。眸子不能掩其恶。胸中正，则眸子了焉；胸中不正，则眸子眊焉。听其言也，观其眸子，人焉瘦哉？"他认为一个人的眼睛最能反映一个人心里在想什么，意思是说眼睛是心灵的窗户。一个人光明正大，心地无私，眼睛必然明亮，目光必然有神；一个人如果做了亏心事，一般都不敢正眼看人，眼神自然不正。在听一个人讲话时，注意观察他的眼神，就可以判断是非真假。

姜尚的八征法其中第八征即"醉之以酒，以观其态"。让其喝醉酒，看他酒后表现如何。酒后吐真言，酒后失固态，一般能反映一个人的真实思想。

《吕氏春秋·论人》篇提出了一种"六验"法，即设置了六种不同的条件观察一个人的表情和表现："喜之以验其守"，让一个人兴奋，看他能否坚守一种信念，会不会出现得意忘形的情景。"乐之以验其僻"，使其娱乐，考验他有什么怪僻的毛病，比如是否喜欢酒肉，喜欢金钱美女，游玩享乐等。"怒之以验其节"，使一个人发怒，看他能否控制自己。"惧之以验其特"，设置一种恐惧的场合，看他是否有胆量，是否临危不惧。"哀之以验其人"，让他处于悲哀的情况下，看他是否有真情实意。"苦之以验其志"，使他处于艰难困苦的情况下，看他是否坚持自己的志向。这是一种反馈观察法，即放一个试探气球，看一个人在各种情况下的表现，可以看出一个人的真实思想品质。这是一种人为的考验，我们并不提倡，但在不同情况下观察一个人的表现还是可取的。

一个人的气质和他的行为有着密切的关系，气质常常决定一个人行为的方式，而行为又表现为与气质相吻合的特征。我们常说，一个人气质高雅，这就意味着在绝大多数时候他的举止行为是无可挑剔的。

判别人的气质，对于合理调配人是有重要作用的。我们在用一个人时，总要问这个人气质如何？中国古代医学家虽未直接提出气质学说，但曾按人好动或喜静的程度分为六型，即好动的太阳型，少阳型；喜静的太阴型，少阴型，动静适中的阴阳和平型，不稳定型等六型。

（1）太阳型：傲慢、自负、主观、冲动、有野心，不顾是非、暴露易怒、不怕打击、勇敢激昂、有进取心、坚持自己的观点，敢顶撞。

（2）少阳型：好为外交而不内附、敏捷乐观、轻浮易变、机智、动作多、随和、漫不经心、喜欢谈笑、不愿静而愿动、朋友多、善交际、喜欢娱乐活动、做事不易坚持。

（3）太阴型：外貌谦虚、内怀顾忌、考虑多、悲观失望、胆小、阴柔寡断、与人保持一定距离、内心孤独、不愿接触人、不喜欢兴奋的事、不务于时、保守动而后之。

（4）少阴型：冷淡沉静，心有深思而不多露、善别是非、有节制、警惕性高、柔弱、做事有计划、不轻举妄动、很谨慎、稳健。

（5）阴阳和平型：态度从从容容、有尊严而又谦虚谨慎、有条不紊、喜怒不形于色、居处安静、无私无畏、不患得患失、不沾沾自喜忘乎所以、能顺应事物发展规律，是一种有高度适应能力的性格。

（6）不稳定型：性格不稳定、变化大；时而冲动、时而怕事；忽而野心勃勃，突然又悲观失望；持续时间与是否交替出现都不一定。

用人之道，不仅在于重视用人，而且在于讲究信用。重视人才、知人善任与讲究信用都是成功事业的必不可少的客观条件。如果不能重视人才和知人善任，人才本身再有能量，也难以发挥。既要用，又对人家不放心，不信任，那么纵然有九牛二虎之力，有诸葛孔明之智，也无法使其才华施展。

聪明领导对于长期在本公司工作的人，根据他们的能力，在一定时期内给予晋升或加薪；对于那些从别的单位吸收进来的人员，亦根据他们的技能予以重用，一视同仁，如此才能使全体员工产生归属感，并为本公司效力。

视色察情，尽览其质

【原典】

色忌青，忌白。青常见于眼底，白常见于眉端。然亦不同：心事忧劳，青如凝墨；祸生不测，青如浮烟；酒色愆倦，白如卧羊；灾晦催人，白如傅粉。又有青而带紫，金形遇之而飞扬，白而有光，土庚相当亦富贵，又不在此论也。最不佳者："太白夹日月，乌鸟集天庭，桃花散面颊，赪尾守地阁。"有一于此，前程退落，祸患再三矣。

【译释】

面部气色忌青色，也忌白色。青色一般出现在眼睛的下方，白色则经常出现在两眉的眉梢。它们的情形各有不同。如果是由于心事忧烦困苦而面呈青色，那么这种青色多半既浓且厚，状如凝墨；如果是由于遇到飞来的横祸而面呈青色，那么这种青色一定轻重不均，状如浮烟；如果是由于嗜酒好色导致疲惫倦怠而面呈白色，那么这种白色一定势如卧羊，不久就会消散；如果是由于遭遇了大灾大难而面呈白色，那么这种白色一定惨如枯骨，充满死气。还有青中带紫之色，如果是金形人遇到这种气色，一定能够飞黄腾达，如果是白润光泽之色，土形兼金形人面呈这种气色，也会获得富贵，这些都是特例，不在以上所论之列。而最不好的是以下四种气色："白色围绕眼圈，此主丧乱；黑气聚集额头，此主参革；赤斑布满两颊，此主刑狱；浅赤凝结地阁，此主凶亡。"以上四种相，只要带有其中的一种，前程就会倒退败落，而且接连遭遇灾祸。

解读

前一节讲到面部的各种吉祥吉庆颜色，这一节着重讨论不吉祥，预兆身体有病变的不健康之色，以青、白两色为主。

一般而言，青色主疾厄惊扰，白色主丧亡哭泣。从生理机制上看，这两种颜色是不健康的表现。青色常常出现在眼底，白色常出现在眉梢，这是一个重要的提示，辨认起来比较容易。

气色发于人体五脏六腑，暗合于五行之理，又由于天、地、时、经的阴阳变化，在观人时，要注意这些变化带来的若干差异。

古人认为，人禀气而生，"气"有清浊、昏明、贤鄙之分，人有寿夭、善恶、贫贱、贵贱、尊卑的不同，这些由"气"能反映出来。气运生化，人就有各种不同的命运和造化。

"气"旺，则生命力强盛；"气"衰则生命力衰弱。生命力旺盛与否，与日常行事的成败有密切联系，生命力不强，难以夜以继日顽强地与困难作斗争，自然难以成功。生命力旺盛，则能长期充满活力、精神焕发，是战胜困难，取得成功的必要条件。

如果"气"有什么变化，"色"也随之变化。古人合称为"气色"。大家知道，人生病，其"气色"不佳，就是"气色"之一说的一种表现。古时候，有许多名医都能通过人的"气色"来断定一个人的健康状况。

战国时代有一位名医叫扁鹊，扁鹊的医术十分高超，有起死回生的本领。

有一次，名医扁鹊路过齐国，去拜见蔡桓公。

扁鹊一见蔡桓公，便说："大王，您皮肤上有点小病。要是不治，恐怕会向体内发展。"蔡桓公说："我什么病也没有。"扁鹊走后，蔡桓公对左右的人说："这些做医生的，总喜欢给没有病的人治病。"

过了十来天，扁鹊又来拜见蔡桓公，说道："您的病已经发展到皮肉之间了，要不治还会加深。"蔡桓公听了很不高兴，没有理睬他。扁鹊又退了出去。

十来天后，扁鹊再一次来拜见，对蔡桓公说："您的病已经发展到肠胃里，再不治会更加严重。"蔡桓公听了非常不高兴。扁鹊连忙退了出来。又过了十几天，扁鹊老远望见蔡桓公，只看了几眼，就掉头跑了。旁边的人很奇怪，问他为何。扁鹊说蔡桓公已经病入膏肓，无药可治了。

不久，蔡桓公便病死了。

"气"为"至精之宝"，与人的健康状况和命运的塞滞顺畅息息相关。扁鹊三次见蔡桓公，没问病情，没把脉，就知道他病情的轻重，靠的就是看人"气色"。

智慧要义

"气色"的概念是传统相学的重要组成部分。曾国藩在《冰鉴》气色篇中也说道：人以气为主，气在内为精神，在外为气色。也就是说，一个人的心理活动、行为意念都可以通过气色表现出来。这就给识人用人提供了一个很重要的依据。

《大戴礼记·少间篇》记载，"尧是通过人的相貌取人，而舜则是依据人的态色取人"。如果认为观人术是在不断进步的话，那么舜的观色取人要胜过尧的观状取人了。《说文解字》解释道，"颜，就是指眉目之间的地方"，"色，就是眉目之间的气色"。以前郗雍能辨别出盗贼，观察他的眉目之间就可以得到隐藏的情形，晋国国君让他观察成百上千的盗贼而没有一个差错。《韩诗外传》也有这样的记载，"如果有温顺善良之意在心中，可以通过眉目之间看得到，如果心中有邪恶污秽之意，而眉目也不能掩盖住"。这是颜色说的来源，然而颜色是整个面部的总称，眉目之间的地方只是其中特别重要显著的地方罢了。

因此还是可以通过外部表情了解一个人的思想的，除了少数心计很深的阴谋家和喜怒不形于色的人之外，对多数人都可采用这种观察办法。有浩然正气者其表情总的来说都显得稳固安然，弄虚作假者其表情总的来说都显得杂乱烦躁，脸色发黄。虽然有人竭力用假象隐瞒真实的感情，但却不是很容易做到，因此观色识人还是有一定作用的。

参考文献

［1］曾国藩，博文．人鉴［M］．呼和浩特：内蒙古人民出版社，2002．

［2］刘劭，李贺．鉴人智源［M］．北京：企业管理出版社，2003．

［3］钟庆华．识人高手［M］．珠海：珠海出版社，2000．

［4］李广，万钟．透过细节看人心［M］．北京：中国华侨出版社，2007．

［5］方道．读懂你周围的人［M］．北京：中国档案出版社，2003．

［6］李季．了解性格看命运［M］．北京：中国档案出版社，2003．

附录:《冰鉴》原文

神骨第一

语云:"脱谷为糠,其髓斯存",神之谓也。"山骞不崩,唯石为镇",骨之谓也。一身精神,具乎两目。他家兼论形骸,文人先观神骨。开门见山,此为第一。

文人论神,有清浊之辨。清浊易辨,邪正难辨。欲辨邪正,先观动静;静若含珠,动若木发;静若无人,动若赴的,此为澄清到底。静若萤光,动若流水,尖巧而喜淫;静若半睡,动若鹿骇,别才而深思。一为败器,一为隐流,均之托迹于清,不可不辨。

凡精神,抖擞处易见,断续处难见。断者出处断,续者闭处续。道家所谓"收拾入门"之说,不了处看其脱略,做了处看其针线。小心者,从其做不了处看之,疏节阔目,若不经意,所谓脱略也。大胆者,从其做了处看之,慎重周密,无有苟且,所谓针线也。二者实看向内处,稍移外便落情态矣,情态易见。

骨有色,面以青为贵,"少年公卿半青面"是也。紫次之,白斯下矣。骨有质,头以联者为贵。碎次之。总之,头上无恶骨,面佳不如头佳。然大而缺天庭,终是贱品;圆而无串骨,半是孤僧;鼻骨犯眉,堂上不寿。颧骨与眼争,子嗣不立。此中贵贱,有毫厘千里之辨。

刚柔第二

既识神骨,当辨刚柔。刚柔,则五行生克之数,名曰"先天种子",不足用补,有余用泄。消息与命相通,此其较然易见者。

五行有合法，木合火，水合木，此顺而合。顺者多富，即贵亦在浮沉之间。金与火仇，有时合火，推之水土者皆然，此逆而合者，其贵非常。然所谓逆合者，金形带火则然，火形带金，则三十死矣；水形带土则然，土形带水，则孤寡终老矣。木形带金则然，金形带木，则刀剑随身矣。此外牵合，俱是杂格，不入文人正论。

五行为外刚柔，内刚柔，则喜怒、跳伏、深浅者是也。喜高怒重，过目辄忘，近"粗"。伏亦不伉，跳亦不扬，近"蠢"。初念甚浅，转念甚深，近"奸"。内"奸"者，功名可期。粗蠢各半者，胜人以寿。纯奸能豁达，其人终成。纯粗无周密，半途必弃。观人所忽，十有九八矣。

容貌第三

容以七尺为期，貌合两仪而论。胸腹手足，实接五行；耳目口鼻，全通四气。相顾相称，则福生；如背如凑，则林林总总，不足论也。

容贵"整"，"整"非整齐之谓。短不豕蹲，长不茅立，肥不熊餐，瘦不鹄寒，所谓"整"也。背宜圆厚，腹宜突坦，手宜温软，曲若弯弓，足宜丰满，下宜藏蛋，所谓"整"也。五短多贵，两大不扬，负重高官，鼠行好利，此为定格。他如手长于身，身过于体，配以佳骨，定主封侯；罗纹满身，胸有秀骨，配以妙神，不拜相即鼎甲矣。

貌有清、古、奇、秀之别，总之须看科名星与阴骘纹为主。科名星，十三岁至三十九岁随时而见；阴骘纹，十九岁至四十六岁随时而见。二者全，大物也；得一亦贵。科名星见于印堂眉彩，时隐时见，或为钢针，或为小丸，尝有光气，酒后及发怒时易见。阴骘纹见于眼角，阴雨便见，如三叉样，假寐时最易见。得科名星者早荣，得阴骘纹者迟发。二者全无，前程莫问。阴骘纹见于喉间，又主生贵子；杂路不在此格。

目者面之渊，不深则不清。鼻者面之山，不高则不灵。口阔而方禄千钟，齿多而圆不家食。眼角入鬓，必掌刑名。顶见于面，终司钱谷：出贵征也。舌脱无官，橘皮不显。文人有伤左目，鹰鼻动便食人：此贱征也。

情态第四

容貌者，骨之余，常佐骨之不足。情态者，神之余，常佐神之不足。久注观人精神，乍见观人情态。大家举止，羞涩亦佳；小儿行藏，跳叫愈失。大旨亦辨清浊，细处兼论取舍。

有弱态，有狂态，有疏懒态，有周旋态。飞鸟依人，情致婉转，此弱态也。不衫不履，旁若无人，此狂态也。坐止自如，问答随意，此疏懒态也。饰其中机，不苟言笑，察言观色，趋吉避凶，则周旋态也。皆根其情，不由矫枉。弱而不媚，狂而不哗，疏懒而真诚，周旋而健举，皆能成器；反之，败类也。大概亦得二三矣。

前者恒态，又有时态。方有对谈，神忽他往；众方称言，此独冷笑。深险难近，不足与论情。言不必当，极口称是；未交此人，故意诋毁。卑庸可耻，不足与论事。漫无可否，临事迟回；不甚关情，亦为堕泪，妇人之仁，不足与谈心。三者不必定人终身。反此以求，可以交天下士。

须眉第五

"须眉男子"。未有须眉不具可称男子者。"少年两道眉，临老一付须。"此言眉主早成，须主晚运也。然而紫面无须自贵，暴腮缺须亦荣；郭令公半部不全，霍骠骁一副寡脸。此等间逢，毕竟有须眉者，十之九也。

眉尚彩，彩者，梢处反光也。贵人有三层彩，有一二层者。所谓"文明气象"，宜疏爽不宜凝滞。一望有乘风翔舞之势，上也；如泼墨者，最下。倒竖者，上也；下垂者，最下。长有起伏，短有神气；浓忌浮光，淡忌枯索。如剑者掌兵权，如帚者赴法场。个中亦有征范，不可不辨。但如压眼不利，散乱多忧，细而带媚，粗而无文，是最下乘。

须有多寡，取其与眉相称。多者，宜清、宜疏、宜缩、宜参差不齐；少者，宜光、宜健、宜圆、宜有情照顾。卷如螺纹，聪明豁达；长如解索，风流荣显；劲如张戟，位高权重；亮若银条，早登廊庙，皆宦途大器。紫须剑眉，声音洪壮；蓬然虬乱，尝见耳后，配以神骨清奇，不千里封侯，亦十年拜相。他如"辅须先长终不利"、"人中不见一世穷"、"鼻毛接须多滞晦"、"短髭遮口饿终身"，此其显而可见者耳。

声音第六

人之声音，犹天地之气，轻清上浮，重浊下坠。始于丹田，发于喉，转于舌，辨于齿，出于唇，实与五音相配。取其自成一家，不必一一合调，闻声相思，其人斯在，宁必一见决英雄哉！

声与音不同。声主"张"，寻发处见；音主"敛"，寻歇处见。辨声之法，必辨喜怒哀乐；喜如折竹，怒如阴雷起地，哀如击薄冰，乐如雪舞风前，大概以"轻清"为上。声雄者，如钟则贵，如锣则贱；声雌者，如雉鸣则贵，如蛙鸣则贱。远听声雄，近听悠扬，起若乘风，止如拍琴，上上。"大言不张唇，细言不露齿"，上也。出而不返，荒郊牛鸣。急而不达，深夜鼠嚼；或字句相联，喋喋利口；或齿喉隔断，啁啁混谈：市井之夫，何足比较？

音者，声之余也，与声相去不远，此则从细曲中见耳。贫贱者有声无音，尖巧者有音无声，所谓"禽无声，兽无音"是也。凡人说话，是声散在前后左右者是也。开谈多含情，话终有余响，不唯雅人，兼称国士；口阔无溢出，舌尖无窕音，不唯实厚，兼获名高。

气色第七

面部如命，气色如运。大命固宜整齐，小运亦当亨泰。是故光焰不发，珠玉与瓦砾同观；藻绘未扬，明光与布葛齐价。大者主一生祸福，小者亦三月吉凶。

人以气为主，于内为精神，于外为气色。有终身之气色，"少淡、长明、壮艳、老素"是也。有一年之气色，"春青、夏红、秋黄、冬白"是也。有一月之气色，"朔后森发，望后隐跃"是也。有一日之气色，"早青、昼满、晚停、暮静"是也。

科名中人，以黄为主，此正色也。黄云盖顶，必掇大魁；黄翅入鬓，进身不远；印堂黄色，富贵逼人；明堂素净，明年及第。他如眼角霞鲜，决利小考；印堂垂紫，动获小利；红晕中分，定产佳儿；两颧红润，骨肉发迹。由此推之，足见一斑矣。

色忌青，忌白。青常见于眼底，白常见于眉端。然亦不同：心事忧劳，青如凝墨；祸生不测，青如浮烟；酒色惫倦，白如卧羊；灾晦催人，白如傅粉。又有青而带紫，金形遇之而飞扬，白而有光，土庚相当亦富贵，又不在此论也。最不佳者："太白夹日月，乌鸟集天庭，桃花散面颊，赪尾守地阁。"有一于此，前程退落，祸患再三矣。